EL REPOSO DEL ÁGUILA

Vejez: Experiencia Acumulada

Dr. Francisco A. Urraca F.

www.amazon.com
kindle e-Books

EN GRATITUD

A mi hermano mayor:

Victor Alfonzo Urraca Fernández
("mi segundo padre")

Soy el último de seis hermanos, tres mujeres, tres hombres.
Mis hermanas se nos adelantaron en enrumbarse al eden.
Quedamos los tres varones enfrentándonos a la vida.
Los tres, cual cóndores, contemplando la vejez.
Ramón con su "cholita" Esther, en Lima.
Victor con su Matilde, en Trujillo.
Yo con mi Laly, en USA.
Todos gozando del
Reposo
del
Águila

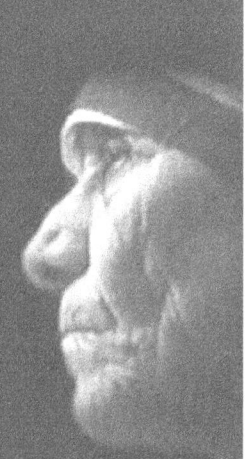

Enseñarás a volar, pero no volarán tu vuelo. Enseñarás a soñar, pero no soñarán tu sueño. Enseñarás a vivir, pero no vivirán tu vida. Sin embargo, en cada vuelo, en cada vida, en cada sueño, perdurará siempre la huella del camino enseñado.

Madre Teresa de Calcuta.

Nombre: Agnes Gonxha Bojaxhiu
Edad: 87 años
Apodo: Madre Teresa de Calcuta
Nacimiento: 26 de agosto de 1910
(Uskub, Imperio Otomano, actual Skopie, República de Macedonia)
Fallecimiento: 5 de septiembre de 1997, Calcuta, India
Venerada en: Iglesia católica
Beatificación: 19 de octubre de 2003 por Juan Pablo II
Órden: Misioneras de la Caridad
Festividad: 5 de septiembre
Patronazgo: Jornada Mundial de la Juventud

No puedo prometerles que estaré el resto de sus vidas, pero sí que voy a amarlos y protegerlos por el resto de la mía….y velaré por ustedes aún ya no esté.

Los Am@

Paco

CONTENIDO

Ω

<u>PRÓLOGO</u>

"Porque no envejeces por vivir muchos años sino por negarte a mirar la vida como una oportunidad de alcanzar un alto ideal".

Esta frase la encontré en mi recorrido como lector en alguna parte (lo pongo en *itálica*, *inclinada*, como en cualquier otro párrafo que se encuentre aquí, para expresar que corresponde a otro autor que no sea yo), me pareció muy oportuna para lo que deseo exponer en **El Reposo del Águila**. Es muy complaciente acotar lo expresado por otros pensantes que coinciden con lo que uno quisiera exponer. Lo mismo auguro a mis lectores: el poder encontrar en mis escritos algo que les sirva de inspiración para iniciar su plenitud espiritual, al llegar a la **tercera edad**.

Mediante mis escritos no puedo evitar ser reiterativo en establecer comparaciones entre los Estados Unidos de América y nuestros países de origen. Añorando nuestro terruño por filopatría natural, como un integrante más de los millones de inmigrantes que han forjado esta gran nación, no me queda más que intentar transmitir mis meditaciones por escrito, para aquellos que se muestren interesados en ello. Bajo este contexto, no es posible dejar de pensar en lo que sería lo mejor para nuestros países.

Estando ya comprendido en la etapa de la vida conocida como **vejez**, no me puedo permitir que junto con la memoria el "alemán" también se lleve mis vivencias y mi capacidad de raciocinio lúcido sin poder expresarlas. Sí me sucediera el hecho de tener que aceptar al "alemán" como inquilino, al menos quedarían mis escritos como herencia para nuestras generaciones, porque las palabras dichas se las lleva el tiempo y la memoria; lo escrito y lo hecho en vida, perdura. Lo sembrado se cosecha.

La vejez es una etapa de la vida como cualquier otra. La expresión tercera edad es un término social que hace referencia a la población de personas mayores o ancianas. En esta etapa el cuerpo se va deteriorando y, por consiguiente, es sinónimo de vejez y de ancianidad. Hoy en día, el término va dejando de utilizarse y se usa más el término **personas mayores** (en España y Argentina) y **adulto mayor** (en América Latina). Es la séptima y última etapa de nuestra vida cronológica (prenatal, infancia, niñez, adolescencia, juventud, adultez y vejez o ancianidad); lo que viene después de la vejez es la muerte.

Aquí quiero ocuparme en hablar un poco de la vejez y prepararme para recibir las bondades que me traerá esta bella etapa de mi vida; aunque a estas alturas ya lo estoy viviendo por el solo hecho de escribir y sentir la satisfacción de ver mis escritos plasmados en libros. El presente es el tercero, después de **Yo Inmigrante** y **SED de Amor**.

La vejez es tan importante como trascendente, tan llena de sentido humano como de espiritualidad, tan llena de amor como de resignación hacia lo que venga; porque se considera no solo como la etapa final de la vida, sino como el triunfo de ésta.

Tras haberme decidido al retiro laboral, intenté seguir el proceso del águila americana o del cóndor de los Andes. Ambos, el **águila** para la América del Norte y del Centro y el **cóndor** para los Andes de Sudamérica representan a las aves más longevas del mundo; ocupando el cóndor el primer lugar pues llega a los 100 años (en vida salvaje, 75-80 en cautiverio) y el águila que alcanza a los 70 años.

El águila y el cóndor, aunque vivan en lugares distantes uno del otro, tienen semejanzas en su hábitat y en su desempeño diario y costumbres de por vida. Como descendiente inca y nacido en los Andes del Perú, me tocaría identificarme con el cóndor, pero siendo ambas aves similares en su conducta y radicando en los Estados Unidos de América y porque es aquí donde ya "sembré" y gozamos de la fructífera "cosecha", no me queda de otra que referirme al águila americana. Mi esposa y yo, ahora rodeados de nietos americanos, nos encontramos en el Reposo del Águila, plenos de felicidad y paz, dichosos de tener la oportunidad de poder transmitir nuestras experiencias de vida a los descendientes.

En la conclusión de mi primer libro: "Yo Inmigrante", al escribir la última página se me vino a la mente el título de un próximo libro, que es el presente: El Reposo del Águila. Me permito transcribir:

>> Esto sucede en los Estados Unidos, líder mundial de la libertad y la democracia, donde tratan de existir 11 millones de personas que carecen de ciertos derechos fundamentales. No gozan de LIBERTAD, pues se encuentran presos sin barrotes; no gozan de DEMOCRACIA, pues por carencia de "papeles" no pueden ejercerla.

Millones de personas inmigrantes que por permanecer en su condición de indocumentados se encuentran aún viviendo la "PESADILLA AMERICANA", por años de permanencia aquí; otros millones han alcanzado el "SUEÑO AMERICANO"; y, la gran mayoría de los más de 300 millones de personas que habitamos en los Estados Unidos tenemos la esperanza de que aquellos, algún día, puedan gozar del "REPOSO DEL ÁGUILA", como nosotros lo estamos viviendo.

El águila, símbolo Americano, adopta bajo vuelo, porque es más seguro y es menos detectable; van de un a otro soporte donde posarse, para planificar su avance; pueden esquivar mejor los obstáculos y entrar por las espacios estrechos, en búsqueda del sustento y anidan en las alturas por seguridad y protección para los suyos.

Cumplida su misión el **águila reposa**. <<

Aquellos que nos encontramos en la etapa de cosechar lo que hemos sembrado o en lo que se me ocurre llamar "El Reposo del Águila" (o lo que sería "El Reposo del Cóndor" para nuestros países andinos), nos permitimos meditar y recorrer los pasos ya trazados en el camino de la vida que Dios nos ha obsequiado hasta el presente. Pero jamás quisiéramos que nuestros descendientes tropezaran con las mismas piedras que nos hicieron caer, o los mismos obstáculos que nos tocó evadir.

Tratamos de encontrar explicaciones a los errores cometidos, mejorar lo poco de lo bueno que hayamos hecho y aprovechar lo aprendido; así, sacando conclusiones, podamos dejar esto como enseñanzas a nuestros descendientes.

Del **cúmulo de experiencias** por el que hayamos pasado, y de la voluntad que se ponga para alcanzar una "**renovación**" en la llamada vejez, se extrae el mejor tesoro que podamos dejar como herencia a nuestros descendientes.

Con todo este caudal de vivencias propias y de información encontrada gracias a la tecnología, nos podemos permitir el considerarnos bendecidos que al llegar a la tercera edad tengamos el chance de que esta etapa de la vida sea de un pronóstico mejor para nosotros. Tener la mente ocupada en cosas productivas alarga la existencia y se tiene una mejor calidad de vida. Eso no se duda. Plasmar en un escrito lo que la memoria y el conocimiento todavía nos permiten, es la mejor terapia en el "Reposo del Cóndor".

Ω

INTRODUCCIÓN

VEJEZ

"Envejecer es como escalar una gran montaña: mientras se sube las fuerzas disminuyen, pero la mirada es más libre, la vista más amplia y serena."

Ingmar Bergman

(Ernst Ingmar Bergman, fué además de Director, un gran Escritor y Productor cinematográfico, de origen sueco; trabajó en el cine, televisión y teatro. Bergman nació en 1918 y falleció en 2007 en su natal Suecia, alcanzó los 89 años de edad, trabajando y creando obras literarias, teatrales y para el cine; además de seguir desarrollándose como Director y Productor de cine).

La condición de humanos nos hace comprender que las vivenvias compartidas con los demás durante el lapso de vida ya dispuesta y la "siembra" que implantamos en los surcos que se nos hayan presentado, nos ha capacitado para poder cosechar los frutos y ofrecer las buenas y malas experiencias a nuestros descendientes. Debemos dejar un terreno muy fértil con los abonos necesarios, y la semilla indicada y saludable. Debemos estar satisfechos de haber ofrecido las herramientas necesarias a fin de adquirir la capacidad, por parte de nuestros amados, de poder desechar las hierbas malas y evitar las plagas que afecten sus siembras.

Para aquellos que nos encontramos en la etapa de cosechar lo sembrado, la **jubilación** o el **retiro** se constituye en una real encrucijada. Puede constituir una liberación para unos, si se ha tenido un trabajo duro y se consigue una pensión digna; pero para quienes, como yo, han disfrutado con su trabajo y se sienten intelectualmente bien, la jubilación representa un trauma, un karma, un temor. Uno busca alternativas laborales c`     `pero la competitividad y la agresividad laboral, amén de una palabra que queda tildando en los oídos de los que la hemos escuchado reiteradamente: "**over qualificated**", parecen no dejar lugar a esta posibilidad. Particularmente, como a muchos en mi situación, a mi se me prendió la iniciativa por escribir y a desarrollar algunos proyectos sociales, trazándome además, algunos objetivos que pretendo llevar a cabo, antes de emprender el camino sin retorno.

Así me permito mantener ocupada la mente y poder disponer de mis aún intactas capacidades intelectuales y físicas (mientras se mantengan manegables). Me siento un adolescente intelectual.

Alcanzar esta edad o etapa de la vida viviendo en los Estados Unidos de América es de gran alivio; aquí se estimula a los profesionales jubilados con programas de gobierno, muchos de ellos gratuitamente, como el retorno a las Universidades al alcance de todo el que califique y tenga el deseo de continuar activo. Aquí el Estado pone las pautas sobre el respeto y cuidado al anciano, al niño y a los animales, lo cual es prioritario, por igual y sin un orden de jerarquía.

En las sociedades desarrolladas la **esperanza de vida** está en aumento continuo. En estos países se da una gran importancia a la medicina preventiva y gracias a ello se ha logrado mejoras en los estilos de vida de la población en general. La oportuna atención sanitaria y, por otro lado, el avance tecnológico que ha permitido también un gran salto en el campo médico, describiéndose ya a la Nanomedicina, a la Medicina Robótica, a la Medicina Genética, etc. como especialidades médicas cada vez en mayor auge. Esto ha permitido que el ser humano alcance una mayor edad cronológica y en mejores condiciones de salud y calidad de vida.

Es más frecuente que personas encuadradas en el grupo de edad tradicionalmente asociado a la ancianidad o la tercera edad, se encuentren en plenitud de facultades físicas y mentales por encima de los 65, los 70 o incluso los 75 años. Esto nos permite apreciar también que hacia los 80 años de edad es frecuente que comiencen a acumularse patologías degenerativas y crónicas, que hace años surgían en grupos etarios menores pero que hoy se retrasan hasta este límite de edad.

Para la vejez existen definiciones de toda índole: sociales, psicológicas, científicas, médicas, legales, etc. En lo que a mí concierne, la vejez no es más que **experiencia acumulada**, según lo escuché decir a alguien por allí.

Pero es más digno no expresarse de vejez sino de **adulto mayor** o de **tercera edad**. Según los expertos hay una **primera edad** que comprende del nacimiento, pasando por la infancia hasta la juventud (para unos los 18 años de edad y para otros los 21); luego viene la **segunda edad**, que corresponde a la edad adulta; viene después la **tercera edad**, que, según lo ONU, para los países desarrollados va desde los 65 años de edad y para los países en desarrollo desde los 60 años de edad. Por último tenemos a los ancianos comprendidos en la **cuarta edad**, que se inicia a los 80 años de edad, y que, según la geriatra Pilar Meza Lampre, representa el "**umbral del cambio**", pues a la gran mayoría de estas personas les afecta enfermedades crónicas altamente discapacitantes como el mal del conocido "alemán" (**Alzheimer**), la demencia senil y/o las artrosis.

Para muchos de la tercera edad y la gran mayoría de la cuarta edad, este "umbral del cambio" determina una dependencia casi absoluta tanto de la familia y entorno afectivo como de la atención sociosanitaria. En ese momento de alcanzar el umbral, simultáneamente o en un breve lapso, se manifiestan varias patologías, lo cual suscita en la persona un grave cambio físico, psíquico y emocional. Como podemos apreciar hay una frontera muy frágil entre la tercera y la cuarta edad, determinada por el "umbral de cambio".

En los Estados Unidos de América, cuando uno ve llegar los 65 años de edad se siente una gran incertidumbre, como ya lo expresé anteriormente. Incertidumbre cuando se nos calcula el corto cheque de retiro, pero a la vez tranquilidad por la compensación que recibe el retirado en cuanto a su cuidado de salud se refiere. El Estado nos protege a su manera, y nos hace sentir cierta paz, placidez, seguridad, tranquilidad y sosiego psicológico, más con la serenidad suficiente a fin de enfrentar lo que se nos venga; pero para muchos, satisfechos de labor cumplida. Como el águila o el cóndor, nos toca reposar en las alturas y tal si estuviésemos en "palco" o VIP apreciar lo que nos ofrecen los actores (nuestros discípulos, nuestras raíces, nuestros herederos) que dejamos en el teatro de la vida.

En esta parte del acto, mi esposa (nacida en 1948) y yo (nacido en 1947), orgullosamente nos podemos incluir en el grupo llamado de los "**baby boomers**", anque no hayamos nacido aquí, pero hemos contribuído como parte de la fuerza laboral por dos décadas, pagando nuestros impuestos, por lo tanto dignos de considerarnos "baby boomers".

A la fecha casi una cuarta parte de los estadounidenses nacieron entre 1946 y 1964, la definición típica de la generación del "baby boomers". Son más de 75 millones de personas. En su apogeo, los boomers eran una fuerza económica sin precedentes, empujando hacia arriba las tasas de propiedad de la vivienda, gasto del consumidor y, más importante de todo, empleo o mano de obra. No es pura casualidad que la tasa de participación de la fuerza laboral en Estados Unidos - el porcentaje de la población adulta que tiene trabajo o está intentando encontrar uno – llegó a un nivel récord en finales de los ochenta y mediados del noventa, cuando los "boomers" estaban en el apogeo de su vida laboral.

Durante décadas, la jubilación de la generación del baby boom ha sido una amenaza económica que se avecinaba. Ahora, ya no se avecina, está aquí. Cada mes, más de un cuarto de millón de americanos gira a los 65 años. Es una tendencia con profundas consecuencias económicas. En pocas palabras, los jubilados no contribuyen tanto a la economía como trabajadores. No producen nada, al menos directamente. Ya no pagan impuestos, más bien dependen de lo que pagan los que laboran, basados en lo que aportaron cuando trabajaban. Y son mucho más propensos a depender de otros - el gobierno o sus propios hijos, más a menudo - que a mantenerse a sí mismos.

Los "baby boomers" incrementaron casi en 40 por ciento la población de los Estados Unidos, en su época. Estas personas, ayer bebés, hoy tienen derecho a gozar del "**Reposo del Águila**"; al cumplir los 65 años se vienen retirando desde el 2011. Un gran número lo viene haciendo desde el 2008, al cumplir los 62 años, al amparo de la ley. Tal cual lo hicimos mi esposa y yo.

La **recesión** última (del 2008 al 2015), pudo retrasar lo inevitable durante un tiempo: la intención de retirarse de los "baby boomers". Muchos tuvimos que acogernos al retiro temprano, pues la crisis nos "invitó" a hacerlo a los 62 años de edad. Aún perdiendo el 25 % de lo que pudiésemos haber recibido si esperábamos a cumplir los 65 años de edad; sopesamos la tranquilidad, la paz y el alejarse del estres, versus el terminar con alguna crisis hipertensiva y salir del hospital en silla de ruedas, limitados física y anímicamente. Decidimos por gozar del **Reposo del Águila** el resto de nuestra existencia y observar los frutos de nuestra siembra desde el más preciado asiento de una jubilación digna y soberana, con la mejor calidad de vida posible. A la fecha, hemos pasado ya los 65 y no nos arrepentimos de haber tomado tal decisión; lo vivido en el cobijo del amor familiar estos 7 años, sin el estrés laboral, sobrepasa nuestros estimados iniciales.

Inevitablemente la crisis financiera ha azotado las arcas del seguro social dejando ausentes miles de millones en ahorros para la jubilación, obligando a muchos estadounidenses a trabajar más de lo planeado. Felízmente, el mercado de valores ha repuntado desde entonces, y, actualmente, hay indicios de que más estadounidenses están sintiendo por fin suficiente confianza como para salir de la mano de obra y retirarse dignamente.

Actualmente, mi esposa y yo nos encontramos en la etapa del **"reposo del águila"**. Como el águila, adoptamos bajo vuelo, planificamos nuestro progreso, esquivamos muchos obstáculos, entrando por los espacios más estrechos en búsqueda de la seguridad y el progreso de la familia. Y anidamos en lo más alto: Estados Unidos, la primera potencia mundial.

El ciclo de la vida pasa por cuatro estaciones, al igual por lo que la naturaleza nos ofrece: la **primavera de la vida** es la primera edad (concepción, gestacional, neonato, infancia, niñez y adolescencia); el **verano de la vida** es la segunda edad (juventud y adultez); la vejez es el **otoño de la vida** (es la tercera edad); en su último declive, **invierno de la vida**, es la ancianidad (la cuarta edad). En el transcurso de los párrafos del presente material escrito intentaré enfocarme en el otoño e invierno, pues las dos primeras etapas ya las pasé y fruto de eso son las **experiencias acumuladas** que motivaron mi inquietud por escribir.

En uno de mis viajes por internet, que se ha convertido en parte de mi medicina cotidiana, encontré un escrito muy oportuno para invitar a la meditación:

Conserva lo que tienes....olvida lo que te duele.
Lucha por lo que quieres....valora lo que posees.
Perdona a los que te hieren....disfruta de los que te aman.

Nos pasamos la vida esperando que pase algo....
y lo único que pasa es la vida.
No entendemos el valor de los momentos,...
hasta que se han convertido en recuerdos.

Por eso... haz lo que quieras hacer,....
antes de que se convierta en lo que te "gustaría" haber hecho.
No hagas de tu vida un borrador,....
tal vez no tengas tiempo de pasarlo en limpio...

Yo me permitiría agregar:
Nunca dejes algo por hacer hoy....
pensando en hacerlo mañana, que quizás no llegue.
Porque la vida es así....
como una vela encendida, viene un ventarrón y la apaga.

$$\Omega$$

I

EL ÁGUILA AMERICANA

El **águila calva**, es el ave que se representa como el símbolo nacional de los Estados Unidos, aunque no es calva, pues se caracteriza por tener su cola y cabeza con plumas de color blanco. Este majestuoso animal es considerado también símbolo de la libertad para muchos de sus ciudadanos; por eso, se le conoce también como **Águila Americana**. Es la segunda ave voladora más grande del mundo, por detrás del cóndor andino.

El águila Americana es uno de los símbolos más conocidos del país, y aparece en la mayoría de los escudos oficiales, entre ellos el del presidente de Estados Unidos. El águila sostiene en una de sus garras una rama de olivo con trece hojas y en la otra trece flechas, el número trece representa a las iniciales trece posiciones coloniales que se independizaron de Gran Bretaña y formaron la Federación. La rama de olivo significa paz y las flechas poder militar,

Unos pocos días después de haberse firmado la Declaración de Independencia, tres personajes, Benjamin Franklin, John Adams y Thomas Jefferson fueron designados por los miembros delegados al Congreso Continental para encontrar un diseño adecuado que represente a la **Identidad Americana**. Tres comisiones trabajaron durante seis años, antes que finalmente el Congreso aprobara, el 20 de junio de 1782, un diseño definitivo. El 15 de septiembre de 1789 una resolución del Congreso proclamó que la versión de 1782 sería "el Sello Oficial de los Estados Unidos", con el águila Americana como resaltante símbolo.

Los historiadores han documentado un aparte de la historia del Gran Sello. Benjamin Franklin se opuso vigorosamente al uso del águila de cabeza blanca como símbolo nacional, proponiendo en su lugar al pavo salvaje. En 1784, Franklin en una enérgica misiva dirigida a su hija, radicada en Paris, criticó severamente al "mal carácter moral" del águila, agregando que:

"No vive honestamente; la podemos ver sobre un árbol muerto, donde, por haraganería no pesca por sí misma sino que se queda observando la labor del halcón pescador; cuando esa diligente ave por fin logra capturar un pez y lo lleva a su nido para sustentar a su hembra y sus críos, el águila la persigue y le arrebata el pez".

Pero, Benjamin Franklin perdió la batalla; ganó el águila. Desde entonces, la imagen del águila calva americana y el simbolismo del espíritu americano de la libertad ha inspirado e influenciado de manera significativa a la cultura americana, el espíritu, la música, el arte, la arquitectura, la moneda y el folclore.

El águila americana, común a lo largo de todo el territorio de Estados Unidos a principios de 1700, la población se estimó en entre 300.000 y 500.000. En la década de 1950, el número de parejas nidificantes se había reducido a cerca de 10.000, y hasta un nivel considerado "en peligro de extinción", a menos de 500, por la década de 1960. El águila Americana aunque estuvo al borde de la extinción en los Estados Unidos, gracias a la acción del gobierno se ha controlado eso.

Durante muchas décadas, las águilas calvas fueron cazadas por deportistas y para "proteger" las zonas de pesca; los pesticidas como el DDT también causaron estragos entre las águilas y otras aves. Estos productos químicos se depositan en los peces, que forman la mayor parte de la dieta del águila; el DDT debilita los cascarones de sus huevos y limitan gravemente su capacidad para reproducirse. Desde la severa restricción del uso de DDT en 1972, la población de águilas ha resurgido notablemente, a lo que también han contribuido los programas de reintroducción. El resultado es un triunfo de la vida silvestre. El Servicio de Pesca y Vida Silvestre de Estados Unidos ha recalificado su situación, que ha pasado al águila Americana de especie en peligro de extinción a la de amenazada.

El hecho de haberse elegido al águila calva ave símbolo de los Estados Unidos de América, a mi parecer, es resaltado porque tal especie fue considerada como ave sagrada en muchas culturas de los nativos americanos que utilizaron sus plumas para tocados y hábitos religiosos, así como signo de distinción, poder o linaje. Las águilas, en general, eran consideradas por los oriundos pobladores americanos como mensajeros espirituales entre los dioses y los seres humanos.

Ya en la Biblia, muchos siglos atrás (1000 a 800 años antes de Cristo) es increíble descubrir que el salmista conocía el secreto de las águilas:

"El perdona todas tus culpas y sana todas tus enfermedades. El rescata tu vida de la tumba y te colma de amor y de ternura, sacia de bienes tu existencia, y te rejuveneces como un ÁGUILA"

(Salmo 103: 3-5)

Existe una prosa de libre acceso que expresa claramente el fundamento que se pretende exponer en los textos siguientes; me parece muy oportuno incluirla aquí:

El águila es un ave longeva, llega a vivir 70 años, pero para llegar a esa edad, a los 40, debe tomar una seria y difícil decisión; al alcanzar los 40 años, sus uñas están apretadas y flexibles y no consigue tomar a sus presas de las cuales se alimenta. Su pico largo y puntiagudo, se curva, apuntando peligrosamente contra el pecho; sus alas están envejecidas y pesadas y sus plumas gruesas; volar se le hace ya tan difícil! Entonces, el águila tiene solamente dos alternativas: morir o enfrentar un doloroso proceso de renovación que durará 150 días.

Ese proceso consiste en volar hacia lo alto de una montaña y quedarse ahí, en un nido cercano a un paredón, en donde no tenga la necesidad de volar. Después de encontrar ese lugar, el águila comienza a golpear su pico en la pared hasta conseguir arrancárselo; luego debe esperar el crecimiento de uno nuevo con el que desprenderá una a una sus uñas; cuando las nuevas uñas comienzan a nacer, comenzará a desplumar sus plumas viejas.

Después de cinco largos meses, el águila sale para su vuelo de renovación y a vivir 30 años más.

Situaciones parecidas nos suceden a lo largo de la vida. En lo que a mí concierne, y por eso el tenor del presente libro, me tocó motivar y casi forzar a mi familia cercana (esposa e hijas) a migrar a los Estados Unidos de América. En búsqueda de un "nido" más seguro, en las alturas.

Al final de la década de los 80' (encontrándome en los 42 años de edad) y tras 15 años de ejercicio de la medicina, con el narcoterrorismo azotando al país, mucho estrés, con un predominio de la inseguridad ciudadana, fuera del control gubernamental; el panorama que se avizoraba en nuestro país no ofrecía un futuro promisor para nuestras hijas. Habiendo llegado al tope de nuestras aspiraciones económicas y profesionales, Gladys, mi esposa, como Cirujano General y yo como Pediatra, deseábamos ampliar nuestros horizontes y, sobretodo, cumplir nuestras metas con las hijas. Aún a costa de sacrificar demasiado (profesión incluída), al recibir una tentadora oferta de trabajo en el campo de la terapia física y la docencia médica decidimos emigrar a lo más alto, los Estados Unidos, en búsqueda de una **renovación**, como el águila.

Transcurridos dos décadas y media de tal decisión, no nos arrepentimos por ello. Vemos compensado con creces el sacrificio hecho en lo logrado por nuestras cuatro hijas, todas profesionales. Lo más valorable alcanzado es nuestra descendencia, un aumento en nuestro núcleo familiar: cuatro hijas y seis nietos, aparte de los cuatro "hijos" adoptados, los yernos. Ahora en el Reposo del Águila nos preguntamos, de no haber elegido la alternativa de migrar ¿tendríamos todo esto? Así mismo nos contestamos con un categórico NO.

La situación en nuestra amada patria, no ha cambiado, ha empeorado. La **corrupción**, aún en las altas esferas del gobierno de turno, ha permitido que el ciudadano común se encuentre más inseguro que nunca; ya no es el narcoterrortismo, que casi no existe, lo que causa estos temores. Podriamos referirnos a un nuevo terrorismo "de cuello y corbata", cuyos protagonistas, nuestros políticos y autoridades actuales, ocupan los lugares de gobierno y habiendo sido designados "a dedo" o elegidos por votación popular democráticamente, compiten los titulares periodísticos con los criminales comunes.

Hay momentos en nuestro andar por la vida que, en nuestro desempeño laboral sea cual fuere nuestra profesión, parece que ya hemos dado todo lo que teníamos por nuestra familia y para la comunidad. Y para nuestro país también; pero, mientras que de parte de la familia y del resto de personas a los que ofrecimos nuestros servicios, no solicitamos devolución ni recompensas, de nuestros gobernantes sí exigimos la oportunidad de un futuro mejor y en paz. En estas circunstancias nos encontramos en un punto de quiebre. Pareciera como si hubiéramos agotado nuestra creatividad y que ya no tenemos mucho que aportar.

Se debe buzcar alternativas; o nos transformamos como las águilas o estaremos condenados a morir de angustia de no poder ofrecer a nuestra familia un mejor porvenir. La transformación exige, primero, hacer un alto en el camino, tenemos que resguardarnos por algún tiempo. Volar hacia lo alto y comenzar un proceso de renovación. Solo así podremos desprendernos del inútil pico, esas viejas uñas y plumas pesadas, para continuar un vuelo de renacimiento y de victoria.

Como vemos, al águila en el transcurso de su larga vida, se le presenta una sola oportunidad de cambio, de renovación de sus males; en cambio al ser humano, Dios le bendice al ofrecerle muchas posibilidades de mejorar cada vez que enfrenta traspiés en su vida cotidiana. Mientras el águila lo intenta solitaria, aislada, alejada de su especie; el ser humano tiene la oportunidad que Dios le ha ofrecido muchas veces, en compañia y con el apoyo incondicional de sus seres queridos. Al intentar el cambio, el ser humano cuenta con experiencias negativas y/o positivas, ambas le sirven, de acuerdo al empeño que le ponga para mejorar las buenas y superar las malas experiencias; con el firme propósito de no volver a repetir las malas.

Solamente libres del peso que traemos del pasado podremos aprovechar el resultado valioso que una renovación siempre trae. Lo que nos ata al pasado son aquellas costumbres, resentimientos, actitudes, vicios, mediocridad, mesquindad, complejos, baja o alta autoestima, falta de ánimo para empezar la lucha, etc. Todo esto nos impide el cambio, nos nubla la vista y la capacidad de ser objetivos con nosotros mismos.

Alcanzar la edad del retiro representa para todo ser humano una nueva oportunidad para renovarse. En el transcurso del camino que lo llevó a lograr esta anhelada edad tuvo una variada gama de oportunidades de renovarse, con cada experiencia buena o mala que le haya tocado vivir.

EL CÓNDOR

Al igual que en norteamérica con su águila, en las alturas de los Andes sudamericanos nuestro cóndor andino es distintivo para muchos países de la región. Aparece como símbolo nacional de Perú, Bolivia, Chile, Argentina, Ecuador y Colombia. Su enorme importancia en el folclore de las zonas andinas es tal que representa a los pueblos indígenas ante el mundo con sus mitos, leyendas y forma de vida. No en vano, mis ancestros mistificaron su existir como tal, de la misma forma en que los oriundos norteamericanos lo hicieron con el águila.

El cóndor andino es un ave maravillosa de existencia milenaria. Desde tiempos inmemoriales el cóndor tiene su morada en los Andes, igual que el hombre de esta tierra. Para nuestra gente andina, la vida del cóndor enmarca una infinita sacralización desde lo religioso-místico hasta la forma natural más genuina de su existencia.

El cóndor andino es una ave que se encuentra entre las más grandes del mundo capaces de volar. Alcanza una envergadura de sus alas de 3.2 metros (lo más grande del mundo) y su peso oscila entre 8 y 15 kilos y su longitud es de 100-130 centímetros. La majestuosidad de esta ave se revela al surcar el cielo pues su vuelo llega a superar los 6 mil metros de altura, es quizás la única ave en el mundo que alcanza esta altura. Debido a su gran volumen corporal necesita algo de ayuda para mantenerse en el aire, por ello, estas aves prefieren vivir en zonas ventosas, donde pueden planear sobre las corrientes de aire sin gran esfuerzo y por muchas horas, tienen la capacidad de recorrer grandes distancias en busca del preciado alimento.

El cóndor no es depredador feroz ni agresivo y tiene una asombrosa capacidad para resistir el hambre y la sed, puede pasarse hasta un mes y medio sin comer, al tiempo que conserva su vigor.

El cóndor andino es una especie amenazada, pero su situación es mucho mejor que la de su pariente místico el águila del norte. Actualmente, existen varios miles de cóndores en estado libre en los Andes y los gobiernos respectivos ya han establecido programas de reintroducción para elevar su número.

Al no ser una ave cazadora como el águila, sus garras no son prensadoras; por lo tanto no pueden tomar la presa con ellas y llevarla a su nido; en su gran buche que puede transportar hasta 4 kg de peso le lleva la comida a su cria en el nido.

Algo que es desconcertante en la vida del cóndor es su muerte que de acuerdo a la tradición se debe llevar a cabo de un modo realmente peculiar: al final de su larga vida, el cóndor se siente cansado y un tanto débil de fuerzas, cree que su vida ya no tiene sentido por lo que opta por el final preferido por su raza y practicado por milenios, decide su suicidio para lo cual remonta vuelo y trata de alcanzar una altura bastante grande para luego descender en picada a una velocidad extraordinaria y finalmente estrellarse contra la faz rocosa de una montaña, dando así fin a una centuria de reinado en los cielos andinos.

El Águila y el Cóndor

Al indagar la accesible y gratuita **Universidad Digital** de conocimientos que nos permite el internet encontré una leyenda y una imágen muy explícitas de lo que puedo aspirar a transmitir en mis escritos, y es lo que sigue:

(http://estuardo-jauregui.com/Amerikua/images/profesia.gif)

El Águila y el Cóndor volarán juntos

Así se denomina a una antigua profecía Inca, compartida por gente oriunda de los Andes y que coincide con algunas otras creencias similares de los oriundos de Centro y Norte América. Se dice que cuando el Águila de Norte América y el Cóndor de Sud América se unan, el espíritu de la paz se despertará en la tierra.

La profecía relata que al principio de la vida humana todos los seres humanos formaron un solo grupo. Con el paso del tiempo se dividieron en dos grupos, del águila y del condor; cada grupo siguió un camino muy diferente en su desarrollo y en su desplazamiento por los cuatro puntos cardinales de la tierra. La gente del Águila era sumamente intelectual y se orientó hacia las ciencias. La gente del Cóndor era fuertemente intuitiva y enfocó su vida en armonizarse con la naturaleza.

Tras una larga espera de milenios, mucha gente nativa de esta parte del mundo crée que el tiempo es ahora. De acuerdo con los antiguos registros de los ancianos y los chamanes, en este tercer milenio ocurrirá la gran reunión entre la gente que es del Águila y la gente que es del Cóndor; será el quinto **Pachacútec**, una alianza de colaboración que salvará a la humanidad.

La **gente del Águila** habrá desarrollado un alto sentido de la estética y de sus habilidades cognitivas. Esta gente usará su don o capacidad para diseñar y construir y será sorprendente; alcanzará su máxima expresión en la adquisición de grandes conocimientos científicos y tecnológicos. El enorme despliegue de sus tecnologías creará milagros tecnológicos tan asombrosos que expandirán sus mentes, logros que generarán una inmensa riqueza material para los líderes de su grupo y su población; sin embargo, su debilidad o "talón de Aquiles" se encontrará en el vacío espiritual que cercará sus vidas y su existencia peligrará.

La **gente del Cóndor**, la gente del corazón, del espíritu, de los sentidos, de una profunda conexión con el mundo natural, con los ciclos de la tierra, desarrollará sus habilidades intuitivas. La gente del Cóndor alcanzará un cenit poderoso en la sabiduría de sus antepasados; sin embargo, no alcanzará el poder ni sabrá cómo desenvolverse satisfactoriamente en el mundo material del águila con quien se sentirá en franca desventaja. Ése será el mayor riesgo que tendrá que afrontar la gente del cóndor; la incapacidad de interactuar con el mundo material pondrá en peligro su existencia, si no se toman medidas, tentando el apoyo de la gente del águila.

Está claro que la cultura occidental es la gente del Águila, y las culturas llamadas indígenas del mundo son la gente del Cóndor. La profecía nos recuerda que ambos grupos proceden de un orígen común y deben integrar sus conocimientos y habilidades para enriquecerse mutuamente.

La conclusión de la profesía sostiene que en el quinto Pachacutic (un Pachakuti es un ciclo de 500 años), si el águila y el cóndor vuelan juntos otra vez, ala con ala, el mundo encontrará de nuevo su equilibrio.

La profecía Inca del Águila y el Cóndor, así como otras tantas conservadas por los aborígenes andinos están centralizadas en el alto concepto de transformación, conocido como **Pachacútec** o Pachacuti. En lengua quechua, Pacha quiere decir el cosmos o la tierra, mientras que Cuti significa darle vuelta, corregir.

El **Inca Pachacútec** o Pachacuti (quechua: Pacha Kutiy Inqa Yupanki; "Inca del cambio del rumbo de la tierra, digno de estima.") fue el noveno gobernante del estado Inca, gran guerrero, administrador y gobernante. Pachacútec convirtió su dominio de un simple curacazgo a un gran imperio: el Tahuantinsuyo. Aunque no había sido designado como sucesor por su padre Huiracocha Inca, dirigió una defensa militar ante el belicoso ejército Chanca mientras que el Inca y su hijo Inca Urco habían huido del señorío. La victoria sobre los chancas hizo que Huiracocha Inca lo reconociera como su sucesor alrededor de 1438.

Pachacútec es el primer Inca del cual se han encontrado referencias históricas que corroboran su existencia, por lo cual es reconocido como el "primer Inca histórico". Pachacútec dió inicio a una gran etapa de cambios en el imperio Incaico y de expansión territorial mediante conquistas, que continuarían posterior a su muerte en 1471, su hijo Túpac Yupanqui y su nieto Huayna Cápac. Sin embargo, la relevancia de su figura y legado, así como el de su denominación, lleva a pensar a varios estudiosos que tiene una importancia mucho mayor que la de solo un personaje, e incluso algunos consideran que no existió como persona, sino que el nombre Pachacútec hacía mención o representaba el inicio de toda una época de transición y reestructuración para la **sociedad Inca**.

En los últimos años de su vida, el Inca Pachacútec confió la dirección de las campañas militares a su hijo Túpac Yupanqui, en tanto que él se dedicaba a supervisar la construcción de algunos de los monumentos más importantes de la cultura Inca, como el Templo del Sol en Cuzco, la ciudadela de Sacsahuaman, cerca de la capital, y Machu Picchu, la ciudad-fortaleza enclavada sobre el valle del río Urubamba. A éste soberano se atribuye también la adopción del sistema de **cultivo en terrazas**, que caracterizó el sistema agrícola incaico.

Como lo hemos mencionado, así como lo implica su nombre, Pachacútec fue el transformador de la sociedad Inca que dió inicio a la quinta era mundial inca, o el quinto sol, pero que, con los descendientes de Huayna Capac: Huáscar y Atahualpa, irónicamente también trajo el final del Imperio Inca. El tiempo del Pachacuti o Pachacútec trajo la venida de los conquistadores españoles y finalmente la destrucción del imperio. En un furor de violencia, la orden cultural más alta que los Andes ha conocido, el **Imperio Inca**, fue rápidamente derrocado.

Las profecías Incas andinas predijeron el regreso del Pachacuti (Pachacútec), pero estás no son profecías de fatalidad, ellas prometen un comienzo humano nuevo. Los ancianos andinos reconocen que este evento, que es un fenómeno perceptible, le presenta a la humanidad una oportunidad enorme; si somos capaces de renunciar a cada concepto limitante que tenemos cerca de nosotros, finalmente veremos el esplendor pleno de lo que podemos ser. El parecer andino holístico de la importancia de las interrelaciones humanas también se extiende a los tres tipos de personas y a sus respectivas culturas:

Yachay (la mente), los que tienen el conocimiento, con gran poder intelectual, personificados por la gente europea.

Llankay (el cuerpo), que tienen la habilidad de manifestar. La gente de Norte América se dice que tienen el poder físico más desarrollado y la voluntad fuerte que los lleva a la acción en el mundo externo,

Munay (el alma, el corazón), que tienen sentimientos, amor y sus representantes son los oriundos de Sur América, pues se dice que poseen el amor más grande.

Sin embargo, siguiendo el pensamiento del hombre andino, ninguna de las tres habilidades mencionadas es superior una a la otra o completa por sí sola o pueda existir sola, aislada. La gente de todas esas cualidades se complementan entre sí, y sólo cuando estas tres modalidades trabajen juntas existirá una humanidad unificada.

Muy sabias las ideas y la filosofía de nuestros ancestros que convertidas en leyendas han sido transmitidas de generación en generación y que en la actualidad, si nos detuviéramos a meditar en ellas, nos sorprendería lo real y profético, que se manifiestan en los acontecimientos actuales. El águila representa el poder, el dominio tecnológico y económico, es el símbolo del país más poderoso del mundo, los Estados Unidos de América. El cóndor, por su parte, nos representa a los países del antes llamado "tercer mundo", hoy subdesarrollados o en vías de desarrollo.

Quizás por este hecho es que al autor, llegado ya a la etapa del retiro, se le ha dado por escribir sus ideas; basado en las propias vivencias y en los datos encontrados en sus momentos de lectura del "libro abierto" en que se ha transformado la computadora personal, como parte de una inmensa biblioteca privada y de libre acceso a la cultura universal; es la enciclopedia más completa a la cual todo ser humano debe tener acceso. Uniendo sus propios conceptos, la información captada por Internet y la percepción de la sabiduría de los ancestros, surge El Reposo del Águila: La Vejez, acúmulo de experiencias.

$$\Omega$$

II

EL REPOSO DEL ÁGUILA

"Se humilde para aceptar tus errores, inteligente para aprender de ellos y maduro para corregirlos".

Pero a tiempo y no cuando sea demasiado tarde.

Los padres fundadores de Estados Unidos en 1782 eligieron el águila calva americana como el emblema nacional ya que, a diferencia de otras especies de águila, solo ésta es autóctona de dicho país. En los Andes de Sudamérica tenemos al cóndor como símbolo de muchas naciones de la zona, como lo es también en Centro América. Hasta el momento, en los párrafos anteriores hemos venido señalando similitudes de ambas aves no solo por sus características físicas, de costumbres y de hábitat; también lo hemos hecho por la identidad tanto social como ancestral y folklórica con que se considera a ambas aves en sus respectivas regiones que habitan.

Cuando el águila calva americana y el cóndor andino eligen a su compañero/a, lo hacen para toda la vida. Un verdadero caso de "hasta que la muerte nos separe", ambos son monógamos y eligen otra pareja sólo a la muerte de la que escogió primero. Un gran ejemplo que nos ofrece el reino animal a los humanos y desde ya lo considero un asidero incuestionable para el título del presente libro.

Una diferencia que encontré entre ambas aves y que me motivaron a reflexionar en ello es el hecho de como, se dice, toman con resignación la cercanía de la muerte. Basado en observaciones científicas y en crónicas folkloristas se dice que, tanto el águila como el cóndor, siendo aves filopátricas (sienten gran afinidad por su lugar de nacimiento), regresan a su lugar de origen en dos ocasiones, para procrear y para morir. Retornan a su nido en las alturas, inaccesible para otras especies incluído al ser humano.

Retornan para perpetrar la especie y para adoptar el reposo merecido, tras tanto trajinar por la vida; luchando para sobrevivir, protegiendo a su prole ofreciéndole seguridad y alimento. Ganando experiencias, enfrentando adversidades y sobretodo superándose tanto al obtener derrotas y/o triunfos.

En cuanto a la aptitud hacia la muerte cercana, las creencias mencionan dos realidades diferentes. Para el águila Americana, la cercanía de la muerte la obliga al retorno a su nido originario a fin de culminar sus días con dignidad y no exponerse a ser despojada de su orgullo enfrentándose a sus rivales por alguna supremasía; muere en paz. En nuestros Andes, el folklore sostiene que el cóndor, al igual que el águila, retorna a su nido al sentir el llamado de la muerte; pero no se queda pasiva, llegado el momento y con el último y supremo esfuerzo, alza el vuelo hacia lo más alto y se deja caer en picada rumbo a la muerte.

Prefiero adoptar el **Reposo del Águila**, aún no descansando en mi lugar de origen, alejado de los míos, sino rodeado de mis recuerdos gratos e ingratos, de mis experiencias buenas y malas también, de mis metas y/o logros alcanzados, así como de mis fracasos y decepciones; todo esto me sirve de fuente inspiradora para mis escritos. Pero lo que me da real aliento a seguir gozando de la vida día a día, es la compañía de mis seres amados: mi esposa, nuestras cuatro hijas y nuestros seis nietos, por ahora, que constituyen la razón de mi existir.

No me considero un "viejo" (denominación puramente social, según la cual todo lo que llega a ser "viejo", ya no sirve, no se puede renovar), sino un envejecido por la vida misma, que sí me da la oportunidad de renovarme, pues he tenido la bendición de haber llegado a ello por el proceso natural, determinado por el Arquitecto, (así me refiero a Dios, nuestro creador).

Soy un ser que ha acumulado experiencias y que ahora me permito, con mis escritos, compartir e intento transmitirlas a quien se muestre interesado en aprender de las experiencias buenas y/o malas de otros. Esa es la razón de existir, aprender de los demás, a fin de no cometer los mismos errores y de mejorar las experiencias positivas.

Al entrar a la "tercera edad" y planeando mi retiro, me vi precisado a sentarme frente a mi laptop para hacer las respectivas averiguaciones sobre lo más conveniente para tomar la crucial decisión del retiro laboral. Tan interesado en la amplia información que pude encontrar en el Internet, a lo que llamo mi **Universidad Digital**, no pude evitar la tentación de "navegar" por tan amplio y variado mundo de conocimientos. Entonces comprobé que el ser humano nunca termina de aprender y en la época actual, gracias al Internet, es mucho más fácil hacerlo; por éste medio, el aprendizaje se encuentra al alcance de todos y generalmente gratis. El problema radica en el hecho que no todos tenemos acceso a ello, por muchas causas; aunque primando lo económico, lo más increíble sucede con los que ahora bordeamos la tercera edad, los que no nacimos con la tecnología digital. Vemos que la gran mayoría de este grupo de personas, como si le "temieran" a la tecnología, no "navegan" en ella, por la falta de voluntad para incentivar sus neuronas; que es justamente lo que necesitamos los que recibimos la bendición de haber alcanzado vivir entre dos siglos.

Gracias a los avances médicos-científicos y a la tecnología ligada a ello, se ha comprobado lo que siempre se sostenía: la vejez lleva a la persona que llega a esa etapa de la vida al **sedentarismo**, a la inactividad. Hoy se impone como primera medida, conbatir la inactividad con esforzarse en realizar más actividad no solamente física, sino en el aspecto intelectual y social. Cualquier método que promueva el buen estado de salud de la persona sostiene, como base de su pirámide nutricional, mantener un buen estado físico con una vida activa social.

El haber estudiado la carrera médica y ocupar las dos últimas décadas del siglo XX y la primera del siglo XXI en la docencia médica, me permitió tomar acciones a fin de evitar la inactividad. El sentarme frente a la computadora a diario, si bien me permitía ejercitar la mente, acentuaba mi inactividad. Decidí al momento invertir en una **cinta ergométrica** (faja caminadora) y mantener y/o acentuar mis relaciones sociales. No me ha fallado el sistema para mantenerme activo, me siento mucho más relajado que cuando laboraba y mi estado de salud bajo control. El poner por escrito mis pensamientos, mis razonamientos, me hace sentir aún más satisfecho, pues me permite dejar en textos lo que las palabras no puedan expresar. Al quedar por escrito, en algún momento mis seres queridos, podrán dedicar algún instante siquiera para hojear mis libros; comprendo que la falta de tiempo de ellos es el que ahora valoro mucho más de lo que yo apreciaba, cuando era joven.

Porque a uno, en la tercera edad, el tiempo le sobra pero a la vez se le hace más corto cada vez. Vivimos en retroceso, como deseando alejarse de lo inevitable. Cuando se es joven se vive a la máxima velocidad, y el tiempo es variable: es demasiado corto cuando estamos realizando o viviendo momentos que nos agrada; pero resulta muy largo cuando realizamos cosas de no mucho agrado, como cuando trabajamos, cuando queremos llegar a un lugar, cuando esperamos, cuando sufrimos, cuando nos enfermamos y queremos sanar, cuando alguna vez pensamos en la "vejez" y la vemos muy alejada. Al respecto, por coincidencia en la expresión, me permito transcribir una "redondilla" que me alcanzó mi siempre colaborador en el arte de corregir mis escritos (mi grato amigo y maestro el Dr. Orlando Tijerino); me refiere su recuerdo de un clérigo, profesor suyo de Literatura por los 1945:

"La vida es dulce o amrga;
lo corta o larga no importa;
los que gozan la hallan corta;
los que sufren la hallan larga".

LA VEJEZ

No sé si en mi largo trajinar por la vida o por el Internet, encontré una frase que se me quedó fija en la mente: ....*me siento un adolescente intelectual...*

También encontré esta meditación: *...pon tu confianza en Dios y no olvides recordar con frecuencia cuántos años tienes, Él puso tus pies en el camino por donde te ha traído desde que naciste hasta el día de hoy y recordemos, que el camino que recorremos para llegar a Dios es el mismo camino o senda que Dios hace para encontrarse con nosotros.*

Quizás estas palabras fueron las que me permitieron aceptar la "vejez" tranquilamente, con inteligencia y sin desánimo. Es necesario mantenerse lo mejor que se pueda físicamente, así como espiritualmente y mentalmente. El mantenerme "activo" por e-mail o Facebook me permite acceder a notas muy intereaantes, como las que transcribo:

Dos Amigas

Había una vez dos amigas que se encontraban tomando un café y una le comenta en tono de queja a la otra:

"Mi mamá me llama mucho por teléfono para pedirme que vaya a hablar con ella, o para pedirme que la lleve a tal lugar, o que vaya a comer a su casa. Yo voy poco y en ocasiones siento que me molesta su forma de ser y de pedirme las cosas. Ya sabes cómo son los viejos: cuentan las mismas cosas una y otra vez. Además, nunca me faltan compromisos: que el trabajo, que mis hijos, que los amigos..."

"Yo en cambio –le dijo su compañera- hablo mucho con mi mamá. Cada vez que estoy triste, voy con ella; cuando me siento sola, cuando tengo un problema y necesito fortaleza, acudo a ella y me siento mejor."

"Caramba –se apenó la otra-, eres mejor que yo."

"No lo creas, soy igual que tú, -respondió la amiga- con tristeza, visito a mi mamá en el cementerio, con mucha frecuencia".

El **Internet** facilita la comunicación humana, debe facilitar el llegar de "visita" mucho más frecuente a nuestros seres de la tercera edad, sin gastar gasolina. Disponiendo solo de unos diez minutos al día para conectarnos con nuestros "viejos", con toda seguridad que les proporcionaríamos horas de felicidad, hasta el siguiente día. La tecnología actual aún no nos permite alcanzar una comunicación con ellos cuando ya hayan partido al encuentro con el Arquitecto. Mientras tanto, aprovechemos de sus sabias bendiciones, la presente nota me la enviaron por Facebook y me permito compartirla con mis lectores:

Bendiciones del Anciano

❖ *Benditos sean aquellos que excusan mi torpeza al caminar y la poca firmeza de mi pulso.*

❖ *Benditos los que comprenden que ahora mis oídos se esfuerzan para escuchar lo que me dicen.*

❖ *Benditos aquellos que se dan cuenta de que mis ojos están empañados y limitado mi sentido del humor.*

❖ *Benditos los que disimulan el que alguna vez derrame el*
❖ *café sobre la mesa.*

❖ *Benditos los que sonrientes se detienen a charlar conmigo por unos instantes y escuchan con interés lo que les digo.*

❖ *Benditos los que excusan mis olvidos y nunca me dicen: eso ya me lo habías contado.*

❖ *Benditos los que me permiten evocar recuerdos felices del pasado, que me hacen sentir querido y respetado y que no estoy solo en el mundo.*

❖ *Benditos aquellos capaces de comprender lo difícil que es hallar fuerzas para sobrellevar mi cruz.*

❖ *Benditos aquellos que de vez en vez se acuerdan de hacerme algún obsequio por sencillo y pequeño que sea.*

❖ *Benditos aquellos que con amor me ayudan a esperar tranquilo y sonriente el día de mi partida.*

Saber envejecer es un arte. Muy pocos lo saben hacer. La filosofía de la vida y todo lo que lleva consigo se hace más difícil de afrontar para las personas a la hora de envejecer.

Nuestros viejos necesitan nuestro perdón, comprensión y apoyo. El escritor mexicano, Alejandro Orozco dijo: *"Nuestros viejos necesitan poco, pero ese poco lo necesitan mucho"*.

Sigmund Freud a los 70 años de edad escribia…. *"quizá los dioses, al convertirnos la vida mas desagradable al envejecer, hacen menos intolerable la muerte."*

Albert Einstein, otro sabio senil (1879 – 1955), decía a la vejez: *"Extraña es nuestra situación aquí en esta tierra. Cada uno de nosotros viene para una corta visita, sin saber por qué, pero a veces parecía un propósito divino."*
"Sólo una vida vivida para los demás es una vida que vale la pena."

Una de las cualidades del ser humano es la sapiencia, que le permite expresarse desde muy temprena edad y no la pierde hasta que el Arquitecto lo acoge con la muerte. A medida que avanzo en los párrafos por escribir me suelo encontrar en el camino de la Internet, notas que considero útil el compartir, lo que sigue es algo de ello:

El profesor recibe ana lección

El profesor universitario retó a sus estudiantes con esta pregunta: *"Creó Dios todo lo que existe?"*.
Uno de los estudiantes valientemente respondió "Sí, por supuesto, Dios creó todo cuanto existe?"
Afirmó el profesor:
"Sí Dios creó todo lo que existe, entonces Dios creó la maldad, y de acuerdo al asunto que nos concierne hoy, y en relación a quienes somos, entonces Dios es maldad".
Los estudiantes se quedaron muy callados ante tal afirmación. El profesor, feliz consigo mismo, en una actitud arrogante, presumió a sus estudiantes que una vez más había probado que la Fé cristiana era un mito. Uno de los

estudiantes levantó su mano y dijo:

"Profesor, puedo hacerle una pregunta?",

"Por supuesto", contestó el profesor.

El estudiante se puso de pie y dijo:

"Profesor....existe el frío?"

"Qué clase de pregunta es esa?...por supuesto que existe. Alguna vez has tenido frío?".

Se escucharon risas en tono de burla de los demás. El joven estudiante dijo:

"En realidad señor, el frío no existe....de acuerdo con las leyes de la física lo que consideramos frío es en realidad ausencia de calor. Todo cuerpo u objeto es susceptible de estudio cuando tiene o transmite energía, el calor es lo que hace que un cuerpo o cosa tenga o transmita energía. El cero absoluto (0° C) es la total ausencia de calor; todo queda inerte e incapaz de reaccionar a esa temperatura. El frío no existe. Hemos creado esa palabra para describir cómo nos sentimos si no tenemos calor".

El estudiante continuó:

"Profesor, existe la oscuridad?"

El profesor respondió:

"Por supuesto".

El estudiante le contestó:

"Una vez más está usted equivocado señor, la oscuridad no existe tampoco. La oscuridad es en realidad la ausencia de luz. Nosotros podemos estudiar la luz pero no la oscuridad. Podemos utilizar el prisma de Newton para separar la luz en varios colores y estudiar múltiples ondas de cada color. No puedes medir la oscuridad. Un simple rayo de luz puede entrar a un mundo oscuro e iluminarlo. Cómo puedes saber qué tan oscuro es un determinado espacio?, se puede medir la cantidad de luz presente. Es correcto? La oscuridad es un término utilizado por el hombre para describir qué pasa cuando no hay presencia de luz."

Finalmente el joven preguntó al profesor: "Señor,

existe la maldad?"

Ahora, muy dudosamente el profesor respondió:

"Por supuesto, como ya lo he dicho anteriormente, lo vemos todos los días, es un diario ejemplo la inhumanidad del hombre para con sus semejantes. Está en la multitud de crímenes y violencia en todas partes del mundo. Esas manifestaciones no son otra cosa más que maldad".

Ante esto el estudiante le contesta:

"La maldad no existe señor, o al menos no existe como sí misma. La maldad es simplemente la ausencia de Dios. Es como la oscuridad y la luz, la maldad es una palabra que el hombre ha creado para describir la ausencia de Dios. Dios no creó la maldad. La maldad no es como la Fé, o el amor que existen al igual que la luz y el calor. La maldad es el resultado de lo que pasa cuando el hombre no tiene presente el amor de Dios en su corazón. Es como el frío que surge cuando no hay calor o la oscuridad cuando no hay luz."

El profesor tomó asiento.

*El nombre del estudiante: **Albert Einstein**.*

Y a **William Shakespeare**, no se puede dejar de lado: *"El tiempo es muy lento para los que esperan, muy rápido para los que tienen miedo, muy largo para los que se lamentan, muy corto para los que festejan. Pero, para los que aman, el tiempo es una eternidad".*

Podría seguir transcribiendo muchos pensamientos, pero no me alcanzarían las páginas, ni los libros escritos o por escribir. Pero, la más clara ilustración de lo que representa la "vejez" y lo que pretendo, en lo posible, comunicar con mis escritos es lo siguiente:

La Vasija con Rajaduras

Cuenta la leyenda india que un hombre transportaba agua todos los días a su aldea usando dos grandes vasijas, sujetas en las extremidades de un pedazo de madera que colocaba atravesado sobre sus espaldas. Una de las vasijas era más vieja que la otra, y tenía pequeñas rajaduras; cada vez que el hombre recorría el camino hasta su casa, la mitad del agua se perdía.

Durante dos años el hombre hizo el mismo trayecto. La vasija más joven estaba siempre muy orgullosa de su desempeño, y tenía la seguridad de que estaba a la altura de la razón para la cual había sido creada, mientras que la otra se moría de vergüenza por cumplir apenas la mitad de su tarea, aún sabiendo que aquellas rajaduras eran el fruto de mucho tiempo de trabajo. Estaba tan avergonzada que un día, mientras el hombre se preparaba para sacar agua del pozo, decidió hablar con él:

-Quiero pedirte disculpas ya que, debido a mi largo uso, no consigues entregar la mitad de mi carga, y saciar la mitad de la sed que espera en tu casa. El hombre sonrió y le dijo:

-Cuando regresemos, por favor observa cuidadosamente el camino. Así lo hizo. Y la vasija notó que, por el lado donde ella iba, crecían muchas flores y plantas.

-¿Ves como la naturaleza es más bella en el lado que tú recorres? –comentó el hombre-. Siempre supe que tú tenías rajaduras, y resolví aprovechar este hecho. Sembré hortalizas, flores y legumbres, y tú las has regado siempre. Ya recogí muchas rosas para mi casa, alimenté a mis hijos con lechuga, col y cebollas. Si tú no fueras como eres, ¿cómo podría haberlo hecho?

"Todos nosotros, en algún momento, envejecemos y pasamos a tener otras cualidades; es siempre posible aprovechar cada una de estas nuevas cualidades para obtener un buen resultado".

(Autor: Paulo Coelho. Publicado en "El Semanal", nº 729.)

EL TÍO ERICK: ÁGUILA EN REPOSO

Casi la mitad de nuestra existencia la pasamos durmiendo, el período más largo de este proceso corresponde, normalmente, a la tercera edad (por lo contrario, en condiciones patológicas, el insomnio es una de las características del anciano). Para uno como médico, el poder comprobarlo es doblemente penoso. Recién comprendemos que hemos debido de tomar muy en serio las recomendaciones de los colegas especializados en las materias que comprenden al proceso de nuestro envejecimiento. El comer sin moderación en las noches, aunque sea placentero el compartirlo con los que amamos, resulta con toda seguridad (amén de lo dañino para la salud) muy malo para la digestión, pues lo peor son las pesadillas que nos toca vivir.

A mediados del mes de Marzo del 2015, encontrándome ya por la mitad de este libro, me desperté con una de esas pesadillas muy desagradables, habíamos disfrutado en familia de una copiosa cena por mis 68 años, la noche anterior. Al estar compartiendo nuestro diario desayuno con mi esposa, de repente, me comenta qué será de la vida de Erick, que buen tiempo hace que no lo visitábamos y peor aún, no obteníamos contestación a nuestras llamadas telefónicas. Ante tal súbita inquietud, mi respuesta se hizo esperar ya que, sorprendido y alarmado recordé mi pesadilla y que, justamente, fue Erick quien se vino a la memoria al despertar de ella. Aparentemente buscando la casa de alguien querido, había soñado el encontrarme caminando entre tumbas. No podría ser más inquietante y alarmante la coincidencia. Por supuesto, que lo primero que decidimos fue ir a visitarlo.

Erick y Sussy son una parejita considerada entre aquellas que nos han dejado un ejemplo de vida realmente adoctrinadora. Sussy partió hace ocho años hacia su encuentro con el Arquitecto, Erick de 85 años a cumplir, sigue añorando lo vivido con su amada Sussy por más de 50 años.

Erick, piloto destacado de la fuerza aérea de su país de origen, Dinamarca, por sus cualidades militares fue enrolado en la fuerza aérea de la coalición de países que lucharon en la llamada Segunda Guerra de Indochina (Vietnan-Camboya-Laos), después de la cual terminó por quedarse en Estados Unidos de América nacionalizándose como tal. Erick siendo joven y sirviendo en la fuerza aérea USA, conoció a Sussy, nacida en Atlanta, Georgia y se casaron por los años cincuenta y tantos.

Mi esposa y yo, ya en los Estados Unidos, embrollados en los vaivenes del Medicare-Medicaid, del "Social Security" y de los seguros médicos, en los primeros años de nuestra labor en el campo de la Terapia Física, tuvimos la oportunidad de tener como paciente a Sussy por un problema de Accidente Cerebro Vascular que le causó una cuadriplegia. Temprano, a los 62 años de edad, Erick decidió iniciar su retiro laboral a fin de poder dedicar todo su tiempo a Sussy e intentar su rehabilitación. En estas circunstancias conocimos a alguien que después de volar muy alto adopta por el retiro, al igual que el águila, para renovarse ante un nuevo desafío que le presentaba la vida.

Sussy, cual noble águila hembra, acompañó a Erick por 15 años más; demostrando un espíritu de voluntad superior a lo que pronosticaron los galenos. Sufriendo sus cuadros de hipertensión severa, con todas las complicaciones posibles y que la llevaron a contínuos ingresos hospitalarios, Sussy condenada a vivir en silla de ruedas y en cama de por vida, logró con mucha paciencia y voluntad encaminar algunos pasos apoyada en su caminador y pudo valerse por sí sola para alimentarse. Lo que al inicio de su mal era imposible, con Terapia Física de Rehabilitación se logró una mejor calidad de vida, no solo para Sussy, sino para su amado esposo Erick. Tal es así que llegado el momento de la partida de Sussy, para ambos fue más que un consuelo el haber compartido un tiempo más prolongado de lo supuesto.

En lo particular, al compartir con ellos muchos preciados momentos, pude comprobar que el mayor defecto que un ser humano pueda tener es el de someter a su organismo a noxas que bien podrian evitarse. La inactividad principalmente, el tabaco y lo que entra por la boca, lo que respiramos y el contacto de la piel con elementos ambientales, son noxas **autodependientes**. Pero lo más importante es lo **sociodependiente**. La noxa social es lo peor que le pueda pasar al ser humano en su camino a la "vejez". Con certeza, me permitiría afirmar que las noxas autodependientes son mucho mejor manejables que las sociales, pues la soledad del viejo lo lleva ligero al abandono, presuroso a las enfermedades y acelerado a la muerte. No existe peor dolor humano que morir en soledad.

Erick y Sussy no fueron bendecidos con tener hijos; mi familia fue bendecida en contar con su amistad y cariño. Erick, al fallecer su amor Sussy, se confinó en una residencial privada para ancianos, compró su apartamento dentro de un complejo que le ofrecía todas las facilidades, servicios generales, cuidados de la salud, alimentación, facilidad en enfermería, entretenimiento. En estas circunstancias ambientales (donde gran parte de los servicios son proporcionadas como beneficio al retirado por el gobierno americano), se trata de proporcionar a la persona de la tercera edad de todo lo que necesite, incluyendo el aspecto social; pero lo familiar es lo más imprescindible e irreemplazable.

Para Erick (y cuando vivía Sussy), mi esposa, yo y nuestras hijas, somos su familia. Al llegar a la entrada del complejo nos informan que Erick se encontraba en el centro de enfermería, pues el día anterior había sido dado de alta del Hospital. Entendimos el porqué no hubo respuestas a nuestras llamadas. Comprendimos también nuestras inquietudes del desayuno familiar.

Vimos a Erick postrado en cama, en pésima apariencia, tal es así que mi esposa tuvo que sentarse para mantener el equilibrio. Se apreciaba una severa dificultad respiratoria, casi esterterosa, la del maribundo. Le hablamos y sorprendentemente, abrió los ojos y nos pudo renocer; pareciera que sucedió un milagro no esperado pues el personal de enfermería recién cambió de una actitud pasiva (como esperando su fallecimiento), a una muy activa. A los pocos minutos llegaron no uno sino dos unidades de rescate. Es cierto, que siendo mi esposa Gladys y yo médicos, nos identificamos como tales y sugerimos que fuera trasladado a un hospital cercano de inmediato para ser monitorizado y compensado en su probable acidosis respiratoria, que nos parecía Erick estaba sufriendo.

Pasaron 24 horas y ya Erick, muy recuperado, era el que siempre habíamos tratado, el jocoso (todo lo lleva a la broma), bonachón y demasiado amigable; al que cariñosamente nuestras hijas lo llaman tío Erick. Va por la tercera semana en el hospital, a la espera de ser enviado nuevamente a su condominio senil. El Tío Sam seguirá haciéndose cargo de él, hasta que el Arquitecto, y no los que lo rodean, decida su partida.

Lo narrado no es más que una demostración inequívoca de la realidad de nuestra "vejez". Así no se cuente en esta etapa de la vida con familiares cercanos, de "sangre", pero sí se ha "sembrado" en el camino ya recorrido, sin descuidar el contínuo "regado", el llegar a la ancianidad nos permitirá disfrutar de una maravillosa y productiva "cosecha". La amistad perdurable es un "producto" o "fruto" de esa siembra.

A los que nos atrevimos a migrar hacia los Estados Unidos y sembrar raíces (como Erick), el **Tío Sam** nos acoge con amor; de la misma manera tendremos que corresponderle. Nuestro único y primordial compromiso es el de cumplir con sus leyes, respetar su cultura y convivir en paz con los demás.

Es grandioso comprobar al alcanzar la etapa del Reposo del Águila cómo el Tío Sam cumple, y se preocupa, con nosotros. Más apreciado será este hecho en personas que como Erick, recibiendo el cariño de los que lo amamos, tiene la certeza que el Tío Sam estará a su lado, hasta dejar este mundo.

El Tío Sam: US (Uncle Sam)

El Tío Sam, unos 75 años más viejo que la Estatua de la Libertad, representa la Identidad Americana. Es un hombre barbudo de largas piernas, ataviado con los colores y formato de la bandera nacional Americana y tocado con un sombrero de copa. ¿Quien no lo conoce? Como lo demuestran constantemente los titularas de la prensa y que se presenta en las miles de aplicaciones de nuestros aparatos digitales, en todo el mundo, el Tío Sam, es la personificación de Estados Unidos.

El Tío *Sam ha sonreído y ha hecho muecas de dolor, ha adoptado un semblante alegre, nos ha mirado airadamente, nos ha mostrado el puño, ha llorado en las tragedias y se ha llenado de gloria en los momentos de victoria. De hecho, ilustra los altibajos de la vida nacional de los Estados Unidos.*

El Tío Sam no fue un Presidente, ni un personaje ficticio, como muchos suponen, sino que comenzó su vida como una persona real y común; fue un carnicero. Según los historiadores, fue un comerciante en carnes llamado **Samuel Wilson**, *quien nació en 1766 y peleó en la Guerra de la Independencia cuando aún era adolescente. Cuando estalló la Guerra de 1812,* **Sam Wilson**, *quien para entonces ya era un próspero hombre de negocios, fue nombrado inspector de los suministros de alimentos del Ejército en el estado de Nueva York y el vecino estado de Nueva Jersey.*

Un buen día, cuando el gobernador de Nueva York, Daniel D. Tompkins, visitaba la planta de Sam Wilson, observó que los barriles de carne que esperaban ser despachados a su destino llevaban impresas las marcas "EA-US" en grandes letras. El gobernador preguntó:

"¿Qué representan las iniciales?"

Uno de los ayudantes de Wilson respondió que uno de los contratistas a quien Wilson enviaba carne era un tal **E**lbert *Anderson. Con respecto a la marca* **"US"**, *contestó que, por* *supuesto, quería decir que la carne iba destinada al ejército de Estados Unidos, y en tono de broma añadió: "Significa Uncle Sam (Tío Sam) Wilson". Los hambrientos soldados acogieron esta familiar forma de referirse a las siglas que marcaban esos barriles tan esperados y al responsable de que les llegasen. Samuel Wilson sería desde entonces su tío Sam.*

Esa anécdota, que se repitió ampliamente y llegó a todas partes, fue especialmente apreciada por los vecinos de Wilson, quienes lo estimaban mucho por su patriotismo, su rígido código de honor y su autosuficiencia. Para cuando la guerra había terminado, dos años después, Sam Wilson era conocido en todo el país como Tío Sam, el hombre que tipificaba al norteamericano promedio.

Siglo y medio más tarde, Sam Wilson fue reconocido oficialmente por el gobierno de Estados Unidos como el prototipo del Tío Sam. En 1961, el Congreso aprobó una resolución que lo declaró "representante del símbolo nacional de Estados Unidos".

El famoso cartel con el Tío Sam de labios apretados y mirada inquisidora fue utilizado con mucho éxito para reclutar soldados para varias guerras. Bajo el anciano "carnicero" se incluyó en letras grandes: I want you for the US Army (Te quiero para el ejército de los EEUU). El propio IRS (Servicio de Rentas Internas), lo usa también para recordarnos y motivarnos a pagar nuestros impuestos.

(Tomado de alguna página de Internet de acceso libre)

VEJEZ: EXPERIENCIA ACUMULADA

Hoy la ciencia con su avance médico y tecnológico es capaz de prolongar la vida de una persona hasta edades muy longevas, aunque luego a estos "viejecitos" se les almacene en esas "maravillosas" residencias geriátricas. El apoyo que ofrece el anciano Tío Sam a la persona retirada, ya en el Reposo del Águila, es muy positivo. Para muchos de la tercera edad el Tío Sam representa a la "familia" que no le responde como debería ser. El retirado por muchos años, lo sostuvo con su trabajo, con el pago de sus impuestos y aún ofreciendo su sangre para defenderlo de las agresiones o amenazas a su seguridad; el Tío Sam está cumpliendo con su responsabilidad adquirida.

Para el que se encuentra en el Reposo del Águila, el Tío Sam le ofrece, seguridad en la atención de salud, contar con un ingreso respetable, asegurarle vivienda y alimentación; existen también una gran cantidad de iniciativas y actividades públicas para mejorar la calidad de vida de las personas "viejas". Ahí están los famosos viajes para la tercera edad a precios supereconómicos, los teatros específicos para que las personas mayores hagan terapia ocupacional o los talleres de manualidades donde entretenerse y mantener activas sus artrósicas articulaciones, los casinos con programas especiales para ancianos. En el campo educativo, están las llamadas **Universidades de la Experiencia**, para hacer quizá lo que no pudieron hacer cuando eran jóvenes por que estaban demasiado ocupados trabajando a todo dar para sacar a su familia adelante.

Es evidente y sería de necios ponerlo en cuestión, que la vejez conlleva una pérdida de facultades ya que produce una merma inevitable de determinadas funciones corporales. Los ancianos oyen con más dificultad, ven mucho peor, se mueven con cierta torpeza, tienen una memoria deficitaria y les cuesta evocar los nombres de las cosas, están llenos de dolores por la artrosis que padecen, sufren insomnio pasando largas noches en vela. Además, y para acabar de complicar la situación, las personas ancianas viven con frecuencia de recuerdos de su pasado, recuerdos que por cierto se empeñan en contarnos una y otra vez. Pero el Tío Sam se siente contento porque esta persona puede ejercer su derecho a voto para elegirlo en las elecciones.

Pero si la **senectud** es una etapa de la vida en la que existe un deterioro psíquico y físico, no es menos cierto que, también, en esa fase involutiva de la existencia del ser humano, la persona posee un cúmulo de experiencias, de vivencias, de aciertos y, también por qué no, de errores, que pueden servir e ilustrar a los más jóvenes y hacerles su camino más fácil.

Ser viejo no es ser un estorbo, es simplemente tener una utilidad diferente, solo deberíamos de escucharlo, de aceptar sus consejos, de reconocer que estamos no frente a una persona "vieja", sino ante un **Acúmulo de Experiencias**. No se debería jubilar por completo a un profesor universitario a los 65 años, ni pasar a la reserva a un general a los 61 años, ni postergar, en definitiva la sapiencia y la utilidad en función exclusiva de la cronología. Hay viejos con 20 años de edad y "viejos" con 80 años de edad que se mantienen jóvenes. En la etapa final de nuestra existencia es cuando más necesitamos del apoyo y del cariño de los demás, pero no como algo de muestra de compromiso, sino como la justa correspondencia al desvelo y atención que ellos, los viejos, nos prestaron cuando nosotros éramos unos niños débiles e indefensos.

El poeta Félix Grande nos resume lo expresado:
"Los viejos, con sus ojos y sus pies cansados nos enseñan a ver
y a caminar".

El Emperador y la Semilla

Un emperador en el Lejano Oriente se estaba haciendo viejo y sabía que se acercaba el momento de elegir a su sucesor. Pero en lugar de elegir a uno de sus asistentes o a uno de sus hijos decidió hacer algo diferente. Llamó a todos los jóvenes del reino y los reunió un día. Les dijo:

"Es hora de que deje mi trono y elija al siguiente emperador; y he decidido elegir a uno de ustedes. Voy a dar a cada uno de ustedes una semilla. Una semilla muy especial. Quiero que la planten, la rieguen y dentro de un año quiero que regresen con lo que haya nacido de esa semilla. Será entonces cuando juzgue a las plantas que traigan y seleccione quién será el siguiente emperador."

Finalmente pasó un año y todos los jóvenes del reino llevaron sus plantas para que el emperador las inspeccionara. Un joven llamado Ling que con esmero había sembrado, regado y cuidado su semilla, no logró que brotara ninguna planta en ella. Pero siendo honesto consigo mismo, le dijo a su madre que no quería llevar su maceta vacía ante el Emperador. Lign siguiendo el consejo de su madre, llevó su maceta vacía al palacio; y al llegar, se sorprendió de toda la variedad de plantas que habían crecido en las macetas de sus amigos. Eran hermosas y de múltiples formas y tamaños.

Cuando el emperador llegó miró alrededor de la habitación y saludó a los jóvenes. Ling trató de esconderse hasta atrás. Dijo el Emperador:

"Qué bonitas plantas, árboles y flores han cuidado durante el año. ¡Hoy uno de ustedes será nombrado el siguiente nuevo emperador!"

Para asombro de todos, el Emperador señaló a Ling, que estaba escondido al fondo de la habitación con su maceta vacía. Ordenó a sus guardias que lo trajeran al frente de él. Ling estaba aterrorizado. "¡El Emperador sabe que soy un fracaso! ¡Tal vez hará que me maten!"

Cuando Ling llegó al frente, el Emperador le preguntó su nombre. *"Mi nombre es Ling,"* contestó. Miró a Ling, y luego anunció a la multitud,

"¡Saluden a su nuevo emperador! ¡Su nombre es Ling!"

Ling no podía creerlo, su semilla en la maceta ni siquiera había germinado. ¿Cómo podría ser el nuevo emperador?

Luego el Emperador dijo:

"Hoy hace un año les di a cada quien una semilla, les dije que la plantaran, la regaran y la trajeran de regreso hoy. Pero a todos les di semillas hervidas, las cuales nunca podrían crecer. Todos ustedes, excepto Ling, me han traído árboles, plantas y flores. Cuando se dieron cuenta de que las semillas no crecerían, las sustituyeron por otras. Ling fue el único con el coraje y la

honestidad de traerme una maceta con mi semilla dentro. Es por eso que él será el nuevo emperador."

Por eso:
- ❖ Si plantas honestidad, cosecharás confianza.
- ❖ Si plantas bondad, cosecharás amigos.
- ❖ Si plantas humildad, cosecharás grandeza.
- ❖ Si plantas perseverancia, cosecharás victoria.
- ❖ Si plantas consideración, cosecharás armonía.
- ❖ Si plantas trabajo arduo, cosecharás éxito.
- ❖ Si plantas perdón, cosecharás reconciliación.
- ❖ Si plantas apertura, cosecharás intimidad.
- ❖ Si plantas paciencia, cosecharás mejoras.
- ❖ Si plantas fe, cosecharás milagros.

Pero:
- ❖ Si plantas deshonestidad, cosecharás desconfianza.
- ❖ Si plantas egoísmo, cosecharás soledad.
- ❖ Si plantas orgullo, cosecharás destrucción.
- ❖ Si plantas envidia, cosecharás problemas.
- ❖ Si plantas flojera, cosecharás estancamiento.
- ❖ Si plantas amargura, cosecharás aislamiento.
- ❖ Si plantas avaricia, cosecharás pérdidas.
- ❖ Si plantas chismes, cosecharás enemigos.
- ❖ Si plantas preocupaciones, cosecharás arrugas
- ❖ Si plantas pecados, cosecharás culpas.

Ω

III

NUESTRA VEJEZ

El estado de salud y la **longevidad** de una persona se encuentran influenciados directamente por dos factores: **factor biológico** (expresado en la genética humana: genoma) y el **factor medioambiental** (contacto con el entorno físico-quimico natural y el creado por el hombre, además el económico y el psicosocial). En la actualidad, los avances médicos y su accionar en el proceso de la longevidad influyen directamente en la prolongación de la vida solo en el 10 %, pues el 90 % restante se encuentra influenciado por los hábitos, los factores psicológicos y los sociosanitarias. He ahí la tremenda importancia de la Medicina Preventiva en la conservación de la salud y el bienestar de las personas de la tercera edad o adulto mayor.

La Medicina es Ciencia y Arte, es lo que se acostumbra a decir, pero se ha centrado más en su papel de Ciencia, abocándose más a curar que a prevenir; esto es mucho más notorio en los países en desarrollo y peor aún en los llamados subdesarrollados, pues en los llamados países desarrollados la realidad es otra. La longevidad depende de los mismos factores conocidos como óptimos para alcanzar una buena salud en personas de cualquier edad: un saludable control de peso y dieta a ingerir, hacer ejercicios cotidianos, evitar el consumo excesivo de alcohol y drogas (incluidos los medicamentos), evitar el contacto con tóxicos y dormir lo suficiente.

Por lo tanto, el ser humano debe tomar conciencia de que resulta responsable de su salud. La ciencia (llámese Biología, Medicina, Genética, Fisica, Quimica-farmaceútica, etc.) solo nos sirve de parámetros para conservarla e intentar acumular más almanaques. Los males del "alma......naque" nos llega a todos por igual, aunque a diferente edad (uno puede llegar a ser "viejo" sin haber envejecido aún), acorde con lo que hemos "almacenado" en nuestro organismo y en nuestra mente. De hecho entonces, el individuo debe tomar medidas urgentes para proteger su salud y ponerlas en práctica antes de llegar a la "vejez" provocada por uno mismo y permitirnos alcanzar el **envejecimiento** natural a plenitud, con una merecida calidad de vida. Se debe tomar muy en cuenta que el vivir el envejecimiento es influenciada por la personalidad del sujeto, la educación y la satisfacción laboral alcanzada antes de jubilarse, el estado de salud y la vitalidad logrados, la actitud ante la vida y la propia filosofía adoptada ante el hecho de envejecer.

Biológicamente el individuo tiene una gran capacidad de reservas para adaptarse a la edad que se le viene encima por el acúmulo de almanaques, pues eso es todo en la vida que nos tocó vivir: un **acúmulo de experiencias**, de vivencias. Todas nuestras experiencias, tanto negativas como positivas, son trascendentes; todas tienen importancia. No se concibe una experiencia sin un suceso previo y sin ninguna consecuencia posterior. Al final somos el resumen de nuestras experiencias pasadas, experiencias que nos llevaron a tomar acciones y decisiones, las mismas que nos sirven ahora para tomarlas como experiencia.

Conforme uno avanza en edad, todos los órganos vitales de nuestro cuerpo empiezan a perder alguna función. En el proceso de envejecimiento se van produciendo cambios en todas las células: ya no se reproducen con la misma intensidad, ya no trabajan con la misma eficacia, o han sufrido **injurias** (daños) por gérmenes, toxinas, medicamentos o sustancias a las que las hemos expuesto. Así como han padecido traumas por factores externos que han invadido nuestro organismo, también nuestras células sufren fallas en la irrigación sanguínea, provocada por la estrechez de los vasos sanguíneos, debido a su vez al colesterol que comemos. Todo esto se empeora por el estrés propio de nuestro estilo de vida y peor aún si no dedicamos un poco de tiempo a realizar actividades físicas y sociales. En el diagrama siguiente se presentan los cuatro sucesos que acontecen a nuestras células, que las "envejecen":

CÉLULA SANA

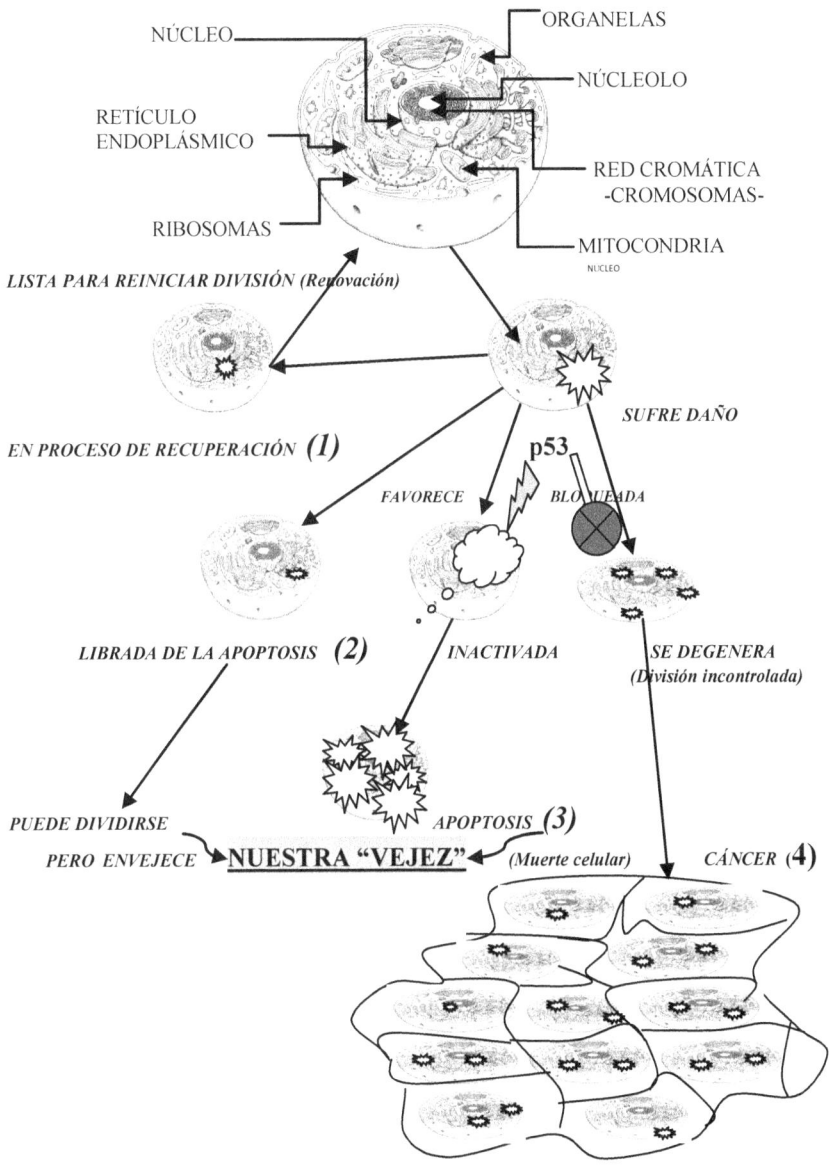

NÚCLEO

ORGANELAS

NÚCLEOLO

RETÍCULO ENDOPLÁSMICO

RED CROMÁTICA -CROMOSOMAS-

RIBOSOMAS

MITOCONDRIA

NÚCLEO

LISTA PARA REINICIAR DIVISIÓN (Renovación)

SUFRE DAÑO

EN PROCESO DE RECUPERACIÓN **(1)**

p53

FAVORECE

BLOQUEADA

LIBRADA DE LA APOPTOSIS **(2)**

INACTIVADA

SE DEGENERA (División incontrolada)

PUEDE DIVIDIRSE

PERO ENVEJECE **NUESTRA "VEJEZ"**

APOPTOSIS **(3)** *(Muerte celular)*

CÁNCER **(4)**

El envejecimiento se expresa en todos los órganos de forma diferente, según sus funciones y con distinta aceleración. Cuando nos expresamos de "**nuestra vejez**" -en la gráfica **(2)** y **(3)**-, nos referimos al hecho que sucede biológicamente mediante lo cual, al afectarse una célula sana de inicio, se desencadena (por acción de **p53**), una serie de acontecimientos bioquímicos que llega a comprometer a un tejido y a partir de éste a un órgano, a todo un sistema; pues cada célula es una unidad funcional de todo un sistema, cualquier alteración en su función, afectará la fisiología del órgano, del sistema del que forma parte y, por ende, del cuerpo humano en conjunto.

Los mecanismos que dan lugar a las manifestaciones de envejecimiento se resumen en la disminución paulatina tanto de la población celular como de la actividad metabólica de cada célula. En los organismos superiores se añade aquí un proceso regulador, restaurador y de renovación celular; como lo señalamos en la gráfica **(1)**, encaminado a garantizar la supervivencia celular, aminorando las consecuencias del déficit que ha acontecido. Este proceso permite a la célula volver a su ciclo normal de división, y así continuar con su función dentro del organismo.

Sin embargo, estas alteraciones producidas en las células no solo las "envejecen" sino que producen alteraciones homeostáticas (que es el equilibrio que existe en el organismo) y conducen a la pérdida de bienestar, a la enfermedad.

Por otro lado, cuando el daño a afectado tanto la respuesta celular, que ésta se manifiesta en forma anormal presentándose una degeneración celular (por bloqueo –mutación- de **p53**), que lleva a una incontrolable proliferación que es el cáncer **(4)**.

Desde un punto de vista biológico, no existen organismos "viejos ni envejecidos", ya que esta denominación se entiende con un significado estático, la de un proceso ya llevado a cabo; en cambio el envejecimiento es un proceso dinámico, en progreso.

Un organismo manifiesta envejecimiento cuando decrece su vitalidad y cuando proporcionalmente aumenta su vulnerabilidad.

El envejecimiento es un proceso irreversible equiparable al que sucede con las máquinas inventadas por el hombre mismo. En el ser humano, se trata de un proceso que finaliza cuando sucede la muerte; en las máquinas cuando dejan de funcionar.

Según Rowe y Kahn *(Human Aging: Usual and Successful, Pennsylvania: American Association for the Advancement of Science)*, el envejecimiento humano es:

- **Lineal**; proceso que se va produciendo a lo largo de toda la vida y que, en determinado momento, *cristaliza*.
- **Inevitable**; no puede detenerse; termina sólo con la muerte del individuo.
- **Variable**; no tiene por qué ser semejante en personas nacidas en épocas y situaciones idénticas.
- **Asíncrono**; en cada órgano ocurre diferente ritmo de desgaste.

Tales términos caracterizan situaciones relacionadas con una edad cronológica que es progresiva e irremediable, aplicable a la edad de elevada tasa de mortalidad, que es el envejecimiento. El período de vida del ser humano se cuantifica con un máximo de 120 años, cuando los fenómenos intrínsecos del crecimiento y del envejecimiento se desarrollan en un medio adecuado.

ENVEJECIMIENTO ANCESTRAL

Las ciencias dedicadas al estudio del humano: Medicina, Biología, Bioquímica, Genética y la Antropología, desde muchos años atrás vienen trabajando de la mano a fin de lograr el bienestar de la persona. En este marco, el envejecimiento humano, es un tema prioritario y en ello se han embarcado.

La tecnología moderna nos permite ahora someter a CT scan a una momia, sea Egipcia, Inca o Azteca. Las imágenes médicas de tales momias han permitido revelar arterias ocluídas, lo que sugiere que las enfermedades cardiovasculares no constituyen una moderna aflicción, como se venía sosteniendo. Se ha podido determinar que tales afecciones son el alto precio que los humanos han tenido que pagar por tener un supercargado sistema inmune.

Los seres humanos viven mucho más tiempo que sus otros parientes los primates, un fenómeno que tradicionalmente se ha acreditado a la medicina moderna, disponibilidad de alimentos y a los sistemas de saneamiento social. Pero una nueva investigación sugiere que aunque estos factores han extendido la duración de la vida humana en los últimos 200 años, la tendencia en realidad comenzó mucho antes, desde que el hombre decidió vivir en las cavernas y en sociedad.

Como seres humanos nuestros ancestros comieron más carne que alimentos de origen vegetal, contrario a los primates que generalmente se han mantenido vegetarianos. Al comer carnes crudas y las vísceras, el chance a la contaminación era muy alto; además al cazar peligrosos y grandes animales sufrían heridas que se infectaban, adquiriendo mayor mecanismo de defensas. Con este tipo de alimentación y forma de vida, al exponerse a múltiples gérmenes evolucionaron las defensas del humano contra los patógenos de su medio ambiente. Estas defensas contribuyen a la longevidad pero fomentan las enfermedades cardiovasculares en la edad avanzada.

La **respuesta inflamatoria** como parte del sistema inmune innato se pone en marcha cuando los tejidos sufren daño por los microbios, heridas traumáticas, injurias o toxinas. Clínicamente se describen cuatro signos de la inflamación: calor, rubor, hinchazón y dolor. El calor y el rubor es provocado por un súbito y marcado incremento del flujo sanguíneo en el tejido dañado. La hinchazón proviene del incremento de la permeabilidad vascular que causa que las células sanguíneas y el plasma salgan del vaso hacia el tejido que lo rodea (con todo un ejército de células y anticuerpos como armas de defensa), esto contribuye a evitar la diseminación de los gérmenes. Del dolor es responsable el sistema nervioso.

El estudio del genoma permitió establecer la existencia de un gen, la apolipoproteina E (APOE), que fuertemente influencia la absorción, el transporte y metabolismo de los lípidos, favoreciendo el desarrollo de las neuronas en el cerebro (al incrementar el nivel de colesterol, materia prima para ello) y estimulando la respuesta inmunológica que, como veremos en la gráfica que sigue, lleva a la inflamación, lo que desencadena una serie de sucesos y determinan las enfermedades cardiovasculares y con ello, terminarán afectando a todo el organismo.

Arterioesclerosis y Envejecimiento

NORMAL	DEPÓSITO GRASO	VULNERABLE	RUPTURA DE PARED	TROMBOSIS	INFARTO MIOCARDIO	COÁGULO OBSTRUCTIVO
Pared vascular endotelial sana con estructura celular intacta, la arteria es libre de bloqueo, la sangre fluye fácilmente desde y hacia el corazón.	Debido al daño en capa interna de la pared vascular por acúmulo de grasa, colesterol, plaquetas, calcio y otras sustancias, se produce la placa de ateroma que obstruye el flujo sanguíneo.	Placa de ateroma es susceptible a ruptura, debido al alto nivel de lípidos, incremento de la inflamación y por ende delgadez de la pared vascular.	Placa de ateroma, produce aumento de la presión arterial, llega a ruptura de la pared y aparisión de los coágulos y trombos.	Originado por un coágulo (plaquetas, insoluble fibrina) que se forma en el sitio de ruptura. La formación de trombos es muy peligroso pues al desprenderse viajan a otros lugares (corazón, cerebro, pulmones, etc.).	Un infarto de miocardio o ataque cardiaco ocurre cuendo un coágulo obstruye el flujo sanguíneo en una area del miocardio sin el oxígeno el músculo cardiaco muere.	Un coágulo puede formarse en una arteria cuya pared no se ha roto, la misma estrechez provocada por las placas de ateroma favorece el proceso de la coagulación sanguínea.

Siguiendo estudios sobre los portadores de APOE, si bien es cierto que con su sistema de defensa incrementado, con una mayor supervivencia a las infecciones en la niñez y en el devenir de continuas elevaciones del nivel de inflamación por exposición a los gérmenes ambientales; al alcanzar la tercera edad muchas de las enfermedades incluyendo ateroesclerosis y Alzheimer's, ponen en peligro la salud y la vida de la persona. Por ello se tiene a la APOE como el principal gen ligado a la longevidad, y no es el único.

Longevidad es un concepto ligado a la edad cronológica y de significación relativa, ya que las edades consideradas como longevas, es decir, por encima de la actual esperanza de vida, están marcadamente por debajo del valor considerado como de máxima duración. Esto se debe al hecho de que el cuerpo humano se expone a ciertas circunstancias negativas que lo afectan, por eso es que vivimos más o menos tiempo. Por todo esto es que, el organismo del "viejo" se diferencia del joven mediante el enlentecimiento de unas funciones y la desaparición de otras, lo mismo que por la elevada incidencia de enfermedades.

Como vemos, ahora gracias a lo que se sabe de nuestros ancestros, podemos aspirar a lograr un mayor nivel de vida no solo en lo social y en la salud, sino en lo "añejado". Debemos intentar superar los límites de longevidad, los hechos en la historia lo demuestran, como lo anotaremos enseguida.

En menos de un siglo, la **expectativa de vida** al nacer ha variado notablemente:

➢ En 1925, a la vuelta del siglo, la expectativa de vida era de los 59 años. Se iniciaron ciertas medidas de **prevención**: las regulaciones sanitarias impuestas que requieren mejoras tales como: agua limpia y potable, mejor disposición de aguas residuales, frenar los brotes epidémicos en los Estados Unidos que eran particularmente mortales para los niños.

➢ En 1955, la expectativa de vida era de 70 años. Gracias a las vacunas contra la viruela, difteria, polio y otras enfermedades de origen viral, infectocontagiosas y letales, se incrementó el average del promedio de vida.

➢ En 1985, la expectativa de vida subió a 75. Las campañas en salud pública a favor de mantener un corazón saludable y evitar los peligros del tabaco y otros contaminantes de uso común, redujeron las enfermedades cardiovasculares y otras. Promisorios avances médicos logrados, también ayudaron a extender la vida.

➢ En 2015, en la época actual se llega a los 79 años. Esto se ha logrado gracias al surgir de nuevos tratamientos y manejo de las enfermedades, técnicas y procedimientos quirúrgicos, medicamentos, tests diagnósticos y avances tecnológicos en el campo médico. Todo esto ha permitido reducir en gran escala la incidencia de cáncer y otras enfermedades letales.

➢ Para el año 2045, la Medicina Regenerativa y la Genética Médica (con la Ingeniería Médica del Genoma), prometen la interrupción del envejecimiento. Conservadoramente, las estimaciones de vida pasarán los 81 años, siempre y cuando los factores negativos que se mantienen en altas tasas, como la obesidad y la inactividad física, no descompensen las otras ganancias.

En las diferentes etapas de la vida, nuestro organismo está expuesto a diferentes noxas o daños, como lo hemos tratado de enumerar anteriormente. Con esto en mente podemos enumerar en tres fases o **etapas la vida humana**:

1. Concepción y desarrollo intrauterino, materno-dependiente,
2. Nacimiento, crecimiento y desarrollo (nuestro organismo expuesto al medio socio-ambiental), y
3. Senescencia ó envejecimiento, estadío que se expresa como consecuencia a lo que expusimos nuestro organismo en las etapas anteriores y que culmina con la muerte.

TELÓMEROS

Por décadas, diversos investigadores abocados en hallar los causales del proceso de envejecimiento, fijaron su atención en la genética, más concretamente en los cromosomas y sus **telómeros**.

Ahora se sabe que en el transcurso de nuestra vida, los telómeros se van acortando cual vela prendida que se va quemando y haciéndose cada vez mas corta, dejando vulnerables al daño a los cromosomas, dándose así inicio el proceso de envejecimiento.

Investigadores han determinado lo básico de los telómeros desde 1978, cuando la Dra. Elizabeth Blackburn (de la Universidad de California, San Francisco –UCSF-), fue la primera en mapear la estructura, luego en colaboración con Jack Szostak (de la Universidad de Harvard) determinaron su función. En 1984, Blackburn y su colaboradora Carol Greider (del John Hopkins), descubrieron la **telomerasa**, una enzima responsable de mantener a los telómeros con un nivel suficiente para alargar el proceso de envejecimiento. Si por una acción dañina se afecta la telomerasa, el proceso de envejecimiento se presentará antes de lo programado. Por estos descubrimientos, Blackburn, Szostak y Greider ganaron el Premio Novel de Medicina en el 2009.

En los últimos cincuenta años el estudio de los telómeros ha producido hasta cinco premios Nobel, además de 16.000 artículos científicos. Seguirán surgiendo nuevas evidencias científicas; sean estas comprobadas o no, la obra del **Arquitecto** seguirá ejerciendo nuevas motivaciones para proseguir investigando la maravilla de la creación: el ser humano.

Se sostiene que si se acorta el telómero, vuelve susceptible al sujeto a padecer enfermedades cardiovasculares, problemas en el sistema inmune y predisposición a la diabetes (por afección en las células beta del páncreas).

En 2014, Epel and Puterman (UCSF) en un estudio de un grupo de mujeres postmenopáusicas, midiendo sus telómeros al inicio y después de un año; encontraron que, mientras más estrés sufrieron (desempleo en la familia, problemas financieros, divorcio y enfermedad de sus niños, como los más frecuentes), sus telómeros se acortaron en forma proporcional: más estrés, mayor acortamiento del telómero. Consistentemente Epel encontró que las mujeres que practicaron buen comportamiento de salud (ejercicios, alimentación adecuada y dormir bien), mantuvieron sus telómeros en el tamaño esperado, no sufrió acortamiento. Epel concluye que daño al telómero ocurre más frecuentemente en personas que son sedentarias.

Más preocupante aún es el hecho que recientes estudios demuestran que el acortamiento del telómero no está confinado a los de tercera edad. Se han tomado muestras de cordón umbilical y se ha encontrado que, neonatos de madres que han padecido mucho estrés durante el embarazo, mostraban acortamiento notorio de su telómero, contrario a lo encontrado en los neonatos de madres que no padecieron estrés. Ello sugiere que el mantenimiento del buen estado de salud del telómero se debe iniciar intraútero, aún antes de nacer.

Algunos estudiosos creen que mantener una vida activa en sociedad, ejercicios físicos y otras formas de comportamiento saludables, puede incrementar la liberación de telomerasa, en favor de mantener el telómero estable, alargando la vida. Algunos tipos de cáncer se exacerban con telomerasa baja, otros dependen del incremento de la telomerasa e, incluso, favorecen su incremento. La Dra. Blackburn sostiene que no se debe pretender usar a la telomerasa, (ni sintéticas, ni aquellos suplementos herbales que las anuncian como conteniéndola), pues es como jugar con fuego.

Pero los telómeros no son los únicos que juegan su papel en el proceso de envejecimiento. Como ya lo hemos mencionado anteriormente, una **crónica inflamación** también interviene para hacernos envejecer más pronto de lo debido o deseado.

El **estrés** es una reacción en cadena: el tan sólo pensar o manifestar ansiedad ante el peligro (por ejemplo: verse atacado por un tigre, o precipitarse desde un cuarto piso, o simplemente perder el trabajo, o poner el freno del carro ante un posible choque), como respuesta el sistema nervioso simpático asume su papel. Se inicia una cadena de respuestas rápidas: el cerebro envía una señal a la glándula adrenal y ésta secreta las hormonas epinefrina (más conocida como **adrenalina**) y cortisol; por acción conjunta, estas hormonas estimulan el sistema inmunológico y se libera una sustancia inflamatoria, las citokinas. Las **citokinas** preparan a los glóbulos blancos y a otros combatientes contra la infección para acudir al probable sitio de entrada para los gérmenes.

Todo este complejo aparato de respuesta rápida trabaja aún no se llegue a producir alguna lesión en nuestros tejidos (el tigre escapó sin atacarnos, los bomberos llegaron a tiempo y caímos sobre una colchoneta, conseguimos un mejor trabajo, falsa alarma de choque), de todas formas ya la cascada inflamatoria funcionó y nos dejó secuelas. Las citokinas actúan en forma muy diversa, siendo la más notoria su acción inflamatoria y esta se lleva a cabo, principalmente, a nivel del endotelio (capa de tejido epitelial que cubre la luz -pared interna- de los vasos sanguíneos), tal pintura que viste las paredes de nuestras habitaciones, desencadenando la formación de **placas de ateroma** (ver diagrama de la página 49).

Las condiciones descritas crean un amigable ambiente para el desarrollo de cáncer, lesiones cardiovasculares, enfermedades pulmonares crónicas, deterioro cerebral, en fin se afectan todos nuestros órganos y sistemas. En otras palabras se crean los medios desfavorables que condicionan el que lleguemos a gozar con plenitud del Reposo del Águila.

$$\underline{\Omega}$$

IV

DIOS - DIGITAL

===

EL ARQUITECTO

Durante la última década del pasado siglo XX y dedicado a la docencia médica en los Estados Unidos, mi desempeño como docente me permitió mantener en ejercicio la mente en el área médica, mi pasión. Acudí a la **Universidad Digital** (Internet) a fin de acceder libremente a una confiable y permanente actualización. Ahora ya en la llamada "vejez", qué grato y pleno de orgullo se siente uno el expresarse como miembro de una generación que pasó de un siglo a otro. En una coincidencia providencial, esa década también significó para la historia de la Medicina Humana, y también para la Humanidad, una etapa que establece un antes y un después del **Genoma Humano** (en Medicina) y un antes y un después de la **Revolución Tecnológica** (en la evolución Humana).

Los progresos que se sucedieron en los estudios sobre el Genoma Humano y que se iniciaron al final del año 1989, en la búsqueda del causal de las enfermedades, se vió coronado como logro el 26 de junio del año 2000. El Dr. **Francis S. Collins** (el llamado "padre del Genoma Humano) y el biólogo Craig Venter junto con el presidente de los Estados Unidos Bill Clinton, presentaron ante el mundo el borrador del Genoma Humano.

A inicios del 1990 en USA, mientras yo usaba mi "beeper", algunos de mis alumnos ya contaban con los primeros celulares. Me sentía un cavernícola con el bendito "beeper", habiendo dejado en mi país el tan útil "walkie talkie" de última generación, que me permitía establecer comunicación directa con mis pacientes mediante la central de la Clinica San Borja, donde laboraba como Pediatra. Aparecían también las primeras "laptops". Era el inicio de la red inalámbrica comercial.

La Revolución Tecnológica nos permite por ahora, ya en la segunda década del siglo XXI, el poder contar con Telemedicina, Medicina Robótica, Nanomedicina, etc., así como con los diarios, revistas, radios, tvs y muchos otros apps. A la mano, con un iPhone que se lleva en el bolsillo de la camisa, tengo acceso libre a las TICs (Tecnologías de la Información y de la Comunicación).

El campo médico sigue el ritmo del avance tecnológico. Nos encontramos a mediados del 2015 y ya se cuenta con nanodrones que permitiría eliminar las placas de ateromas de nuestras arterias y evitarnos los infartos o los CVAs (accidentes cerebrovasculares), bajo control remoto, no cirugía invasiva.

El tener estudiantes provenientes de diferentes partes del mundo, por ende con cualidades muy diferenciadas también, se me presentaba una tarea no muy sencilla el poner a consideración los temas del curso. La situación era más acentuada por el hecho de que los educandos contaban, en la mayoría de casos, con títulos universitarios en ciencias médicas de sus respectivos países; pero, a la vez, un considerable número de estudiantes no alcanzaban a tener conocimientos médicos avanzados, sino muy básicos. El fin común para todos era obtener una licenciatura o una certificación profesional en el campo médico en los Estados Unidos de América.

Uno de los lineamientos docentes es no inmiscuir en el aula a la política ni a la **religión**. Me considero un ferviente Católico y Cristiano, pero al no poder referirme en mis clases de tan variada audiencia a Dios como creador de vida y por ende del ser humano, para explicar mejor mis temas lo hacía refiriéndome a Dios como El **Arquitecto**.

El ser Médico de profesión me permitió comprender mucho mejor la razón de la vida y de su creador: Dios, así como de la explicación de la enfermedades, sus causas y la muerte lógica. El ciclo completo de la vida está determinado en la evolución y en el transcurso del tiempo que inexorablemente conduce a la vejez y a la muerte. Las células del cuerpo humano se van regenerando por un proceso de contínua división celular (**mitosis**), mediante lo cual las células viejas, enfermas, o dañadas (por factores internos o externos), son reemplazadas por nuevas células con las mismas características fisiológicas.

Al igual que el ser humano, cada **célula** de nuestro cuerpo sigue su ciclo evolutivo de nacer, madurar, cumplir su misión en el órgano que le corresponde, perpetuar su especie por mitosis, estar expuesta a padecer de afecciones, llegar a la vejez y morir. Las diversas enfermedades que nos afectan son selectivas y se inician en las células que componen cada tejido, cada órgano y en conjunto cada sistema. Las enfermedades son provocadas por condiciones que acarreamos en nuestros genes o por condiciones y sustancias nocivas ante las cuales exponemos nuestro cuerpo humano voluntaria o involuntariamente. Meditar sobre ello no requiere ningún esfuerzo extremo, solo una motivación y, en lo posible, una guía.

Estos son los principios por lo que escribo los párrafos del presente libro. Por contínuo usaré la palabra Arquitecto, cuando me quiera referir a Dios. El arquitecto es el profesional que se encarga de proyectar, diseñar, construir, y mantener edificios, ciudades y estructuras de diverso tipo. Dios, nuestro Arquitecto, ha hecho y sigue haciendo lo mismo con el ser humano.

El término arquitecto proviene del antiguo idioma griego (*arqui* - primero) y (*tectón* - obra), que significa literalmente el primero de la obra, es decir, el máximo responsable de una obra. En raíces inglesas, «arq» es un superlativo, como en el caso de arzobispo, "más que un obispo", o archicriminal, "más que un criminal"; archi-teckto sería «más que un constructor». Eso mismo representa Dios, nuestro Arquitecto.

A fin de poder mantener en mis estudiantes el entusiasmo por entender lo complejo de la fisiología y la anatomía del cuerpo humano, como anoté en líneas arriba, usaba la connotación de Arquitecto como el creador de tal obra maestra. Tratando de ser lo más didáctico posible en cada tema a tratar, me sirvió muy bien la palabra con la que hacía referencia a Dios, y lograr la atención y la comprensión de lo que exponía. Asimismo, me permitía comparar la "obra" del Arquitecto en el ser humano con la creación y el avance de la ciencia de la computación.

Considero que el tema más apreciado por mis alumnos era el concerniente a Genética Humana y la traigo a colación ahora pues me servirá también a fin de llegar a mis lectores para explicar, en mi concepto, lo que representa la vejez en la actualidad y sus mejores perspectivas de una calidad de vida adecuada. Sabemos que ahora podemos alcanzar una mayor perspectiva de vida, en gran parte, gracias a los avances médicos alcanzados, logrados a su vez por los grandiosos adelantos de la cibernética.

Así, cuando me refería al **DNA** como el **Código de Vida**, creado por el Arquitecto, empleaba conceptos de ciencias de la computación, creados por el hombre. Hemos alcanzado un punto en la evolución del ser humano que cuando nos referimos a todo lo que compete a la computadora, se nos hace más práctico emplear la palabra **DIGITAL**. Pues bien, si nos referimos al ser humano y estamos intentando comprender su estructura anátomo-fisiológica, nos viene a la mente su creación, que también fue DIGITAL.

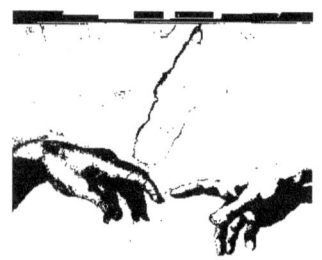

.... Miguel Ángel alrededor del año 1511, representó la creación de Adán en un fresco pintado en el techo de la Capilla Sixtina, mostrando al Arquitecto señalando con el dedo índice al hombre, producto de su creación. Ilustra el episodio bíblico del Génesis en el cual Dios (nuestro Arquitecto), le da vida a Adán, el primer hombre (según la tradición bíblica).

En computación, cuando nos referimos a **digital** se describe al proceso empleado por la tecnología electrónica moderna para generar, almacenar y procesar los datos en términos de dos estados:

positivo y no positivo. Sus creadores se valieron de un **sistema numérico binario** (por el uso de dos dígitos, el 1 y el 0), donde positivo es expresado o representado por el número 1 y no-positivo por el número 0. En los computadores, se tienen por símbolo al bit como las unidades de almacenamiento.

El nombre **dígito** proviene del latín *dígitus* (dedo), porque un **dígito decimal** corresponden a los 10 dedos de la mano, como a los 10 dígitos en el sistema numérico común de base 10. Mientras que en el sistema de numeración decimal se usan diez dígitos, en el binario se usan solo dos dígitos, el 0 y el 1. Un bit o **dígito binario** puede representar uno de esos dos valores: 0 o 1.

Al dígito del sistema de numeración binario se le llama **Bit** que es el acrónimo de **B**inary dig**it** ("dígito binario"). Se puede imaginar un bit como una bombilla que puede estar en uno de los siguientes dos estados: apagada (0) o encendida (1).

El bit es la unidad mínima de información empleada en informática, en cualquier dispositivo digital, o en la teoría de las ciencias de la información y la comunicación actuales. Con él, podemos representar dos valores, como verdadero o falso, abierto o cerrado, blanco o negro, norte o sur, masculino o femenino, rojo o azul, etc. Basta con asignar uno de esos valores al estado de "apagado" (0), y el otro al estado de "encendido".

Por lo tanto, toda información transmitida o almacenada con la tecnología digital se expresa como una cadena de ceros y unos. Cada uno de estos dígitos de estado (colocados en una secuencia establecida y que determinan un orden se denomina un bit: 01, 10) y una cadena de bits (00100111, 11100010, 10101010, etc...), que permite a una computadora resolver individualmente cualquier "orden" dada pero especificada en una secuencia de bits, determinan un **byte**. Byte es una unidad de información utilizada como un múltiplo del bit. Generalmente equivale a 8 bits de la tecnología digital.

En décadas pasadas la transmisión electrónica se limitaba a la **tecnología analógica** (cuyas variables varían de una forma continua en el tiempo y pueden tomar valores infinitos). Con tal tecnología se transmiten datos como señales electrónicas de diversa frecuencia o amplitud que se agregan a ondas portadoras de una frecuencia determinada. La transmisión de broadcast y el teléfono convencional ha utilizado la tecnología analógica.

En contraposición, en la **electrónica digital** las variables solo pueden tomar valores discretos y tienen siempre un estado perfectamente definido.

La **tecnología digital** se utiliza principalmente con nuevos medios de comunicación físicos, tales como la transmisión vía satélite y el uso de fibra óptica. Un módem se utiliza para convertir la información digital en su ordenador en señales analógicas para su línea telefónica y convertir las señales analógicas a información digital para su ordenador.

El Arquitecto de la Informática:

¿Disfrutando de su computadora? Tenemos que agradecerle a **Alan Turing**, el ahora llamado el "Padre de la Informática", quien crea el primer ordenador que ayudó a terminar la II Guerra Mundial. Se le tuvo olvidado y no se le reconoció el hecho de haber salvado 14 millones de vidas humanas y, por lo contrario, fué marginado por décadas hasta que **Steve Jobs** lo puso en el lugar merecido.

Su gran delito fué ser homosexual, por lo que prefirió suicidarse comiéndose una manzana envenenada con cianuro, por eso Jobs, el magnate de Apple Inc. creó el símbolo de la manzana mordida.

Alan Turing, un inglés matemático, lógico y criptógrafo, fue responsable de romper el código **Enigma Nazi** durante la II Guerra Mundial; su obra dió a los aliados la mejor arma que necesitaban para ganar la guerra en Europa y condujeron a la creación de la computadora. Turing ejerció su vida privada hasta que en 1954, dos años después de ser descubierto como homosexual (la homosexualidad era todavía un delito en Gran Bretaña en ese momento), Turing fue declarado culpable de "indecencia". Alan Turing, murió por propia iniciativa al suicidarse comiendo una manzana con cianuro; tenía tan sólo 41 años.

En el momento de su muerte, y hasta nuestros días, el público no tenía idea de que él había contribuido a la terminación de la II Guerra Mundial; pasaron sesenta años para que, la reina Elizabeth II indultara oficialmente a Turing, reconociéndole todos sus méritos.

Decido tomar a la informática, obra humana, porque su creación, así como su motivación, su progreso y su destino, van de la mano con los mismos principios que permitieron la creación, motivación, progreso y destino del ser humano como obra del Arquitecto.

CÓDIGO DE VIDA

No pretendo complicar más la vida al lector, mucho menos aburrirlo con mis escritos. He querido resaltar la importancia de tomar en cuenta la relación estrecha que existe entre la ciencia de la computación como creación humana y lo hecho por lo divino, la creación de todo lo que es vida y de lo inerte también; aunque para muchos no exista ninguna relación directa, y peor aún, ni siquiera consideren la participación de algo divino en ello.

Esta relación, sin embargo, como lo expondré luego, no lo sostengo yo, sino las evidencias demasiado claras presentadas por personajes que, por su calidad de científicos reconocidos a nivel mundial por sus logros, los han podido demostrar con hechos. Para mencionar solo algunos de ellos me basta lo sucedido con el Dr. Collins y lo expresado por Einstein.

El Director del proyecto Genoma Humano, el **Dr. Francis S. Collins**, Médico, que tras considerarse un ateo convencido hasta su postgrado, se convirtió al cristianismo porque, como científico que era, se dijo a sí mismo en un momento: *"...hasta ahora , apenas si poseo datos acerca del cristianismo. Con esa pobreza de datos no es actitud científica rechazar el cristianismo como algo falso: debo recoger datos acerca del cristianismo, analizarlo, y sólo después, tomar una decisión"* .

Otro ejemplo de esta realidad lo expresa **Albert Einstein**, en estos pensamientos:

"La ciencia sin religión está coja, la religión sin ciencia es ciega".

"Lo más bello que podemos experimentar es el lado misterioso de la vida; es el sentimiento profundo que se encuentra en la cuna del arte y de la ciencia verdadera".

"La mente intuitiva es un regalo sagrado, mientras que la mente racional es su fiel sirviente".

Sin embargo, hemos creado una sociedad que da honores al sirviente, y que ha olvidado el regalo divino. Los grandes avances logrados por la humanidad y los descubrimientos científicos junto a los tecnológicos, han sido originados gracias a la intuición. La intuición consiste en unir ideas que hasta ese momento no se habían puesto en relación. Una vez establecidas las hipótesis, se realizan las verificaciones experimentales correspondientes, y se utiliza el pensamiento lógico o deductivo. Pero la chispa genial de la intuición nos permite ver que estamos ante un regalo divino, que diferencia al hombre de los animales y de cualquier maquinaria de inteligencia artificial.

La **intuición** (del latín *intueri* «mirar hacia dentro» o «contemplar») es un concepto que describe el conocimiento que es directo e inmediato, sin intervención de la deducción o del razonamiento, siendo considerado como evidente.

Un sistema informático no puede tener intuiciones, sólo puede aplicar el razonamiento lógico-deductivo, el propio de la mente racional, como muy bien lo expresa Einstein.

Por lo dicho hasta ahora, se podría afirmar que lo hecho por el hombre no puede ser comparado con lo hecho por el Arquitecto, en su grandiosidad. Aún sí existiese dudas al respecto, bastaría con intuir lo descrito sobre la ciencia de la computación y apreciar todo lo creado por tal tecnología humana. Partiendo del hecho de que la computación se basa en un sistema binario (con la posibilidad de combinar solo un par de números, dos dígitos, 1 y 0); compararlo con lo creado por el Arquitecto que también usa un sistema binario (ya que se combinan dos dígitos también, pero que está codificado para hacerse mediante la combinación no de dos sino de cinco letras que forman pares de letras que pueden unirse solo e inalterablemente una a la otra).

Por lo tanto, si las ciencias de la computación han logrado tantos logros usando solo dos números dígitos (el 1 y el 0), para combinarse codificadamente, podemos intuir entonces que la combinación no de dos, sino de cinco letras dígitos (G, A, T, U, C), sería infinito y superior. Toda la vida en la tierra se expresa en el mismo lenguaje; no es un idioma, ni la música, ni el amor; es el código genético.

Ésta obra maestra del Arquitecto constituye el **Código Genético**, el código de la vida, y está expresada en el DNA y el RNA. Estos compuestos químico-orgánicos cíclicos, forman parte del grupo de las bases nitrogenadas, que incluyen dos o más átomos de nitrógeno en su estructura química. Biológicamente existen muchas bases nitrogenadas pero son cinco las sustancias componentes del DNA y el RNA y pertenecen a **bases púricas** o purinas: la adenina (A) y la guanina (G) y bases **pirimidinas**: la timina (T), la citosina (C) y el uracilo (U).

El Código Genético establece que una base púrica debe combinarse exclusivamente con una base pirimidínica, siendo complementarias entre sí, es decir, forman parejas de igual manera que lo harían una llave y su cerradura; son los denominados apareamientos de **Watson y Crick**. La adenina y la timina son complementarias (A=T), uniéndose gracias a dos puentes de hidrógeno, mientras que la guanina y la citosina (G≡C) se unen mediante tres puentes de hidrógeno. Dado que en el ARN no existe timina, la complementariedad se establece entre adenina y uracilo (A=U) mediante dos puentes de hidrógeno.

ADN y ARN

La complementariedad de las bases es la clave genética de la estructura del ADN y tiene muy importantes implicaciones, pues permite procesos como la replicación del ADN, la transcripción de ADN a ARN y la traducción del ARN en proteínas. Cada una de las bases se representa por la letra indicada. Las bases A, T, G y C se encuentran en el ADN, mientras que en el ARN en lugar de timina aparece el uracilo (A, U, G y C). Para explicar lo llamado como Código Genético a mis alumnos se me ocurrió la palabra **GATUC**, como mnemotecnia, que lo represento así:

(Ejemplo: $\dfrac{\text{DNA}}{\text{TAC}}$ **debe corresponder con** $\dfrac{\text{RNA}}{\text{AUG}}$ **Metionina)**

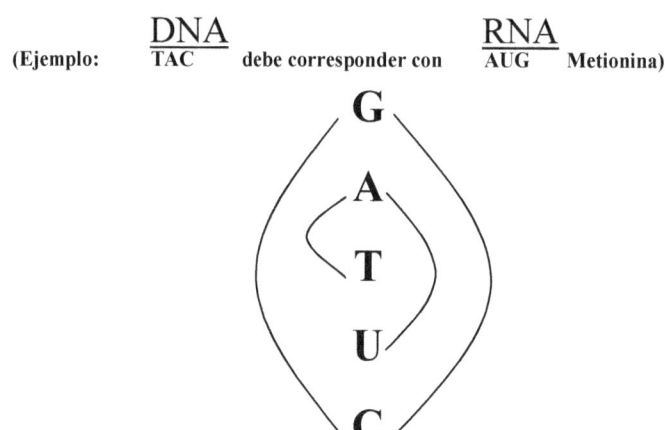

Este es el Código Genético donde para formar:
> ➤ ADN, se unen selectiva y complementariamente, una base purínica con una pirimidica (G≡C y A=T),
> ➤ RNA, de igual forma, y de acuerdo a lo "copiado" del DNA en la transcripción (G≡C y A=U)

Cada célula de nuestro cuerpo almacena una copia de esta información, la cual está dispersa por el núcleo celular, formando una red nuclear, llamada cromatina, cuando la célula se encuentra en reposo. Pero, cuando la célula va a dividirse, se ordena en pequeños paquetes en forma de bastoncillos: los **cromosomas**. En las células humanas hay 23 pares de cromosomas en total. La información en ellos está muy compactada, pues contienen la de los miles de genes. Cuando la célula se divide, la información se transmite y el ADN crea una copia de sí mismo.

El ácido desoxirribonucleico o **ADN** (**DNA** por sus siglas en Inglés), es la molécula que contiene la información de la vida y se encuentra contenido en los cromosomas. El ADN contiene toda la información genética, las instrucciones de diseño de todos y cada uno de nosotros y del resto de seres vivos, desde la bacteria más simple hasta el organismo más complejo. Su descubrimiento pasará a la Historia como uno de los grandes avances del siglo XX. En 1953 James Watson y Francis Crick descubrieron la estructura y el comportamiento del ADN, lo que les valió el Nóbel de Medicina en el año 1962. En el ADN existen miles de genes, alineados en una doble hebra (strand), que se transmiten de célula madre a células hijas en el proceso de mitosis o duplicación celular. Son los encargados de transcribir la información genética al RNA llamado mensajero, en el inicio del proceso de producción de las proteínas que necesita la célula para sus actividades y su desarrollo.

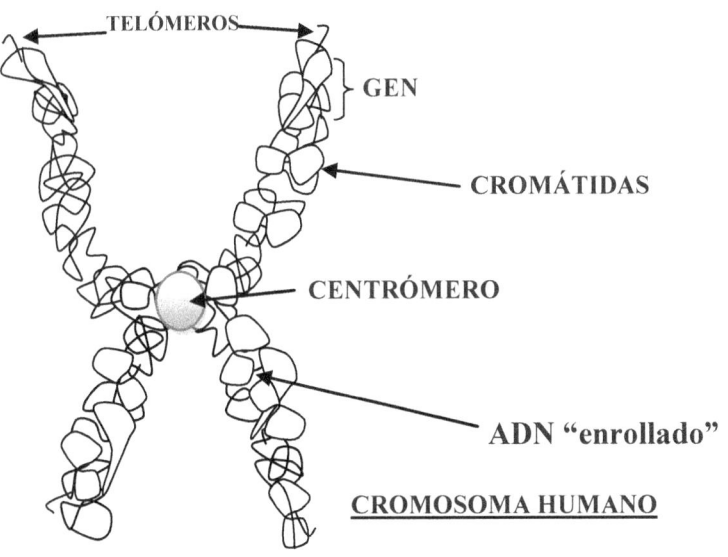

El ácido ribonucleico (**ARN** o RNA) es un ácido nucleico formado por una cadena de ribonucleótidos. Está presente tanto en células eucariotas como en las procariotas. El RNA constituye el único material genético de ciertos virus (virus ARN). El ARN celular es lineal y de hebra sencilla, pero en el genoma de algunos virus es de doble hebra. Las células eucariotas son las que tienen núcleo definido, delimitado dentro de una doble capa lipídica: la envoltura nuclear, la cual es porosa y contiene, además del RNA, fundamentalmente su información genética, su material hereditario (el ADN) contenido en el cromosoma. Por el contrario de las procariotas, que carecen de dicha membrana nuclear, por lo tanto no existe una estructura nuclear (en las bacterias y algunos virus); el RNA y el DNA se encuentran libres en el citoplasma.

El proceso de **replicación de ADN** (o duplicación) es el mecanismo que permite al ADN (el que se encuentra "enrollado" dentro del cromosoma), duplicarse, es decir, sintetizar una copia idéntica, una réplica exacta. De esta manera de una molécula de ADN única, se obtienen dos o más "clones" de la primera.

ADN "desenrrollado", en la Replicación, que se lleva a cabo en forma bidireccional (siempre de 5' a 3'), ver esquema:

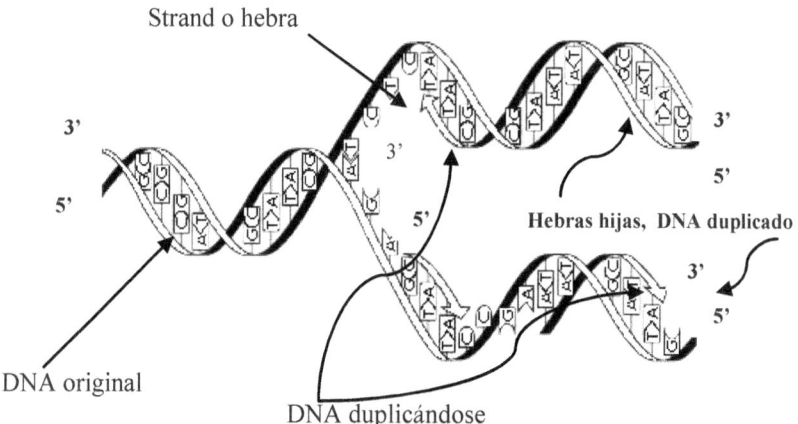

En el proceso de replicación, la molécula de ADN se abre como una cremallera, pero en doble sentido (**2 y 3** en la figura que sigue), por ruptura de los puentes de hidrógeno entre las bases complementarias. Gracias a esto, las bases que se encuentran dispuestas codificadamente, cada una sirve de molde para la síntesis de una nueva cadena complementaria. Así el ADN tiene la importante propiedad de reproducirse idénticamente, lo que permite que la información genética se transmita de una célula madre (--1--) a las células hijas (--2--) y es la base de la herencia del material genético. Un gran número de enzimas y proteínas intervienen en el mecanismo molecular de la replicación.

MÚLTIPLES ORÍGENES DE LA REPLICACIÓN DEL ADN

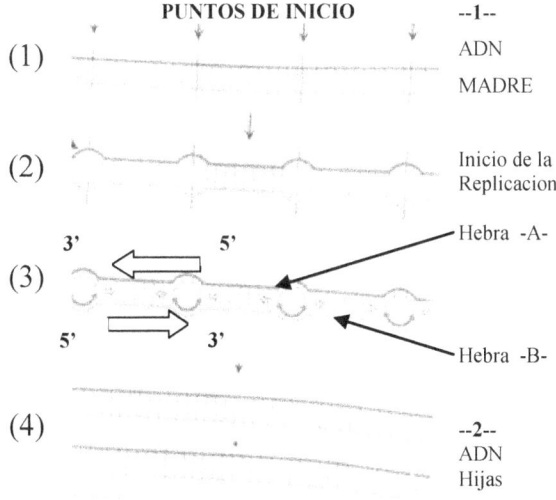

El ADN, como lo estamos viendo, constituye la "base de datos" del ser humano en cuanto a su herencia se refiere, es el molde a base del cual se forman los descendientes. Sin embargo el RNA es mucho más versátil, es el encargado de copiar y transmitir la información codificada contenida en el ADN para iniciar la síntesis o elaboración de las proteínas. El ADN tiene dos cadenas, hilos o hebras que se entrecruzan como una soga, es decir, la cadena con sentido y la hebra antisentido. El filamento que no codifica para ARNm se llama la cadena con sentido y la hebra que se traduce en proteínas mediante el ARNm, se conoce como la hebra antisentido o sin sentido. Otra manera de definir el ADN antisentido es que es la cadena de ADN que lleva la información necesaria para hacer las proteínas al unirse a un ARN mensajero correspondiente. Aunque estos filamentos son exactas imágenes especulares uno del otro, sólo la hebra antisentido contiene la información para hacer las proteínas. La cadena con sentido no lo hace.

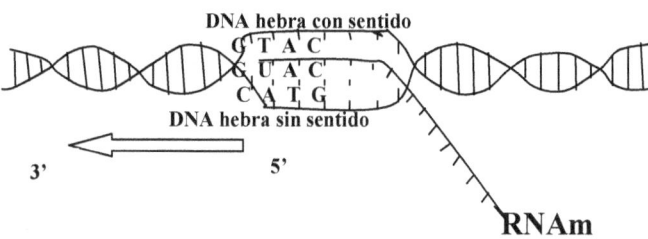

Las proteínas se forman (se sintetizan) en los **ribosomas**, estructuras citoplasmáticas, fuera del núcleo celular. El proceso se inicia en el núcleo, por **transcripción del ADN** y antecediendo a la replicación del DNA por lo que se constituye en el primer paso de la expresión genética. Mediante la transcripción, se transfiere la información contenida en forma secuencial en el ADN, donde un RNAm es formado tomándose las purinas o pirimidinas que se encuentran libres en el espacio nuclear, siguiendo la secuencia ya codificada. En el proceso de síntesis proteica intervienen diversos ARN como intermediarios. Durante la transcripción genética del DNA, las secuencias de ADN son copiadas a un ARN mediante una enzima llamada ARN polimerasa, a este tipo de ARN se le llama mensajero (ARNm) que mantiene (o copia) la información de la secuencia codificada desde el ADN (ver figura anterior). De esta manera, la transcripción del ADN también podría llamarse síntesis del ARN mensajero.

Mediante el proceso de transcripción, que acabamos de describir, secuencias específicas de ADN son copiadas en forma de ARNm que transporta el mensaje contenido en el ADN a los sitios de síntesis proteica, los **ribosomas**, en el citoplasma rodeando al núcleo, donde se produce la **traducción**, en la que, otro ARN que se denomina ARNt transfer, transfiere la secuencia de ARNm a la secuencia de aminoácidos que compone la proteína (ver figura en la página 71).

Aminoácidos

El código genético (en el DNA), está formado por un conjunto de **tri-nucleótidos** denominados codones. Cada **codón** (combinación de tres nucleótidos) designa la estructura secuencial que determina un aminoácido, por ejemplo la secuencia TAC (en el ADN) determina el AUG (en el RNAm) y es el código para la metionina (comprobar en la figura de GATUC, página 64). En el código genético, cada aminoácido está codificado por un codón o varios codones. Salvo la metionina y el triptófano que están codificados por un único codón, los restantes aminoácidos estan codificados por 2, 3, 4 ó 6 codones diferentes (ver en la página 76, tabla del Genoma Humano). El codón es la unidad de información básica en el proceso de traducción del ARNm.

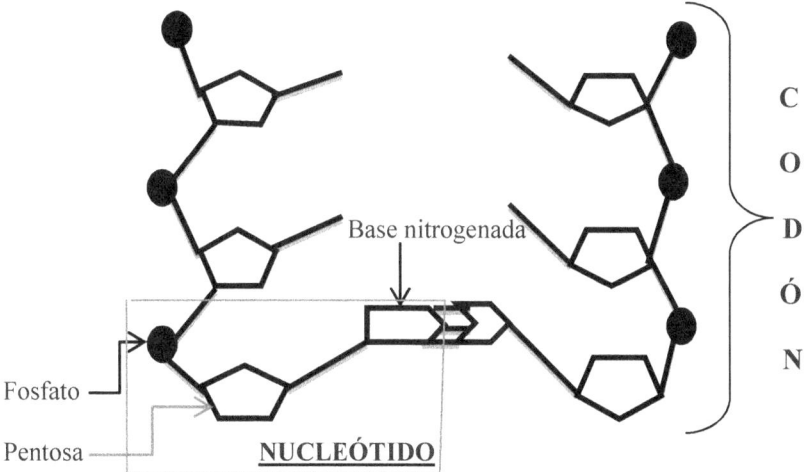

Los **nucleótidos** son moléculas orgánicas formadas por la unión covalente de un monosacárido de cinco carbonos (pentosa), una base nitrogenada y un grupo fosfato. Si cada grupo de tres nucleótidos determina un aminoácido, teniendo en cuenta que existen cuatro nucleótidos diferentes (A, G, T y C), el número de grupos de tres nucleótidos distintos que se pueden obtener son variaciones con repetición de cuatro elementos (los cuatro nucleótidos) tomados de tres en tres: VR4,3 = 4^3 = 64. Por consiguiente, existe un total de 64 tripletes diferentes, cifra más que suficiente para codificar los 20 aminoácidos distintos.

Como lo hemos señalado, el "manual de instrucciones" de un ser vivo (conocido también como genoma o material genético) contenido en el DNA, está formado por cuatro componentes o bases nitrogenadas secuenciales: A, T, C y G (en los nucleótidos), los cuales están dispuestos en secuencias específicas de acuerdo al **gen** (serie secuencial de nucleóticos que almacena la información que se requiere para sintetizar a una macromolécula que posee un rol celular específico –proteínas-, y son segmentos de DNA).

Los **genes** determinan la producción de cada una de las moléculas funcionales (proteínas) tanto en el ser humano, como en las bacterias, las plantas, animales, hongos. Las proteínas, a su vez, son cadenas formadas por 20 componentes diferentes llamados aminoácidos, los que se han "fabricado" en forma secuencial codificada, durante el proceso de traducción del ADN, y la unión de éstos, da origen a las proteínas. Es decir, la información genética contenida en el ADN y copiada en el RNAm, determina en gran medida qué proteínas tiene una célula, un tejido y un órgano dentro de un sistema.

Los aminoácidos pues, son las unidades químicas o bloques de construcción, los "ladrillos" del compuesto proteico; el nacer, su estructura, el crecimiento, la reparación y el mantenimiento de todas las células dependen de ellos. Después del agua, las proteínas constituyen la mayor parte del peso de nuestro cuerpo. Las sustancias proteicas construidas gracias a los 20 aminoácidos forman los músculos, tendones, órganos, glándulas, las uñas y el pelo. Dado que gran parte de nuestras células, tejidos y órganos están compuestos estructuralmente por aminoácidos, éstos forman parte de numerosas funciones en nuestro cuerpo (**fisiología**): los aminoácidos confieren a la célula no sólo su estructura, sino que también son responsables del transporte y el almacenamiento de toda clase de nutrientes de vital importancia.

Síntesis (fabricación) de las Proteínas

Enseguida les presento una gráfica que nos explicaría, más o menos, cómo se realiza la fabricación de nuestras proteínas:

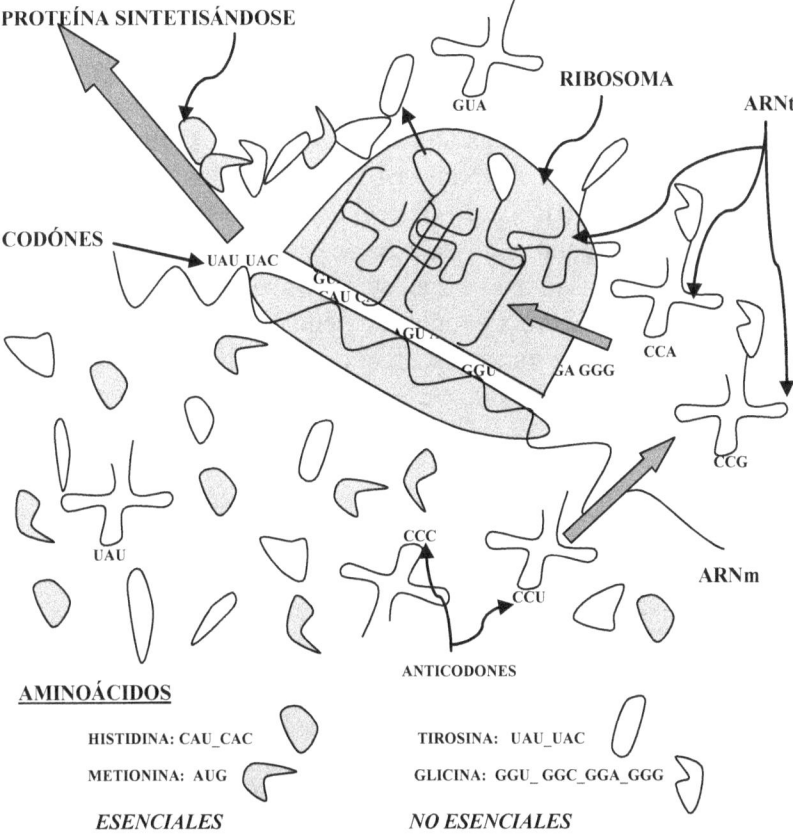

Con la alimentación diaria nos proveemos de las proteínas provenientes de orígen animal o vegetal; de los alimentos, ya en el tracto gastrointestinal, con la digestión, se obtienen las proteínas las que se descompondrán en aminoácidos individuales, los que se unirán nuevamente para convertirse en nuevas proteínas que requiere el organismo, en el ribosoma, en un proceso denominado **traducción** (ver gráfica anterior).

El ADN proporciona los codones: .....UAU, UAC, CAU, CAC, AGU, AGC, GCU, GCC, GCA,......mediante el RNAm que copió el código del AND, lo lleva al ribosoma y en trabajo conjunto con el ARNt (ARN de transferencia) que contiene los **anticodones** (provenientes de la proteolisis, tanto de las proteínas ingeridas en la dieta como del "almacen" propio del organismo).

Existe una molécula de ARNt para cada aminoácido, con una tripleta específica de bases no apareadas, llamado anticodón (secuencia de tres nucleótidos ubicada en el ARNt, complementaria al codón ubicado en el ARNm). El ARN de transferencia, ARN transferente o ARNt (tRNA en inglés) es el tipo especial de ácido ribonucleico encargado de transportar los aminoácidos a los ribosomas y ordenarlos a lo largo de la molécula de ARNm, a la cual se unen por medio de enlaces peptídicos, para formar las proteínas mediante el proceso de síntesis proteica. Como resultado de este complejo mecanismo que es la biosíntesis de proteínas, se obtienen los elementos necesarios para la vida y la salud del ser humano.

Hasta aquí, como se intenta graficar, se debe considerar que las proteínas así formadas no son necesariamente de la misma composición de origen. El organismo no cuenta con todos los aminoácidos (materia prima) necesarios para completar este proceso de fabricación, por lo tanto, requiere añadir siempre nuevos aminoácidos, parcialmente a través de la biosíntesis de proteínas, con los aminoácidos que provienen en parte a través de la dieta y en parte tomando suplementos dietéticos adecuados.

Los aminoácidos son de dos tipos, los llamados esenciales y los no esenciales: los **aminoácidos esenciales** son aquellos que el propio organismo no puede sintetizar por sí mismo. Esto implica que la única fuente de estos aminoácidos es la ingesta directa a través de la dieta. Las rutas para la obtención de los aminoácidos esenciales suelen ser muy largas y energéticamente costosas. La carencia de estos aminoácidos en la dieta limita el desarrollo del organismo, ya que no es posible reponer las células de los tejidos que mueren o crear tejidos nuevos, en el caso del crecimiento. Algunos de los alimentos con todos los aminoácidos esenciales son: la carne, los huevos, los lácteos y algunos vegetales como la espelta o trigo espelta, la soya y la quinoa. Para el ser humano, los aminoácidos esenciales son: Valina, Leucina, Treonina, Lisina, Triptófano, Histidina, Fenilalanina, Isoleucina, Arginina y Metionina.

A los aminoácidos que pueden ser sintetizados en el propio organismo se los conoce como **aminoácidos no esenciales** y son: Alanina, Prolina, Glicina, Serina, Cisteína, Asparagina, Glutamina, Tirosina, Ácido aspártico, y Ácido glutámico. Las proteínas que se van sintetizando dependen de cómo se encuentren regulados los genes en el DNA que las codifican, y son susceptibles a señales o factores externos que afecten al DNA. Se podrían producir, por lo tanto alteraciones en la estructura proteica, así se obtienen a las mutaciones que pueden afectar a todo el organismo.

Las **proteínas** desempeñan un papel fundamental para la vida y son las biomoléculas más versátiles y diversas en su función en el organismo vivo. Son imprescindibles pues intervienen desde la reproducción, la formación, la estructura, el crecimiento y en el mantenimiento del organismo. Las proteínas desempeñan múltiples funciones, tales como:

✓ Estructural, componente principal del colágeno, el "cemento" de las células, la función más importante de una proteína
✓ Inmunológica (constituyendo los anticuerpos, que cumplen una función defensiva o protectora)
✓ Enzimática (esenciales para el metabolismo celular)
✓ Contráctil (actina y miosina, en el músculo)
✓ Homeostática: colaboran en el mantenimiento del pH (ya que actúan como un tampón químico)

✓ Transducción de señales (neurotransmisores en el sistema nervioso, que permiten transmitir los impulsos)
✓ Coagulación de la sangre (trombina y fibrinógeno)

GENOMA

Además de los genes codificantes de proteínas, el **genoma humano** contiene varios miles de genes ARN, cuya transcripción reproduce ARN de transferencia (ARNt), ARN ribosómico (ARNr), microARN (miARN), u otros genes ARN no codificantes. Los ARN ribosómico y de transferencia son esenciales en la constitución de los ribosomas y en la traducción de las proteínas (tal como lo hemos visto). Por su parte, los microARN tienen gran importancia en la regulación de la expresión génica, estimándose que hasta un 20-30 % de los genes del genoma humano puede estar regulado por el mecanismo de interferencia por miARN. Hasta el momento se han identificado más de 300 genes de miARN y se estima que pueden existir unos 500.

En la actualidad se asume que durante la duplicación del material genético se comete sólo un error cada mil millones de pares de bases, lo cual permite apreciar la gran fidelidad de las copias y el elevado grado de estabilidad de la información en el proceso de la herencia. Pero, el genoma humano no es una entidad absolutamente estable, sino que puede ser objeto de diferentes tipos de cambios denominados **mutaciones**, las cuales pueden llegar a ser transmisibles a la descendencia si estos cambios afectan a las células germinales. Las mutaciones surgen como resultado de la actividad normal de la célula (mutaciones espontáneas) o de su interacción con agentes químicos o físicos del entorno (mutaciones inducidas) y pueden ser de diferentes tipos, oscilando entre la alteración de un simple par de bases (mutaciones puntuales) hasta las anomalías cromosómicas a gran escala. Las mutaciones de genes y cromosomas han contribuido tanto a la biodiversidad genética de los individuos como a la aparición de patologías de origen genético.

El genoma humano está constituido por un genoma nuclear y otro mitocondrial. El **genoma nuclear**, que está dispuesto en forma lineal y representa el genoma al qué habitualmente nos referimos al hablar del genoma humano, está constituido por algo más de tres mil millones de pares de bases (o nucleótidos), en los 23 pares de cromosomas, conteniendo aproximadamente unos mil genes. Cada cromosoma nuclear está constituido por entre 50 y 250 millones de pares de bases de nucleótidos. El replegamiento de los cromosomas permite que todo el genoma pueda ser almacenado en el espacio nuclear de la célula, que viene a representar una esfera con un diámetro de unas cinco milésimas de milímetro, en donde se almacena una información equivalente al contenido de 800 Biblias.

El otro genoma es el **genoma mitocondrial**, ubicado en la matriz de un orgánulo celular (**mitocondria**, que generan energía para la célula: ATP). La organización del genoma mitocondrial humano es radicalmente muy diferente del genoma nuclear. El ADN mitocondrial se reproduce semi-autónomamente cuando la célula se divide. Científicos afirman que, evolutivamente, el ADN mitocondrial desciende de genomas procarióticas bacterianas, que fueron englobadas por un ancestro de las células eucarióticas.

Gracias al estudio del genoma humano los científicos han logrado determinar las posibles causas del envejecimiento del ser humano. Se logró comprobar lo que ya anteriores investigadores sostenían, la importancia y el mecanismo de la intervención de una estructura en el extremo terminal del cromosoma: el telómero. Los telómeros son secuencias repetitivas de ADN localizadas en los términos de los cromosomas lineales de organismos eucariotas y de algunos procariotas. Los telómeros tienen secuencias de bases que no se replican (el Arquitecto lo codificó así), determinando que se detenga la replicación del ADN. Este hecho, en los seres humanos produce un acortamiento telomérico progresivo, que puede inducir la senescencia replicativa al bloquear la división celular. Este mecanismo parece prevenir la inestabilidad genómica y el desarrollo de cáncer en las células envejecidas humanas limitando el número de divisiones celulares.

Enseguida incluyo una tabla de codones del **Genoma Humano** con fines de observar la codificación genética descubierta por el hombre, pero creada por el Arquitecto.

TABLA DEL GENOMA HUMANO

5'		U		C		A		G		3'	
						SEGUNDA LETRA					
	U	UUU Fenilalanina		UCU		UAU Tirosina		UGU Cisteina		U	
		UUC		UCC Serina		UAC		UGC		C	
P		UUA		UCA		UAA código de		UGA stop codón		A	T
R		UUG		UCG		UAG parada		UGG Tript ófano		G	E
I		CUU Leucina		CCU		CAU Histidina		CGU		U	R
M	C	CUC		CCC Prolina		CAC		CGC Arginina		C	C
E		CUA		CCA		CAA Glutamina		CGA		A	E
R		CUG		CCG		CAG		CGG		G	R
A		AUU		ACU		AAU Asparagina		AGU Serina		U	A
	A	AUC Isoleucina		ACC Treonina		AAC		AGC		C	
L		AUA		ACA		AAA Lisina		AGA Arginina		A	L
E		AUG Metionina		ACG		AAG		AGG		G	E
T		GUU		GCU		GAU Ácido		GGU		U	T
R	G	GUC Valina		GCC Alanina		GAC Aspártico		GGC Glicina		C	R
A		GUA		GCA		GAA Ácido		GGA		A	A
		GUG		GCG		GAG Glutámico		GGG		G	

Aminoácidos esenciales

CODÓN   CODÓN DE INICIO   CODÓN DE PARADA

En realidad, el código genético o genoma humano, es un código de codones y representa al RNAm que copió del DNA, siguiendo la regla "GATUC" (ver el diagrama de la página 64), la secuencia exacta de las bases nitrogenadas. El genoma humano constituye el "manual de instrucciones" de todo ser vivo en el planeta tierra. A partir de él se fabrican todas las proteínas que constituyen la estructura del cuerpo humano y se constituyen los genes, lo que nos hace diferentes unos de otros, además son los que determinan muchas de las enfermedades o bien heredadas de nuestros padres, o que fueron ocasionadas por los "daños" a los que expusimos a nuestras células.

Tal como ya lo describimos anteriormente, en el código genético a cada triplete de bases nitrogenadas se le llama codón. En la tabla, se puede ver que hay tres tripletes que no codifican un aminoácido sino una parada o 'STOP'. Estos tripletes (UAA, UAG y UGA) indican dónde termina la secuencia genética para que no sigan incorporando más aminoácidos y, por lo tanto, se pone fin a la síntesis de la proteína. En genética se denomina **codón de terminación** (3'), codón de parada, codón sin sentido o **codón stop** a aquel codón que no determina ningún aminoácido según el código genético.

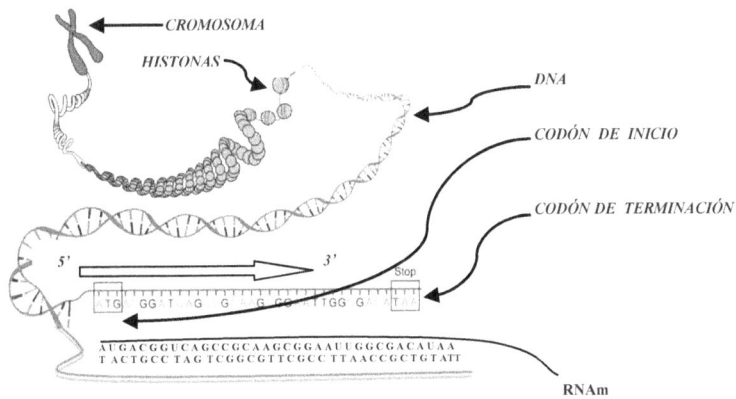

El **codón de inicio** (5') de la traducción o **codón start** es una secuencia de ARNm de tres nucleótidos (es decir, un codón) que indica a la maquinaria celular el lugar de la cadena en el que comienza la traducción del ARNm. En el ADN se encuentra codificado en el triplete «TAC» (timina-adenina-citosina), mientras que, en el ARN mensajero, queda como «AUG» (adenina-uracilo-guanina). No obstante, en genética por convenio se hace referencia a la hebra "codificante" al hacer referencia a la secuencia análoga en el ADN. La causa de que se haga referencia a la **hebra codificante** es que es idéntica a la que se transcribirá a partir de la no codificante (TAC), también llamada **hebra molde**, transcrita o "no codificante", solo cambiando timinas por uracilos (como vimos en GATUC, en la página 64).

Ω

V

GENOMA Y VEJEZ

A la fecha, a mediados de la segunda década del siglo XXI, en los países denominados desarrollados la población está incrementando de manera exponencial su esperanza de vida. Como fruto de este fenómeno se está produciendo un **"envejecimiento poblacional"**, la gerontología y la geriatría han cobrado actualidad y se torna urgente una mejor formación de los profesionales que actúan en este campo para abordar, de manera integral, las necesidades médicas, físicas, mentales, sociales y funcionales de este sector de la población en constante crecimiento.

La **Geriatría** es una especialidad médica dedicada al estudio de la prevención, el diagnóstico, el tratamiento y la rehabilitación de las enfermedades en las personas de la tercera edad. La Geriatría resuelve los problemas de salud de los ancianos en el hogar, en el área hospitalaria y en la comunidad; sin embargo, la **Gerontología** estudia los aspectos psicológicos, educativos, sociales, económicos y demográficos de la tercera edad.

En Sierra Leona la **esperanza de vida** no alcanza los 50 años, mientras que en Japón, está por encima de los 80 años (85 para las mujeres, 78 para los varones). Lograr reducir la diferencia entre los distintos países en lo que se refiere a indicador de la calidad de vida, así como conseguir una sociedad global en la que las personas mayores, vivan donde vivan, puedan hacerlo en plenitud, es tarea de todos. El Estado que respete los derechos del ciudadano debería enfocarse en el desarrollo de políticas públicas para la salud y la integridad del anciano, que ya dió de sí para su país en su etapa productiva. Esta es la única forma de asegurar una vejez digna.

Deberemos conocer el por qué envejecemos desde un punto de vista bio-psicosocial, así como las razones por las cuales este envejecimiento no es homogéneo entre las diferentes sociedades, e incluso dentro de los individuos que componen una sociedad. Este es uno de los objetivos de lo escrito en este libro, llegar al individuo social con conocimientos básicos sobre la vejez a fin de que pueda contar con una fuente de información que le permita ser parte de la solución, más no del problema. Todos los componentes de una sociedad deben participar en encontrar soluciones para brindar una mejor atención a nuestros ancianos.

Para el año 2050, más de dos mil millones de personas mayores de 60 años habitarán la tierra y 17 de cada 20 vivirán en países en desarrollo, lo señala el **Dr. Alexandre Kalache**, toda una autoridad en salud senil. Actual Presidente del Centro Internacional de Longevidad de Brasil y ex-Director del Departamento de Envejecimiento y Salud de la Organización Mundial de la Salud (OMS); tras su entrenamiento médico en Brasil y luego su maestría y doctorado en el Reino Unido, el Dr. Kalache celebró posiciones en las universidades de Oxford y Londres durante casi veinte años de enseñanza e investigación.

"Estos cambios tan profundos y con repercusiones en todos los aspectos de la sociedad, afectará al proceso de desarrollo social en que se han comprometido los países del orbe. En este marco, los ancianos tienen derecho a recibir asistencia adecuada y los cuidados necesarios de su salud; los profesionales de la salud deben aprovechar esta oportunidad para reconocerlo y actuar. Los individuos deben envejecer en las mejores condiciones, porque en esta edad cualquier enfermedad es devastadora e implica altos costos. Se trata de optimizar las oportunidades de vivienda, alimentación, salud, educación, participación y seguridad de la población, para promover una etapa con calidad de vida", lo subraya el Dr. Kalache.

Como hemos visto, nuestra esperanza de vida ha aumentado significativamente en los últimos años gracias a los avances de la Medicina, aunada al progreso de la tecnología digital. Aceptemos también que el envejecimiento de la población puede considerarse un éxito de las políticas de salud pública adoptadas por los estados y por el desarrollo socioeconómico alcanzado, aunque también es un reto para toda sociedad ya que debe adaptarse a una nueva realidad. En las sociedades desarrolladas, junto con lo mencionado, también el descenso de las tasas de natalidad y la mortalidad han producido un notorio envejecimiento de la población, ya que no solo las funciones y la salud de las personas de la tercera edad están cambiando, sino su número en las estadísticas, su proporción respecto a la población total y entre los sexos.

Estas variaciones en la población traen consecuencias y sus respectivas repercusiones para la política de gobierno a adoptar por los diferentes estados, no sólo en aspectos económicos y sociales, sino también en lo educativo; la población en general debe estar preparada; comprendiendo el fenómeno estará más comprometida a contribuir con las alternativas que se presenten. El futuro de la vejez nos espera; a todos nos llega.

El envejecimiento se presenta en el ciclo de la vida del ser humano, si logra llegar a ello, pero no es una enfermedad, ni tiene que ser limitante. La vejez es una etapa de la vida que puede ser tan sana como las otras, pues si los tejidos y los órganos envejecen al paso del tiempo, el anciano puede y debe desempeñar un papel social con menos tensiones que le permita alcanzar una adecuada calidad de vida.

La legislación laboral de nuestros países establece que ya existe envejecimiento al indicar que hay un límite de edad para el desempeño del ejercicio profesional o laboral, declarándose al individuo en situación de retirado. Con la jubilación se condena al retirado no solo a la pérdida del estatus laboral, sino también a un cambio posicional dentro de la familia y la sociedad.

Es realmente difícil establecerse cuando se da inicio al envejecimeinto o la tercera edad, ya que es una cuestión más de aptitudes y de actitudes que de contabilizar la edad cronológica, donde concurren condiciones biológicas, anatomo-fisiológicas, psicológicas y sociales. Con el envejecimiento, comienza una serie de procesos de deterioro paulatino de las células, y con éstas, de los tejidos, de los órganos y sus funciones asociadas. Muchas enfermedades, como ciertos tipos de demencia, Alzheimer, Parkinson, enfermedades articulares, cardíacas y algunos tipos de cáncer han sido asociados al proceso de envejecimiento.

VEJEZ SOMÁTICA = VEJEZ CROMOSÓMICA

Poniendo o no en duda la existencia del Arquitecto, incluso ilustres personajes, como el Dr. Collins, con firme convicción de agnósticos han tenido que aceptar lo que la ciencia no puede negar, la existencia de "algo" que dió inicio a la vida. El Arquitecto ha creado la vida, y la ciencia aún no encuentra una respuesta clara al porqué y cómo surgió tal obra maestra, aunque aceptan ya que hubo "algo" que lo hizo.

El porqué del proceso de envejecimiento de los organismos, y particularmente el del nuestro como especie humana, ha sido otro de los motivos de preocupación para los científicos, desde hace muchos años. Por este motivo la investigación los ha llevado a buscar explicaciones a nivel celular de este proceso. La mira se ha dirigido al **cromosoma** humano, al estudio de la genética.

Sabemos que **envejecimiento** o **senescencia** es el conjunto de modificaciones morfológicas y fisiológicas que aparecen como consecuencia de la acción del tiempo sobre los seres vivos, que supone una disminución de la capacidad de adaptación en cada uno de los órganos, aparatos y sistemas, así como de la capacidad de respuesta a los agentes lesivos (noxas) que inciden en el individuo.

Reloj biológico

Una de las mayores preocupaciones de la civilización actual lo constituyen las consecuencias que los cambios poblacionales, por el incremento de la población senil, han ocasionado a los sistemas de salud en todos los países, sea cual fuere el nivel socio-económico alcanzado. La atención médica del paciente anciano implica serios cambios estructurales en las políticas sociales a fin de revertir las tendencias hacia la discriminación habitual en este grupo de pacientes. La solución de los problemas generados por ello debe iniciarse con la inclusión de las personas mayores en los estudios científicos (en busca de la causalidad de la vejez, así como de un posible retardo en su presentación), lo cual va a la par con los estudios clínicos a fin de evaluar el efecto de los nuevos procedimientos o medicamentos en el anciano. Ante esto, no menos importante es el papel de la sociedad en general, la que debe motivarse para reconocer que el normal envejecimiento de una gran proporción de sus miembros la afecta como un todo y no es un fenómeno que concierne solo a las personas de la tercera edad.

Felizmente, muchos científicos han puesto todo su empeño en la búsqueda de respuestas a diversas interrogantes sobre el porqué envejecemos. Actualmente se cuenta con una tecnología de avanzada que permite al estudioso profundizar en nuevos hallazgos y que, a la vez, hace llegar dichos avances al público.

Con solo teclear un botón frente a una computadora o al simple toque de la pantalla en nuestros aparatos digitales portátiles, incluyendo al iPhone, Tablet, Laptop, etc. que cargamos hasta en el bolsillo, tenemos acceso a Internet como una completa Universidad Digital, gratis. Escritos, notas, noticias y libros científicos están al alcance del dedo para todos.

En el campo médico y ciencias afines a la medicina, por siempre se ha hablado de un **"reloj biológico"**. La célula cumple una función determinada en un momento determinado y envejece del mismo modo; luego tiene que existir un "reloj" que en algún momento lo indique. Por estudios, hoy se sabe que existe ese reloj interno que se encuentra en el cerebro, en el hipotálamo; un centro neuronal muy especializado que se ocupa de regular, en ciclos de 24 horas, el mecanismo de sueño/vigilia, el ritmo cardíaco, la temperatura corporal, el tono muscular, la frecuencia respiratoria, en fin, afecta al funcionamiento de muchos órganos: cerebro, corazón, hígado, músculos, pulmones; y, por consiguiente, afecta todas las funciones como el consumo de oxígeno y la secreción de las glándulas endocrinas, el balance perfecto de los llamados electrolitos (balance hidro-electrolítico), el momento de actuar de los neurotransmisores, etc.

Las células son las unidades funcionales del organismo y, como lo hemos venido expresando, cronológicamente programadas para un número determinado de rondas divisionales, dentro de un período de tiempo. La división celular y todos los demás procesos fisiológicos en el ser humano son cíclicos. Son ritmos ligados a la rotación de la tierra, a las estaciones, al clima, a los fenómenos admosféricos, variaciones del día a la noche, y a las consecuencias que lleva consigo sobre la variación de la luz, temperatura, etc. Esto está demostrado científicamente; nuestro **"reloj fisiológico"** funciona acorde con los ritmos extrínsecos de la naturaleza. Así, cuando uno viaja distancias largas en avión (por ejemplo entre continentes), se atraviesan husos horarios de 12 o más horas de diferencia; nuestro "reloj" tiene que adaptarse al cambio horario, aquellos que han viajado estos tramos lo notan, fisiológicamente.

El viajero nota los cambios fundamentalmente metabólicos; se produce una alternancia en la actividad funcional del ser vivo como un todo, o en alguna función particular, principalmente por parte del sistema endocrino u hormonal. A estos cambios se les denomina ritmos **nictemerales** o **circadianos**, cuando el período es de aproximadamente 24 horas (circa significa "cerca", en latín); hay también ritmos mensuales (el ciclo menstrual en la mujer, el período de gestación) y los anuales (la edad del ser humano, también está determinado por este reloj). La frecuencia cardíaca y la respiratoria, tienen su propio control llamado ritmo **autónomo**, y es controlado por el Sistema Nervioso Vegetativo o Autónomo.

Si nuestro reloj falla o se altera puede ocasionar trastornos fisiológicos, dentro de los cuales las alteraciones del sueño y la vigilia, depresión, pérdida de la memoria y cansancio, son los que nos acontecen a diario o con el tiempo. Quizás no hemos podido ser capaces de "controlar" nuestro reloj a voluntad, evitando lo que pueda afectarlo. El médico da las pautas necesarias para poder ejercer ese control; solo bastaría seguir las instrucciones.

A todo este accionar, muy complejo de nuestro organismo, se conoce como **homeostasis**; es el equilibrio, el mantenimiento de las variables del medio orgánico interno. Tal control funciona permanentemente, pero está supeditado a lo que ingerimos, a nuestra actividad, a nuestro contacto con el medio ambiente; estamos influenciados por lo que nos rodea, por los que nos rodean (nuestro contacto con otros seres humanos).

Existe una sustancia llamada **melatonina**, que es una hormona secretada por la glándula pineal, y está implicada en los ritmos biológicos a largo plazo, pues es la que controla al reloj biológico, cual "relojero". La regulación del sueño es el principal cometido de la melatonina ya que sin el descanso una persona no podría desarrollar sus actividades ni funciones diarias. Además de esto, se encarga de proteger el sistema inmune, así como el sistema nervioso central. También tiene efectos positivos sobre el sistema reproductivo, el sistema cardiovascular y el sistema neurológico, ya que por sus propiedades antioxidantes protege con efectividad toda clase de células, incluidas las neuronales. Esto es muy importante en lo que se refiere a las enfermedades degenerativas tales como Alzheimer, cataratas, Parkinson, osteoporosis, etc. ya que éstas están asociadas a una disminución de las defensas antioxidantes en el organismo, por ende a una disminución de la melatonina.

Cromosomas (ver esquema en capítulo anterior, página 65)

En el capítulo anterior presentamos una representación del cromosoma humano, lo que nos permitirá señalar algunas pautas más sobre genética básica en lo que sigue. También hemos tratado de explicar algunos principios genéticos a fin de que ahora se pueda comprender mejor lo que expondremos a continuación.

Los cromosomas son estructuras en forma de bastón que aparecen en el momento de la reproducción celular (mitosis), en la división del núcleo o citocinesis. Los cromosomas vienen en pares y su número es constante en todas las células de un individuo pero varía según las especies. Así, normalmente, en el ser humano, cada célula cuenta con 23 pares de cromosomas (46 cromosomas en total), de los cuales la mitad proviene de la madre y la otra mitad del padre.

Los cromosomas se agrupan en dos:

1) **Autosómicos** o **somáticos** y se conoce como pares de cromosomas del 1 al 22. Son los encargados de portar (en los genes) las características hereditarias de todas y cada una de las células que estructuran el cuerpo humano, y lo transmiten de padres a hijos, en pares también.

2) **Sexuales**, como su nombre lo indica transmiten solo las características sexuales de padres a hijos. El par 23 corresponde al X y al Y y determinan si el hijo es niño (XY) o niña (XX). Tanto el óvulo en la mujer, como el espermatozoide en el hombre, son las únicas células humanas que contienen un solo cromosoma:

   a. Las mujeres tienen 2 cromosomas X, uno en cada óvulo (todos los óvulos son X).

   b. Los hombres tienen un cromosoma X y uno Y, tienen espermatozoides de dos tipos X e Y.

Por lo que se debe deducir que el sexo del hijo se determina cuando se encuentran el óvulo y el espermatozoide al momento de la concepción, La madre es la que le aporta (siempre con la misma posibilidad) un cromosoma X al hijo, mientras que el padre puede contribuir ya sea con un cromosoma X o con un cromosoma Y. Es el cromosoma del padre el que determina si el bebé es un niño o una niña.

Cromatina

La célula en reposo muestra en su núcleo una especie de malla o red formada por filamentos que se entrecruzan, dando tal apariencia, es la llamada **cromatina nuclear**. Estas estructuras filamentosas es el ADN y lo podemos comparar como un ovillo de hilos de lana de 23 colores, en pares (dos filamentos idénticos, del mismo color: 23 pares).

Al momento de iniciarse la división celular, estas estructuras del ADN, de aspecto filamentoso o "hilachas", se pliegan a ciertas proteínas (histonas, ver gráfica de la página 77), cual cordón al trompo, sufren distintos grados de **condensación** enrollándose en las histonas y así constituyen los cromosomas. El ADN aparece formando ovillos en forma de espiral (como lo hace el cable del auricular conectado al teléfono fijo, para permitir su extensión al usarlo). Existen tantos filamentos en el núcleo celular, como el número de cromosomas (23 pares, en total 46), presentes en la célula en el momento de la división celular.

Si nos remitimos al capítulo anterior, donde representamos un cromosoma, podremos apreciar que éste está formado por dos cromátidas que permanecen unidas por un centrómero. Cada cromátida es una hebra de ADN, idéntica una a la otra, con la misma información genética; esto se logró al momento de la replicación del ADN, que ya explicamos en el capítulo anterior. Así podemos comprender cómo cada célula hija hereda los mismos genes de la célula madre.

La cromatina nuclear se vuelve a formar en la célula en reposo, cuando los cromosomas se descondensan tras la división celular o mitosis. Repitiéndose de esta manera el ciclo, siguiendo un período de tiempo en forma repetitiva, hasta que se presente, como en lo somático (referido al cuerpo humano en su totalidad, sería la **vejez somática**), un lógico e inexorablemente final o muerte celular, precedido de la vejez celular, que bien podríamos denominar mejor como **vejez cromosómica**.

Telómeros: reloj genético

Cada cromosoma posee en sus extremos, a semejanza de los cortos capullones de plástico que protegen a los extremos de los cordones de los zapatos para que no se deshilachen, una serie de secuencias de ADN altamente repetitivas y no codificantes que se denominan **telómeros** (del griego *telos*, "final" y *meros*, "parte"). Ver esquema cromosomial de capítulo anterior (página 65).

Los telómeros son unos cortos "capullones biológicos", cuya función principal en las células eucariotas, es la estabilidad estructural de los cromosomas durante la división celular (mitosis) y determina el tiempo de vida de las estirpes celulares. Además están involucradas en enfermedades tan importantes como el cáncer.

Los telómeros preservan la integridad de los genes durante el proceso por el cual se produce la replicación del ADN en cada división celular. Pero, debido al mecanismo de replicación repetitiva del ADN de las células, los telómeros se van acortando con las sucesivas divisiones. Esto se ve atenuado por la existencia de una enzima llamada **telomerasa** que realiza la replicación telómerica. Sin embargo, la actividad de la telomerasa funciona a cabalidad en las células embrionarias, pero se va inactivando con el tiempo en las células somáticas, lo que conlleva que, con cada división celular, se produzca un progresivo acortamiento de los telómeros cromosómicos; en tal grado que, cuando el tamaño de los telómeros llega a un cierto nivel mínimo, se desencadenan mecanismos que conducen a la muerte celular. Por esta razón, el acortamiento telomérico se ha asociado con el proceso de envejecimiento celular. De esta forma, el largo de los telómeros representaría una especie de **reloj genético** que determinaría el tiempo de vida de las células.

En el momento de nacer, la longitud de los telómeros de los cromosomas de las células somáticas varía de una persona a otra; pero cada vez que una célula se replica, la célula hija obtiene unos telómeros algo más cortos que los de la célula progenitora. Este progresivo acortamiento de los telómeros se produce en las células somáticas, pero no en las células germinales (óvulos y espermatozoides).

En los individuos sanos los telómeros no se acortan de manera significativa hasta la ancianidad, gracias a la presencia de la telomerasa, que asegura la renovación del protector telómero mediante la síntesis de nuevas secuencias de ADN.

En un artículo publicado online de la revista Aging Cell, investigadores de la Unidad de Epidemiología Genética y de la Investigación de Gemelos del St. Thomas Hospital de Londres, y del Centro del Desarrollo humano y Envejecimiento de la Universidad de New Jersey, EEUU, se proponen comprobar la hipótesis de que el estado socioeconómico de un individuo se asocia con el proceso de disminución de la longitud del telómero de los cromosomas, de modo independiente de otros factores que también tienen impacto sobre dicha longitud (tabaco, obesidad e inactividad física) y, en definitiva, sobre la esperanza de vida.

Estos investigadores estudiaron los cromosomas de grupos de gemelos provenientes de clases sociales alta y baja. Hallaron que los telómeros de los gemelares en la clase social más alta eran significativamente más largos que aquellos que habían terminado en la clase social más baja, con una diferencia de longitud comparable a 9 años biológicos. La conclusión es que la clase socioeconómica no sólo influye en el estado de salud del individuo, sino que parece influir sobre el proceso del envejecimiento.

Gracias a la preocupación científica por el envejecimiento del ser humano, múltiples estudios, como los señalados, se vienen haciendo por décadas a fin de averiguar sus causas. Así, sabemos hoy en día que los telómeros son los principales responsables del envejecimiento, pues actúan como relojes internos del organismo: según se acortan, nosotros nos hacemos más viejos. En los jóvenes, la longitud de los telómeros es de entre 8.000 y 10.000 nucleótidos (las moléculas que conforman el ADN y el ARN), pero que no son replicables, y se van acortando cada vez que se producen nuevas divisiones celulares. Llegado a un punto el telómero es demasiado estrecho y la célula deja de dividirse o muere.

Numerosos grupos de investigación han tratado de revertir este proceso pues, si los telómeros no se acortaran, o lográramos alargarlos, nuestro envejecimiento biológico se detendría. Algunas de las investigaciones sobre cómo retrasar el envejecimiento se centran en establecer un mecanismo de control de la telomerasa (enzima que proporciona a las células un potencial de división indefinido), con el objetivo de mantener intacta durante más tiempo la longitud de los telómeros.

Hay teorías que sostienen que el constante acortamiento de los telómeros con cada replicación en células somáticas, puede tener un papel en la senescencia y en la prevención del cáncer. Esto es porque los telómeros actúan como una especie de fusible de acción retardada, eventualmente disminuyendo su longitud después de un cierto número de divisiones celulares y la eventual pérdida de vital información genética del cromosoma dentro de las células en futuras divisiones.

En los seres humanos el acortamiento telomérico puede inducir la senescencia replicativa al bloquear la división celular. Este mecanismo parece prevenir la inestabilidad genómica y el desarrollo de cáncer en las células humanas envejecidas, limitando el número de divisiones celulares.

CÁNCER Y EL ADN

El **cáncer** comprende a un grupo de más de cien diferentes enfermedades, todas caracterizadas por algún daño al ADN que causa una anormal división, desarrollo y crecimiento celular. Las células malignas tienen dos definidas características: primero, no más pueden dividirse y diferenciarse normalmente y, segundo, ellas pueden invadir tejidos circundantes y viajar a cualquier parte del cuerpo (metástasis). En los Estados Unidos de América, el cáncer es la primera causa de muerte en personas menores de 85 años de edad y cada año fallecen más de medio millón de personas por algún tipo de cáncer.

El cuerpo sano viene equipado con propios mecanismos de defensa contra el cáncer; solamente cuando el sistema inmune y otros medios defensivos fallan, se produce el cáncer. Evidencias actuales sugieren que el cáncer se desarrolla a partir de una compleja interacción entre exposición diaria a cancerígenos y una acumulación de efectos mutantes provocados por genes. Recientes investigaciones han identificado hasta cien tipos de cáncer que se relacionan con genes: **genes oncógenos** (promueven la aparición y el crecimiento tumoral) y **genes supresores de tumor** (inhiben el desarrollo del cáncer).

Ambos tipos de genes son heredados o adquiridos. Causas más comunes de daño genético adquirido lo constituyen los virus, radiación solar o Rx, uso de hormonas, medio ambiente y ambiente laboral (por sustancias químicas inhalantes y de contacto con piel: colorantes, organofosforados, asbestos, etc.), también existen los cancerígenos dietéticos (por aditivos agregados). Otros factores que influyen en incrementar el riesgo de cáncer son la edad, por contacto sexual (como el virus del papiloma humano), hábitos nutricionales, respuesta al estrés, factores genéticos heredados, o desbalance hormonal por estrés.

Como ya lo habíamos señalado, las células somáticas con replicación incompleta (al parar tal acción cuando el proceso llega al telómero), pierden secuencias teloméricas gradualmente. Es el envejecimiento o senescencia, las células han llegado al límite de su capacidad replicativa. Esto se debe a que carecen de telomerasa (enzima que promueve la reparación del telómero), la cual es muy activa en las células madre, células germinales, los folículos pilosos, uñas y en el 90 % de las células cancerosas.

Actualmente, diversos estudios científicos han demostrado la existencia de una enzima llamada **ALT** (por sus siglas en inglés), que representa una vía alternativa del alargamiento del telómero. Hoy se sabe que el 5 al 10 % de los cánceres humanos activan esta vía alternativa inmortalizando la telomerasa.

Se cree que la **senescencia** desempeña un papel importante en la supresión de la aparición del cáncer; esto sucede debido a la acción de los genes supresores de tumor, de los cuales hasta ahora se han determinado dos: **p53** y **pRb**. Los supresores tumorales actúan conduciendo a la detención de la proliferación celular. Sin embargo, mediante la inactivación de p53 y pRb, la proliferación celular puede lograrse. He allí la gran importancia de la p53 en la

Medicina actual; es su trascendencia en la génesis y mantenimiento de los tumores.

El gen **p53** (identificado con el genoma en el cromosoma 17), es una proteína supresora de tumor, que responde a daños celulares. Normalmente la p53 está presente en las células a niveles muy bajos, pero cuando se produce un daño en el ADN por diversos motivos como radiaciones o sustancias químicas aumenta mucho su nivel y ejerce sus acciones **anti-oncogénicas**.

La p53 es en realidad un factor de transcripción que interviene en la transcripción del ADN, regulando la expresión de distintos genes, que son clave en la generación de tumores. La p53 pertenece a una familia de factores de transcripción, a la cual pertenecen también p63 y p73. Estas tres proteínas colaboran en una compleja red de interacciones que aún no se conoce en su totalidad. Sin embargo, se sabe que el gen p53 es ubicuo (se expresa en todos los tejidos), mientras que p63 y p73 presentan especificidad tisular.

La p53 interviene produciendo detención del ciclo celular o **apoptosis**, cuando la célula se expone a determinadas situaciones **oncogénicas** y **genotóxicas**. Pero, mutaciones en el gen p53 que bloquean su función hacen que los portadores desarrollen tumores con más facilidad. Ver gráfico de la página 45.

La p53, se une a diversos sitios específicos de regulación de expresión de genes ocasionando que se produzcan proteínas que detienen el ciclo celular, hasta que los mecanismos de reparación del ADN actúen. Cuando el daño es muy grande e irreparable, la p53 ejerce la otra función importante que tiene: induce **apoptosis**, suicidio celular.

Es por ello que p53 recibe el nombre de "**guardián del genoma**". Si una célula pierde la función de p53, el daño en el ADN no se repara, se acumula en las células hijas y estas entran directamente en la ruta hacia la tumorigénesis. Un p53 defectuoso podría permitir que las células anormales proliferen dando por resultado cáncer (alrededor de un 50 % de todos los tumores humanos contienen mutaciones en p53).

La entrada en senescencia requiere la activación de p53 y/o pRb. Como todas las respuestas mediadas por p53, la entrada en senescencia puede inducirse por la presencia de diferentes tipos de estrés, como hipoxia, acortamiento de los telómeros o señalización oncogénica. La concentración celular de p53 es regulada; aunque puede suprimir tumores, el alto nivel de p53 puede acelerar el proceso del envejecimiento por apoptosis excesiva.

Cuando se produce un ataque a la célula y se produce daño en el ADN, p53 detecta la presencia de daño celular. La capacidad de p53 de activar la apoptosis en presencia de daño del ADN tiene importantes implicaciones en el manejo terapéutico.

Las dos principales modalidades actuales de tratamiento terapéutico del cáncer (irradiación y quimioterapia) se basan en generar daños en el ADN para activar la entrada en apoptosis de las células tumorales. Los tumores que retienen p53 responderían a este tipo de tratamientos, mientras que tumores que presenten alelos mutados de p53 serán relativamente resistentes, dado que tendrán problemas para activar la entrada en apoptosis. Por esta razón, se están investigando modalidades terapéuticas para aumentar la actividad de p53 en los tumores que lo retienen, o destruir de manera selectiva las células que carecen de p53.

GENOMA HUMANO

Genoma es la totalidad del material genético (genes) de un organismo vivo, es decir, en el caso del ser humano, la secuencia (según GATUC) de nucleótidos en el ADN contenida en los 23 pares de cromosomas, dentro del núcleo de cada célula humana diploide. El genoma del ser humano contiene unos 31,000 genes. Se estima que un cromosoma humano puede contener más de 250 millones de pares de bases en su ADN, y se considera que el genoma humano está compuesto por unos 3 mil millones de pares de bases nitrogenadas.

Como lo hemos intentado explicar en párrafos anteriores, la secuencia de las bases nitrogenadas dentro del ADN, es el que conforma el genoma humano y el que contiene toda la información codificada, necesaria para la expresión, altamente coordinada y adaptable al ambiente, del **proteoma humano**, es decir, del conjunto de las proteínas del ser humano. Las proteínas, y no el ADN, son las principales biomoléculas efectoras; éstas poseen funciones muy específicas: estructurales, enzimáticas, metabólicas, reguladoras, señalizadoras, catalizadoras, transmisión de impulsos nerviosos, etc., organizándose en enormes redes funcionales de interacciones. En definitiva, el proteoma fundamenta la particular morfología y funcionalidad de cada célula, en forma muy específica. Asimismo, la organización estructural y funcional de las distintas células que conforman cada tejido y cada órgano, y, finalmente, el organismo vivo en su conjunto. Así, podemos comprender que, el genoma humano contiene la información básica necesaria para el desarrollo físico de un ser humano completo.

El proyecto **genoma humano**, que se inició en el año 1990, tuvo como propósito descifrar el código genético contenido en los 23 pares de cromosomas celulares, en la búsqueda del causal de las enfermedades. Los progresos que se sucedieron en los estudios se vió coronado el 26 de junio del año 2000; lo presentaron el Dr. Francis S. Collins (el llamado "padre del Genoma Humano) y el biólogo Craig Venter. En 2005 se dio por finalizado este estudio llegando a secuenciarse aproximadamente 28,000 genes.

Resulta saltante, y a colación de lo que estamos tratando en el presente libro, lo acontecido con el Dr. Collins. A su paso por el postgrado se consideraba ateo convencido. Sin embargo, siendo un joven médico en ejercicio, le llamó la atención la fuerza de varios de sus pacientes más delicados de salud, que en vez de quejarse a Dios, parecían apoyarse en su fe como una fuente de fuerza y consuelo.

Francis S. Collins (Staunton, Virginia, 14 de abril de 1950) es un genetista estadounidense, conocido por sus descubrimientos de genes causantes de enfermedades y por haber dirigido el Proyecto Genoma Humano durante nueve años. En 2009 fue nombrado director de los National Institutes of Health de Estados

Unidos por el presidente Barack Obama. Ha dedicado la mayor parte de su vida profesional a la investigación en los institutos nacionales de salud pública de los Estados Unidos, donde desde 1999 hasta 2008 dirigió el proyecto Genoma Humano en el que participan 18 países.

El Dr. Collins confiesa que el descubrimiento del genoma humano le permitió vislumbrar el trabajo de Dios. Reivindica que, según él, hay bases racionales para un creador, un Arquitecto, y que los descubrimientos científicos llevan al hombre más cerca de Dios. El científico considera que los milagros son una "posibilidad real" y descartó que la ciencia sirva para refutar la existencia del Arquitecto debido a que está confinada al mundo "natural" y lo de Dios pertenece al mundo espiritual.

En 2007 fundó la Fundación BioLogos, con el objetivo de *"formar un equipo de científicos que creen en Dios y se han comprometido a promover una perspectiva de los orígenes de la vida que es a la vez teológica y científicamente sólida"*. Este grupo humano decidió abordar los temas centrales de la ciencia y la religión, haciendo hincapié en una compatibilidad entre ciencia y fe Cristiana.

Collins explica que cuando se da un gran paso adelante en el avance científico es un momento de alegría intelectual; pero es también un momento donde se siente cercanía con el Creador, en el sentido de estar percibiendo algo que ningún humano sabía antes, pero que Dios sí conocía desde siempre.

El Dr. Collins cuenta con muchos seguidores, pero también hubo detractores, principalmente por su apertura a la fe cristiana. Sin embargo, otros apuntaron que este hecho puede llegar a ser muy positivo para establecer puentes con aquellos que ven la investigación genética como algo contraria a los valores religiosos.

Medicina < > Ingeniería

Como consecuencia de los variados hallazgos científicos ha surgido la **ingeniería genética**, que es la tecnología del control y transferencia de ADN de un organismo a otro. A la fecha, los trabajos de esta moderna rama viene posibilitando la corrección de los defectos genéticos y la creación, para su uso médico, en la agroindustria y en la industria quimico-farmaceútica, de nuevas cepas (microorganismos), variedades (plantas) y razas (animales), obteniendo de esta forma una elaboración más eficiente de sus productos.

La ingeniería genética ha permitido la expansión, o quizás mejor sería referirse a una **simbiosis** (una unión, interacción vital), del campo médico a la tecnología moderna. Fruto de este fenómeno nos lo muestran los diversos proyectos que se vienen trabajando con el genoma humano.

La función de la gran mayoría de las bases del genoma humano es desconocida. En lo que se refiere a la edición-fabricación del genoma, mediante la ingeniería genética, se han logrado hacer cambios específicos en sitios genómicos, lo cual es fundamentalmente importante para los investigadores en biología y medicina.

El Proyecto **ENCODE** (acrónimo de ENCyclopedia Of DNA Elements) ha trazado regiones de transcripción, asociación a factores de transcripción, estructura de la cromatina y modificación de las histonas. Estos datos han permitido asignar funciones bioquímicas para el 80 % del genoma, principalmente, fuera de los exones codificantes de las proteínas. El proyecto ENCODE proporciona nuevos conocimientos sobre la organización y la regulación de los genes y el genoma, y un recurso importante para el estudio de la biología y fisiología humana y las enfermedades que nos afectan.

Otras aplicaciones de la edición del genoma nos muestran un escaparate amplio con las aplicaciones emergentes en el campo terapéutico y biomédico tales como CRISPRs, ZFNs, TALENs, entre otras tecnologías de ingeniería del genoma. Mediante estas técnicas se han logrado validar líneas celulares específicas y el desarrollo de modelos animales y plantas **transgénicos** para usos terapéuticos en terapia celular, terapia génica e inmunoterapia.

Asimismo, vale destacar las aplicaciones para la identificación y validación de nuevas drogas (medicamentos).

Células Madre

Un campo de sumo interés, y de mucho avance también, lo constituyen las **células madre**, en inglés **stem cells** (donde stem significa tronco, traduciéndose como "células troncales"). Las células madre son células presentes en todos los organismos multicelulares y tienen la capacidad de dividirse asimétricamente dando lugar a dos células hijas, una de las cuales tiene las mismas propiedades que la célula madre original (con igual capacidad de autorenovación y producir más células madre) y la otra adquiere la capacidad de poder diferenciarse si las condiciones ambientales son adecuadas.

La mayoría de los tejidos de un organismo adulto posee una población fija de células madre que permiten su renovación periódica o su regeneración cuando se produce algún daño tisular. Algunas células madre adultas son capaces de diferenciarse en más de un tipo celular como las células madre mesenquimales y las células madre hematopoyéticas, mientras que otras son precursoras directas de las células del tejido en el que se encuentran, como por ejemplo las células madre de la piel, del músculo o las células madre gonadales (células madre germinales).

En los mamíferos, existen diversos tipos de células madre que se pueden clasificar teniendo en cuenta su potencia, es decir, su capacidad de poder diferenciarse en los diferentes tipos celulares del organismo. En los organismos adultos, las células madre y las células progenitoras actúan en la regeneración o reparación de los tejidos del organismo.

Las células madre embrionarias son aquellas que forman parte de la masa celular interna de un embrión de 4-5 días de edad. Éstas son pluripotentes lo cual significa que pueden dar origen a las tres capas germinales: ectodermo, mesodermo y endodermo. Una característica fundamental de las células madre embrionarias es que pueden mantenerse (en el embrión o en determinadas condiciones de cultivo) de forma indefinida, formando al dividirse una célula idéntica a ellas mismas, (y manteniendo una población estable de células madre) y otra célula especializada en la función del tejido en el cual se pretende implantar. Ésta es la base de los **bancos de células madre**. Existen técnicas experimentales donde se pueden obtener células madre embrionarias sin que esto implique la destrucción del embrión.

Ω

VI

VEJEZ Y ENVEJECIMIENTO

Hasta el momento nos hemos explayado lo suficiente en lo escrito a fin de obtener una base para comprender lo que sigue a continuación. Ahora, podemos afirmar que existe una diferencia muy sutil entre lo que es envejecimiento y vejez. El envejecimiento es un proceso y la vejez es un estado.

El **envejecimiento** es un proceso "programado" en los genes (en el ADN, como lo hemos presentado), en forma universal porque afecta a todos por igual, continuo y progresivo, y que lleva irremediablemente al deterioro, al agotamiento y a la muerte de los organismos biológicos; en algún momento se detiene el "reloj biológico". La **vejez** en cambio, es un estado social, que difiere en las distintas culturas, usos y costumbres, razas, zonas geográficas (hábitat), nivel socio-económico y épocas.

Ambos conceptos reconocen un rico historial clínico, pues no solo son afectados por el tiempo, sino también por diversas influencias ambientales. Dicho de otro modo, mientras que el envejecimiento es un proceso continuo, paralelo al de la evolución y desarrollo del ser humano, la vejez es un estado que se alcanza cuando se cumplen determinados parámetros y condiciones definidas por cada una de las sociedades y culturas en su devenir histórico y relacional con el mundo que rodea a la persona. Podría aceptarse que se puede ser viejo sin estar envejecido.

El envejecimiento es la pérdida gradual de la potencialidad o la vitalidad de nuestras células y que proporcionalmente, con el tiempo, aumenta su vulnerabilidad. Los conceptos de longevidad y envejecimiento están íntimamente ligados, ya que la mayor o menor rapidez del transcurso del envejecimiento, determina la duración de la vida, la longevidad.

Con los avances Médico-tecnológicos logrados en la época actual, el envejecimiento representa la acumulación de todos los cambios involutivos y, posiblemente, reversibles que se producen en un organismo con el paso del tiempo y que llevan a fallos homeostáticos incompatibles con la supervivencia.

El envejecimiento es un proceso extremadamente complejo que involucra distintos tipos de células e interacciones celulares que determinan una compleja actividad fisiológica cumplida por diferentes estructuras orgánicas, en la preservación de la vida del ser humano. Todo esto resulta, a su vez, de la suma de muchos factores, internos y externos que influyen en el organismo.

La comprensión de los mecanismos precisos por los cuales ocurre el envejecimiento es uno de los grandes problemas aún no resueltos por la biología y/o la medicina moderna. Si tuviésemos la posibilidad de lograr enlentecer el proceso de envejecimiento de los humanos, se incrementaría su longevidad, lo que permitiría, en medios adecuados, que aumentasen las respectivas esperanzas de vida, hasta límites que serían dependientes de circunstancias individuales y de la actitud social que nos rodea.

EL PROCESO DE ENVEJECIMIENTO

Todo tipo de tejido vivo se compone de células idénticas en su estructura y con una función específica; pero diferentes tipos de tejidos conforman los órganos y diferentes órganos se unen para conformar un sistema. Podemos deducir que existen muchos tipos diferentes de células, pero todas tienen la misma estructura básica, aunque ejerzan diferente función.

Por consiguiente, el mal funcionamiento de nuestras células y por ende de nuestros tejidos, órganos y sistemas, se encontrarán demasiado comprometidos con estos cambios celulares que afectan su estructura y terminarán afectando el funcionamiento de todos los órganos y sistemas del cuerpo humano.

Como hemos visto, los diversos mecanismos que dan lugar a las manifestaciones de envejecimiento humano se resumen en la disminución paulatina tanto de la población celular como de la actividad fisiológica o metabólica de cada célula. Sin embargo, por obra del Arquitecto, existe un proceso regulador muy complejo, la **homeostásis**, encaminado a garantizar la supervivencia del cuerpo humano, aminorando las consecuencias del déficit acaecidos. Las alteraciones homeostáticas conducen a la pérdida de bienestar, a la enfermedad de la persona.

Hay cuatro tipos básicos de tejido:

1. **Tejido conectivo**, es compatible con todos los tejidos y les sirve de unión, como el "cemento" de los edificios. Ejemplo de este tipo de tejido incluye huesos, sangre y los tejidos linfáticos, así como los tejidos que dan soporte y estructura a la piel y órganos internos (el colágeno).

2. **El tejido epitelial** proporciona una cobertura para las dos capas: externa (la piel) y las más profundas del cuerpo. Un tejido epitelial muy especializado llamado **mucosa** cubre la "pared" del lumen o la luz de las estructuras tubulares del organismo sirviéndo de protección y de revestimiento para los pasajes dentro del cuerpo, tales como el sistema gastrointestinal, y el sistema respiratorio. Donde termina la piel (externamente), se continúa la mucosa (internamente) en cualquier orificio natural (boca –los labios pintados en las damas ya es mucosa hacia adentro en la cavidad oral-, fosas nasales, oido externo, ojos, ano y uretra). En las glándulas, los vasos sanguíneos y linfáticos, el glomérulo (la unidad funcional del riñon), los alveolos en los pulmones, etc. contienen un tejido epitelial muy especializado.

3. **Tejido muscular** incluye tres tipos de tejido:
   a) **Músculos estriados**, (llamado muscular voluntario), los músculos que se encuentran insertados a los huesos para ejercer la función de movimiento al esqueleto, movimientos que controlamos a voluntad.
   b) **Músculos lisos**, (llamado muscular involuntario), fuera de nuestro control voluntario, se encuentran en las paredes de muchos órganos tubulares, adoptando

formas circularres o longitudinales, tales como los músculos contenidos en el sistema gastrointestinal y el que está en las paredes de los vasos sanguíneos y en las vías respiratorias. Por ejemplo, son los que permiten la dilatación y la estrechez en los bronquios y en los vasos, y los movimeintos de los intestinos.

c) **Músculo cardíaco**, (músculo involuntario), el que se encuentra constituyendo la mayor parte de la pared del corazón (miocardio). Permiten la contracción y la relajación del corazón para la circulación de la sangre.

4. **El tejido nervioso** está constituido por células nerviosas muy especializadas (neuronas), encargadas de llevar mensajes hacia el cerebro (sensorial) y desde éste a diversas partes del cuerpo (motor), mediante un complejo sistema de transmisión eléctrica (por **neurotransmisores**). Este tejido altamente especializado conforma el Sistema Nervioso Central (doce pares craneales: cerebro y cerebelo) y el Sistema Nervioso Periférico (nervios periféricos: médula espinal).

Cambios en el Envejecimiento

El envejecimiento se expresa en todos los órganos de forma diferente, según sus funciones, y con distinta aceleración y grado de compromiso. Un organismo manifiesta envejecimiento cuando decrece su vitalidad y por ende, proporcionalmente, aumenta su vulnerabilidad. Envejecer es un proceso irreversible y progresivo, que finaliza cuando deviene la muerte.

Hemos señalado que las células son los bloques básicos de los tejidos y los órganos; también mencionábamos que todas las células experimentan cambios en el envejecimiento. Los productos de desecho del metabolismo (trabajo celular), se acumulan en los tejidos progresivamente; con el envejecimiento, hay un aumento en los pigmentos y las sustancias grasas dentro de la célula (lípidos).

Cambios del tejido conectivo determinan que, el resto de los tejidos de los cuales es su componente, cada vez se vuelvan más rígidos, limitando su función. Esto hace que los órganos, los vasos sanguíneos y vías respiratorias se tornen más rígidos, provocando estrecheces, fallas en la circulación, espasmos, fallas respiratorias, falla en la función digestiva, etc. Cambios de las membranas celulares (acúmulos de toxinas, desechos, lípidos), determinan que los tejidos tengan muchos más problemas recibiendo oxígeno y nutrientes y la eliminación de dióxido de carbono y los desechos se dificultan.

CAMBIOS ADAPTATIVOS DE LA CÉLULA
(Y POR ENDE DEL TEJIDO U ÓRGANO QUE COMPONE)

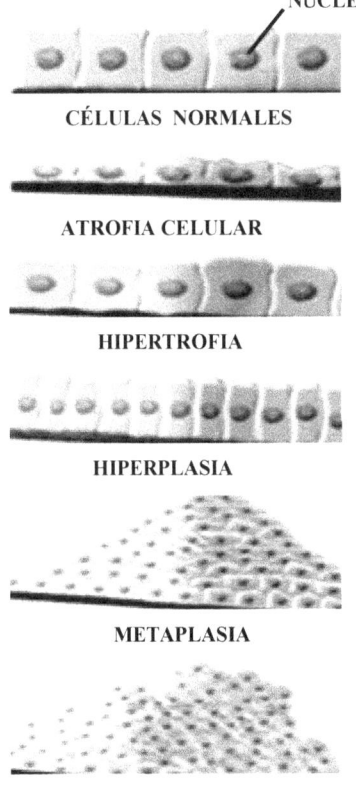

NÚCLEO

CÉLULAS NORMALES

Las células son idénticas en tamaño y forma. Su función no sufre alteraciones..

ATROFIA CELULAR

Las células disminuyen en tamaño, por lo tanto, todo el órgano se atrofia. Su función comienza a alterarse, generalmente expresa hipofunción.

HIPERTROFIA

Las células aumentan en tamaño, por lo tanto, todo el órgano se hiperatrofia. Por lo general hay hiperfunción.

HIPERPLASIA

Las células aumentan en su número, por la mayor tasa de divisiones celulares. Puede haber hiperfunción o función normal inicial.

METAPLASIA

Las células se transforman en otro tipo de células, generalmente como respuesta a alguna lesión crónica. No siempre asociada a una hiperfunción, sino más bien a una hipofunción celular.

DISPLASIA

Las células disminuye en tamaño, por lo tanto, todo el órgano se atrofia. Asociado con una hipofunción celular.

Entre otros cambios adaptativos, muchas células pierden su capacidad de funcionar o empiezan a funcionar anormalmente. Se vuelven más grandes y son menos capaces de dividirse y multiplicarse; o se vuelven deformes o se multiplican sin control. A continuación definiremos algunos aspectos que acontecen a la célula en su afán de adaptarse a los "daños" que sufren:

Atrofia celular

Las células disminuye en tamaño, todo el órgano se atrofia. La función celular se altera por completo y el tejido que compone pierde masa; algunos tejidos se hacen nodulares o más rígidos, es otro tipo de atrofia. Esto es a menudo un cambio normal del envejecimiento y puede ocurrir en cualquier tejido. Es más común en el músculo esquelético, el corazón, el cerebro y los órganos sexuales (por ejemplo, los senos).

La causa de la atrofia celular es desconocida, pero puede incluir el uso reducido en su función (menor carga de trabajo), disminuido suministro de sangre o nutrición a las células y por una reducción en la estimulación de los nervios o las hormonas.

Hipertrofia celular

Aumento del tamaño celular. Esto es causado por un aumento de proteínas en la membrana de la célula y las estructuras celulares, no un aumento en el líquido de las células. Cuando algunas células se atrofian, otras pueden hipertrofiarse para compensar la pérdida de función celular total.

Hiperplasia

Es el aumento en número de células. Hay una mayor tasa de división celular y ocurre generalmente para compensar una pérdida de células. Permite que algunos órganos y tejidos se regeneren, incluyendo la piel, el revestimiento de los intestinos, el hígado y médula ósea. El hígado es muy activo en regenerarse, se puede reemplazar hasta el 70% de su estructura dentro de dos semanas después de una lesión.

Los que tienen una limitada capacidad de regenerar tejidos incluyen hueso, cartílago y músculo liso (los músculos que rodean los intestinos). Los tejidos que rara vez o nunca regeneran incluyen los nervios, músculo esquelético, músculo cardíaco y el cristalino del ojo. Cuando se lesionan estos tejidos son reemplazados por tejido cicatricial.

Metaplasia

Proceso en el que las células de un tejido se transforman en otras células. Es un fenómeno característico de los tejidos embrionarios, cuyas células maduran, se diversifican y se especializan. La metaplasia también puede ser patológica, como respuesta a una lesión crónica.

Displasia

El tamaño, forma u organización de células maduras se convierte en anormal. Esto también se llama hiperplasia atípica. La displasia es bastante común en las células del cuello uterino y el revestimiento de las vías respiratorias.

Neoplasia

También se altera la célula en su forma, tamaño y su organización en el tejido que conforman y como se reproducen rápidamente determinan la formación de tumores cancerosos (malignos) o no cancerosos (benignos). A menudo las células neoplásicas suelen tener formas inusuales y función anormal.

Debido a estos cambios de células y tejidos, los órganos también cambian con la edad. El envejecimiento de órganos hace que lentamente estos pierdan su función. La mayoría de las personas no notan esta pérdida, porque rara vez se necesita utilizar nuestros órganos a su máxima capacidad.

Los órganos tienen una capacidad de reserva para funcionar más allá de las necesidades habituales. Por ejemplo, el corazón de un joven de 20 años de edad, tiene la capacidad de bombear cerca de 10 veces la cantidad de sangre que realmente se necesita para mantener el cuerpo vivo. Después de los 30 años de edad, un promedio de 1% de esta reserva se pierde cada año.

Estos cambios aparecen lentamente y durante un largo período de tiempo. Cuando un órgano está trabajado más duro de lo habitual puede llegar un momento que no sea capaz de aumentar la función. La insuficiencia cardíaca súbita u otros problemas pueden desarrollarse cuando el cuerpo ha trabajado más duro de lo habitual. Los mayores cambios en la reserva de órgano se producen en el corazón, los pulmones y los riñones. La cantidad de reserva perdida varía entre personas y entre los diferentes órganos en una sola persona.

Consecuencias del Envejecimiento Celular

Hasta el momento hemos visto que el envejecimiento está asociado con dos procesos que se superponen y que finalmente llevan a la muerte celular del organismo. Estos son la degeneración progresiva de las células y su pérdida de la capacidad regenerativa. Tanto la **degeneración** como la **regeneración** de las células, son procesos que ocurren en cada una de las etapas de la vida y permanecen en un perfecto balance, bajo condiciones normales, no patológicas. La **homeostasis mitótica** (equilibrio), permite que las células dañadas sean reemplazadas preservándose así la integridad funcional de tejidos y órganos. Sin embargo, en el envejecimiento este balance se inclina hacia la degeneración. Los mecanismos de degeneración estarían principalmente relacionados a la generación de especies reactivas de oxígeno y a la glicosilación de proteínas; ambos procesos estrechamente relacionados a factores ambientales. Por otra parte, la pérdida de la capacidad de proliferación y regenerativa estaría determinada genéticamente por el acortamiento de los telómeros y de procesos de muerte celular.

Esta visión resalta la importancia y participación tanto de factores exógenos como endógenos en el envejecimiento, por lo que es muy probable que el envejecimiento del organismo no ocurra por un único motivo, sino que por la sumatoria de múltiples factores y procesos sucesivos, cuyo balance general determina que el individuo envejezca, más tarde o más temprano.

Existen factores intrínsecos o endógenos y extrínsicos o exógenos que afectan el proceso de envejecimiento celular, vamos a enumerar algunos:

Factores intrínsicos (25 – 30%):
✓ Congénitos
✓ Degenerativos
✓ Inmunológicos
✓ Heredados
✓ Metabólicos
✓ Neoplásicos
✓ Nutricionales
✓ Psicogénicas

Factores extrínsicos: Ambientales (70%)
✓ Agentes nocivos
   Químicos
   Electricidad
   Físicos: fuerza
   Humedad
   Radiación
   Temperatura
   Venenos
   Tóxicos
✓ Agentes infecciosos
   Bacterias
   Hongos
   Insectos
   Protozoarios
   Virus
   Gusanos

Las diferencias genéticas y las condiciones ambientales diversas, explicarían las expectativas de vida dispares que presentan entre sí las diferentes especies e incluso los distintos individuos de una misma especie.

Como hemos visto, aunque el proceso de envejecimiento sea variable según gran diversidad de condiciones de las personas, ya en el envejecer avanzado propio de la cuarta edad (senescencia) hay una serie de rasgos comunes:

- ✓ Deterioro de las funciones físicas por el desgaste provocado a lo largo de los años vividos.
- ✓ Una menor adaptabilidad al cambio en progreso, por una disminución de la versatilidad orgánica y psicológica.
- ✓ Mayor posibilidad de padecer enfermedades agudas, pues el organismo y la psicología son más vulnerables.
- ✓ Reducción de la capacidad de ser autónomo.
- ✓ Tendencia al aislamiento y al sentirse abandonado, por carecer de recursos psicológicos para seguir la corriente social dominante.
- ✓ Sensación de acabamiento por tener menor vitalidad y por suposición de muerte cercana.

Envejecimiento y Edad Cronológica

El organismo "viejo" se diferencia del joven mediante el enlentecimiento de unas funciones y la desaparición de otras, lo mismo que por la elevada incidencia de enfermedades. A pesar que el envejecimiento no es tan repentino que uno lo pueda sentir, sin embargo, nadie se despierta en un cuerpo de 90 años sin recibir primero algunas señales de advertencia. Pero si sabes lo que viene, para lo cual te debes mantener bien informado desde el principio, al percibir alguna señal puedes tomar ciertas medidas para alcanzar algún cuidado adicional que asegure tu longevidad. Este es el fundamento de lo que trato de hacer llegar a mis lectores. Prevenir temprano, antes que lamentar, cuando ya sea demasiado tarde. "Nunca se es demasiado viejo para hacer cualquier cosa y ayudar a mantener el bienestar de nuestro cuerpo".

EDAD A LA QUE EL CUERPO EMPIEZA A DECLINAR

Años de edad

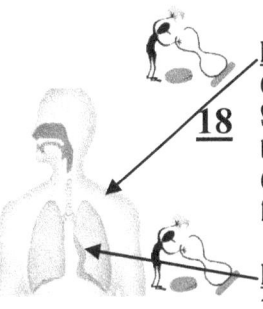

18

PIEL: el resistente colágeno y la elastina disminuyen en aproximadamente un 1% al año, a partir de los 18. Se debe usar protectores solares de titaniun o zinc todos los días, incluso si se está en el interior. Un estudio en el 2012 encontró que algunos fluorescentes de luz emiten dañina luz UV.

30

PULMONES: La función pulmonar comienza a declinar 1% por año, a los 30. La capacidad respiratoria disminuye por 40% entre los 20 y los 80 años de edad.

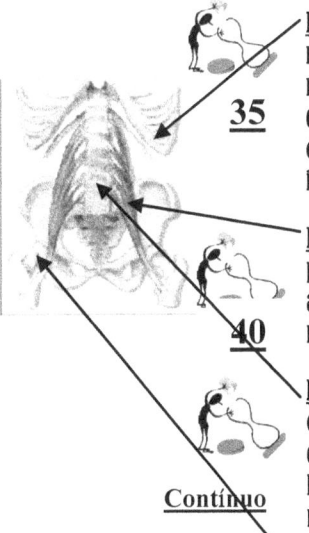

35

HUESOS: La masa ósea tiende a perder densidad a un rango de 1% por año a los 35 (más rápido en la mujer menopáusica). Ejercicios con pesas marca una gran diferencia en la densidad ósea. Un estudio de 2015 encontró que simplemente 20 saltitos 2 veces al día incrementa la densidad ósea de la cadera.

40

MÚSCULOS: Por los 40, todo lo que se gana en grasa, se pierde en masa muscular. Es necesario incluir en la actividad diaria ejercicios, si queremos evitar que el músculo decline.

Contínuo

DISCOS VERTEBRALES: Años de presión en los discos esponjosos que separan las vértebras pueden causar que estas se deslicen, se rompan o se produzca una hernia; luego los nervios sean presionados causando mucho dolor.

Contínuo

ARTICULACIONES: Repetidos movimientos a través de los años hacen que los discos protectores se desgasten causando el roce un hueso con el otro, con mucho dolor y se axacerba con osteoartriris u otros desórdenes.

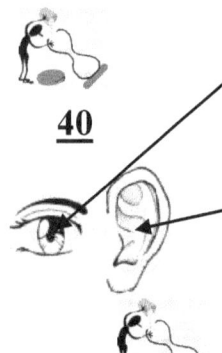

40

OJOS: Los ojos se asemejan a una cámara multifocal, pero a los 40 el rango de visión disminuye. Exponerse a rayos UV y fumar acelera la formación de cataratas.

OIDOS: La audición se va perdiendo progresivamente a partir de los 60; 1 de cada 3 personas pierden la audición entre los 65 y los 74 años de edad. Escuchar música altisonante o laborar en lugares con bulla excesiva como en la construcción o fábricas producen serios daños al oído.

60

CORAZÓN: A medida que se envejece, el número de células del miocardio disminuyen, para compensarlo se hipertrofian, su pared se engruesa y las arterias tienden a engrosarse también. Es a partir de los 20 que la capacidad aeróbica decae 10% por década. A los 65 las enfermedades cardiovasculares, típicamente empiezan.

65

50

RIÑONES: La función renal declina a partir de los 50 años de edad. Toda vez que la sed disminuye con la edad, lo mejor que hacer es tomar una buena cantidad de agua y así evitar que la función renal decline por falta de uso.

VENAS: Venas de las piernas se van alargando y torciendo, las válvulas que se cierran con cada contracción del corazón para evitar que regrese la sangre, malfuncionan causando que la sangre se estanque. Venas varicosas pueden causar hinchazón y dolor y en otras ocasiones producir coágulos que arriesgan la vida.

Contínuo

INTESTINOS: Las vellocidades intestinales que son estructuras que permiten la absorción de los alimentos, se van aplanando hacia los 60 años y se pierde la capacidad de absorber los nutrientes.

60

CEREBRO: La memoria y el tiempo de reacción pueden iniciar su declive a los 70 años de edad. Es recomendable involucrarse en actividades que lo mantengan estimulado a sentirse aún útil y en contacto familiar y social.

70

Lo señalado es lo que expresan los especialistas tras estudios y es producto de múltiples investigaciones. A diferencia de los cambios de la niñez y adolescencia, que son predecibles para dentro de unos años, cada persona adulta envejece a un ritmo único, no predecible, pero sí controlable con un mejor estándar de medio de vida. Algunos sistemas comienzan a fallar o declinar en su función tan pronto como a los 18 años de envejecimiento, como ya lo hemos visto en el esquema. Otros procesos de envejecimiento no son comunes hasta mucho más tarde en la vida.

Es de conocimiento que algunos cambios siempre ocurren con el envejecimiento, a diferentes velocidades y en diferentes grados. Pero, a pesar de los avances científicos actuales, es casi imposible predecir exactamente cómo se envejecerá. Pero sí se ha llegado a determinar, como lo señalamos en líneas arriba, que el estrés al que sometemos a nuestro cuerpo, determina una carga de trabajo extra que llega a producir daño celular. Algunos **estresores** del cuerpo humano son los siguientes:

✓ Enfermedades.
✓ Medicamentos y otras sustancias químicas que ingerimos, nos aplicamos o inhalamos.
✓ Dieta desbalanceada, exceso de ingesta de calorías a base de grasas y proteínas.
✓ Cambios significativos del modo de vida: la inactividad o el exceso en las exigencias físicas del cuerpo.
✓ Cambios bruscos en la actividad física y mental: estrés.
✓ Exposición a una mayor altitud o simples cambios de región geográfica.

Todas estas condiciones producen una pérdida de reserva orgánica y, a la vez, hace más difícil restaurar la homeostasis o equilibrio en el cuerpo humano, más aún si se va envejeciendo. A medida que avanza la edad, las drogas se eliminan del cuerpo a un ritmo más lento. Por tener el metabolismo alterado, se pueden necesitar dosis menores de medicamentos y los efectos secundarios se vuelven más comunes y peligrosos.

Además, los efectos secundarios de la medicación pueden imitar los síntomas de muchas enfermedades, así que es fácil confundir una reacción de la droga por una enfermedad. Los medicamentos tienen efectos secundarios totalmente diferentes en los ancianos que en jóvenes.

No se sabe cómo y por qué la gente cambia a medida que envejecen. Algunas teorías afirman que envejecimiento es causado por lesiones celulares producidas por la exposición crónica a la luz ultravioleta, el desgaste normal en el cuerpo, o por subproductos del metabolismo. Otras teorías ven el envejecimiento como un proceso predeterminado controlado por los genes.

Sin embargo, ningún proceso por sí solo puede explicar todos los cambios del envejecimiento. El envejecimiento es un proceso complejo que varía en cómo afecta a diferentes personas e incluso, en cada persona a diferentes órganos. La mayoría de los gerontólogos cree que el envejecimiento es debido a la interacción de muchas influencias durante toda la vida. La **gerontología** es una disciplina científica cuyo objeto es el estudio del fenómeno del envejecimiento, por el que se entienden los cambios progresivos que tienen lugar en una célula, un tejido, un organismo, o un grupo de organismos con el paso del tiempo. Estas influencias incluyen herencia, ambiente, cultura, dieta, ejercicio y ocio, más allá de las enfermedades y muchos otros factores.

Teorías de Envejecimiento

Ya lo mencionamos anteriormente, existen muchas teorías sobre el envejecimiento, se puede intentar simplificar en dos grandes grupos:

a. **Teorías genéticas**, las que están basadas en evidencias científicas que demuestran la influencia de los genes en el proceso de envejecimiento celular y orgánico. Esto ya lo describimos anteriormente, al referirnos a los telómeros los que están formados por una secuencia de bases púricas y pirimídicas, usualmente la serie TAC (timina, adenina, citosina), que se repiten secuencialmente (TAC, TAC, TAC, TAC...,como si fuera un reloj) y están ubicadas al final de cada uno de los locus genéticos (ubicación de los genes), que en número de 3 mil contienen la información necesaria para fabricar todas las partes de la célula. Según el tipo celular, habrá algunos de estos locus que estén activos mientras que otros permanecerían cerrados, siendo esta disposición la responsable de la diferenciación celular. En la replicación del ADN durante la división celular, los telómeros no se duplican, como causa de ello, a medida que las células se van dividiendo a lo largo del ciclo vital, los telómeros se van acortando cada vez más, hasta llegar a una longitud muy crítica, por debajo de la cual se desencadena la expresión de los **gerontogenes** produciéndose, irremediablemente, la muerte celular, en un proceso que se denomina **apoptosis**. La célula "reconocería" de este modo su edad de acuerdo a la longitud de los telómeros.

b. **Teorías estocásticas**, engloban aquellos fenómenos que comportan una serie de variables aleatorias que hacen que este fenómeno sea producto del azar y deba ser estudiado recurriendo a cálculos probabilísticos. Estas teorías cuentan con la acumulación fortuita de acontecimientos perjudiciales debido a la exposición de factores exógenos adversos.

$$\Omega$$

VII

ENVEJECER CON SALUD

"Más importante que añadir más años a la vida, es dar más vida a los años"

EL LAGO DE LA VIDA

A este nivel de información que hemos recibido podríamos reconocer que el envejecimiento es un proceso contínuo, universal e irreversible que determina una pérdida progresiva de la capacidad de adaptación a su entorno, con cierto retardo en las respuestas fisiológicas de la célula, y por ende del órgano correspondiente. El envejecimiento no es una enfermedad, es un proceso.

El proceso de envejecimiento es como el ciclo de un lago natural. El lago se mantendrá siempre pleno si recibe agua contínua de las lluvias, los ríos vertientes o de los deshielos en las cumbres nevadas; pero al ser necesario mantener el equilibrio (su nivel), pierde su contenido dando origen a riachuelos (por revalse), por evaporación a las lluvias, por filtración subterránea y por mano del hombre (para sembríos o canalización para consumo). Una acción desmedida o incontrolada del hombre puede originar que el lago se seque y desaparezca.

Como en el caso del lago, nuestra vida se alimenta de las experiencias, de la convivencia con las personas que amamos y de mantener una constante relación social. A medida que envejecemos se van consumiendo nuestras reservas, en todo caso, nuestro organismo intenta mantener el equilibrio (o la homeostasis). Este balance se cumplirá así mientras nos mantengamos activos física y mentalmente y con una ingesta adecuada de nutrientes. Debemos tener en cuenta que al ingerir toxinas (tabaco, alcohol, drogas u otras sustancias nocivas) por voluntad propia, el mantenimiento de tal equilibrio se verá complicado.

Así como con el lago, es el gobierno el responsable de velar por su balance (homeostasis ecológica); en nuestro organismo cada uno de nosotros será el responsable de mantener el balance u homeostasis; de ello depende nuestra salud o bienestar.

El sedentarismo (la inactividad), hace que la homeostasis se mantenga en un nivel (pico) muy bajo, en cambio la actividad contínua permite que el pico de nuestra homeostasis se mantenga alto, por lo tanto con mayores posibilidades de una mejor calidad de vida y por más tiempo. En los individuos mayores sanos, muchas funciones fisiológicas se mantienen normales en un estado basal, pero al ser sometidos a estrés se revela la pérdida de reserva funcional, vienen las enfermedades. Al igual que en el lago, un revalse brusco rompe el balance.

La **vejez**, para muchos, se sigue considerando como un sinónimo de deterioro. Para nosotros, con todo lo que hemos estado asimilando, mejor nos enfocamos en el concepto de envejecimiento y no en la vejez. Mientras la vejez es provocada, el envejecimiento es un proceso contínuo que puede ser extremadamente beneficioso, si el proceso comienza a prepararse antes de cumplir los 50 años de edad, o mucho mejor antes. Según los expertos, es al medio siglo de vida alcanzada, donde se hace posible comenzar a vivir el llamado **"envejecimiento óptimo"**, que, como en el caso de la renovación del águila, descrita en nuestro primer capítulo, constituye una verdadera oportunidad para "renacer", de empezar nuevamente. Para lograrlo, los requisitos fundamentales son abandonar el cigarrillo y otros vicios, chequearse anualmente, hacer ejercicios, alimentarse adecuadamente y no dejar de lado lo intelectual y la socialización; en lo posible, y prioritariamente, en el entorno familiar.

Este manifiesto es lo que intentamos practicar mi esposa y yo, cercanos a los 70'; con cuatro hijas que nos llenaron la vida con seis nietos y cuatro yernos; decidimos el retiro laboral a los 62 años de edad para abocarnos a vivir en familia y dedicar parte de nuestro tiempo a socializar con los amigos, tanto en USA como en nuestros viajes anuales a nuestro país de origen. Ambos tratamos de comer lo más saludable posible, a pesar de la tentación de la gastronomía peruana, realizamos nuestras "caminatas", cumplimos con nuestros "chequeos médicos". Yo, podo mi hierva y cuido de mis plantas y aún me trepo a los árboles para podarlos y poder cosechar los frutos que me ofrecen, amén de intentar reparar cualquier cosa, incluído en el techo de la casa.

A pesar de toda actividad física que intento cumplir, éste libro es el tercero de los muchos que pretendo escribir, pues me considero todavía un **útil intelectual**. Se me hace indispensable el ejercicio intelectual, como parte de la rutina a realizar a fin de estar "en forma" física e intelectual, gozando del Reposo del Águila.

Soy un convencido de que, con la edad avanzada no disminuye nuestra capacidad intelectual o creativa, gracias al Internet se nos hace muy accesible comprobarlo; basta con revisar las biografías de la mayoría de los artistas, escritores, científicos y educadores más exitosos. Otra opción es revisar la lista de los laureados con el premio Nobel, cuya edad promedio es de 62 años.

De esta manera se nos muestra que los mayores logros se obtienen generalmente a partir de los 60 años de edad, solo por mencionar algunos casos de **envejecimiento sano**:

Leonardo Da Vinci vivió 67 años (de 1452 a 1519), en una época en que la espectativa de vida era de 37 años; sí trasladásemos estos datos en el contexto actual, su vida de 67 años equivaldría a una longevidad actual de unos 120 años, que es la máxima edad que puede lograr el ser humano.

Leonardo Da Vinci no se jubiló, siguió creando sus obras magistrales; tampoco se jubilaron otros importantes creadores como Miguel Angel, Shakespeare, Victor Hugo, Cervantes, Picasso, Pau Casals, Von Karajan, Salvador Dalí, Eistein, etc.

Navejando en el mundo de Internet encontré lo que sigue, que me permito transcribir como un mensaje claro, que bien podría ser un decálogo de vida no solo para el "anciano", sino para toda persona a quien le interese su **envejecimiento**:

Los Diez Mandamientos del Anciano

I. *Cuidarás tu presentación todos los días. Vístete bien, arréglate como si fueras a una fiesta. Qué más fiesta que la vida.*

II. *No te encerrarás en tu casa ni en tu habitación. Nada de jugar al enclaustrado o al preso voluntario. Saldrás a la calle y al campo de paseo. El agua estancada se pudre y la máquina inmóvil se enmohece.*

III. *Amarás al ejercicio físico como a ti mismo. Un rato de gimnasio, una caminata razonable dentro o fuera de casa. Contra inercia, diligencia.*

IV. *Evitarás actividades y gestos de viejo derrumbado. La cabeza gacha, la espalda encorvada, los pies arrastrándose. ¡No! Que la gente te diga un piropo cuando pasas.*

V. *No hablarás de tu vejez ni te quejarás de tus achaques. Con ello, acabarás por creerte más viejo y más enfermo de lo que en realidad estás. Y te harán el vacío. Nadie quiere estar oyendo historias de hospital. Deja de autollamarte viejo y considerarte enfermo.*

VI. *Cultivarás el optimismo sobre todas las cosas. Al mal tiempo buena cara. Sé positivo en los juicios, ten buen humor en las palabras, sé alegre de rostro, amable en los ademanes. Se tiene la edad que se ejerce. La vejez no es cuestión de años sino un estado de ánimo.*

VII. *Serás útil a ti mismo y a los demás. No eres un parásito ni una rama desgajada voluntariamente del árbol de la vida. Bástate hasta donde sea posible y ayuda. Ayuda con una sonrisa, con un consejo, un servicio.*

VIII. *Trabajarás con tus manos y tu mente. El trabajo es la terapia infalible. Cualquier actitud laboral, intelectual, artística...Medicinas para todos los males, la bendición del trabajo.*

IX. *Mantendrás vivas y cordiales las relaciones humanas. Desde luego que las que anidan dentro del hogar, integrándose a todos los miembros de la familia. Ahí tienes la oportunidad de convivir con todas las edades, niños, jóvenes y adultos, el perfecto muestrario de la vida. Luego ensancharás el corazón a los amigos, con tal que los amigos no sean exclusivamente viejos como tú. Huye del bazar de antigüedades.*

X. *No pensarás que todo tiempo pasado fue mejor. Deja de estar condenando a tu mundo y maldiciendo tu momento. Alégrate de ser parte del mismo y poder ver muchas cosas lindas y nuevas.*

¡No te olvides de reír a menudo para mantener la salud!

Autor Anónimo

Tipos de Envejecimiento

La vejez no hay que provocarla, al envejecimiento hay que prepararlo. La tecnología actual promueve la vejez (inactividad), acelera el envejecimiento (falta de actividad).

Cincuenta años atrás, la TV a colores mantenía unida a la familia para ver programas juntos y se compartía la mesa, previa oración de gracias por los alimentos a recibir, luego se disfrutaba del programa preferido, en familia. La computadora se usaba solo en el centro laboral o para conectar al nintendo, bajo un ajustado horario establecido por los padres.

¿En la actualidad, deberíamos agradecer a la moderna tecnología el permitir acercarnos a nuestros seres queridos alejados por la distancia y, a la vez, habernos alejado de los que amamos, viviendo bajo el mismo techo?.

¿Nos basta la tecnología para mantenernos cerca de nuestros "viejos" mediante un iPhone, o un iPad, así se encuentren aislados a un corto tramo de distancia?.

Hay una verdad que no requiere de interrogante, es el hecho que la moderna tecnología nos ha vuelto seres sedentarios, ejercitamos nuestra mente sí, pero estamos inactivos físicamente. Hoy en dia, para las personas que estamos comprendidas en la tercera edad, ya es parte de nuestra vida diaria el "viajar" por el Internet, lo cual es muy favorable para mantener activa la mente, pero acentúa nuestra inactividad física. No le estamos ofreciendo a nuestro organismo el chance de continuar con el proceso de envejecimiento. Envejecer es ley de la vida, pero eso no significa que no podamos hacer nada para frenar el impacto que tiene el paso del tiempo sobre nosotros. La gran clave para llegar a ser más longevos es, mantenerse activos el máximo de tiempo posible.

Como lo hemos señalado anteriormente, investigaciones de fechas recientes han descubierto que el proceso de envejecer está programado en nuestro ADN, los telómeros se vuelven cada vez más cortos y es entonces cuando las células dejan de regenerar los tejidos, provocando el envejecimiento de nuestro organismo. Se sabe también que, debido a los malos hábitos adquiridos, pasados los 45 años de edad, se comienzan a manifestar las enfermedades que nos acompañaran hasta terminar nuestro ciclo de vida. El período que se inicia a los 45, (y en algunos órganos mucho más temprano, como ya lo hemos señalado también), será más o menos corto para alcanzar la senectud y muerte, de acuerdo a lo que hayamos hecho los primeros años. Se debe tomar en serio el iniciar una vida sana (renovarse), abandonando el cigarrillo, alcohol, drogas, o cualquier otro producto tóxico o farmacológico (sin prescripción médica o automedicado), se debe eliminar hábitos de interrelación personal inseguros. Nos debemos sentir obligados a incorporar una alimentación saludable, hacer ejercicios moderados, cultivar algún pasatiempo de interés y, más allá de lo laboral, debemos mantener una vida social activa; en todo momento y en cualquier circunstancia, una interacción familiar contínua nos debe acompañar en los años futuros.

Cuando se llegue a los 60 años de edad, se recomienda acudir anualmente al geriatra para un control de "adulto mayor sano", similar al control del niño sano. En esta etapa de la vida, epidemiológicamente se observa un notorio cambio en la curva de incidencia de enfermedades tales como diabetes, sordera, cataratas, hipertensión arterial y osteoporosis, en ambos sexos. En el plano intelectual, empieza a producirse una mínima pérdida de la memoria y de la capacidad de sintetizar múltiples variables en una adecuada decisión ejecutiva. Tanto las enfermedades físicas como el deterioro intelectual moderado pueden ser tratados y controlados si se abordan a tiempo.

Bajo estas premisas, los expertos han llegado a determinar tres tipos de envejecimiento a considerar:

1. El **envejecimiento normal**, es aquella forma de envejecer en que no se manifiestan las enfermedades psicológicas o mentales, ni se padecen de patologías del tipo físico a pesar

de una edad avanzada. Es producto de la interacción natural del organismo con el medio ambiente, y corresponde a personas que por tener la presión, glicemia, peso y colesterol normales, no se preocupan activamente de su salud: no vigilan sus parámetros, no practican una actividad física y no se mantienen activos en lo intelectual.

2. El **envejecimiento patológico**; que se caracteriza por un envejecimiento que viene marcado de distintas enfermedades físicas y/o mentales. Se produce cuando no se tratan o no se diagnostican a tiempo enfermedades que aparecen con mayor probabilidad en esta etapa de la vida como la diabetes, la hipertensión arterial, el tabaquismo, la osteoporosis, la dislipidemia (o colesterol alto) y el sobrepeso. Los estilos de vida en la madurez que llevan a la debilidad en la vejez incluyen el beber de forma intensiva, fumar, la inactividad física, depresión, el aislamiento social y la prevalencia de enfermedades crónicas, su descuido o falta de atención médica adecuada.

3. El **envejecimiento óptimo**; exige un esfuerzo permanente y se logra cuando, además de controlar en forma adecuada, médicamente, los cuatro parámetros (peso, presión, glicemia y colesterol), la persona deja de fumar y se ejercita, tanto física como mentalmente. Implica el seguimiento planificado de variadas estrategias y actividades alternativas a fin de compensar las pérdidas progresivas que conlleva el proceso de envejecimiento. El buen envejecimiento necesita a la vez mantenimiento razonable de la funcionalidad y apoyos sociales adecuados. Las bases para un envejecimiento óptimo se encuentran en los estilos de vida que mantienen el cuerpo saludable y una mente sana mediante buenos hábitos alimenticios, ejercicios y de implicación en actividades interesantes que suponen un reto a la mente, (estudiar algo nuevo, actualizarse y continuar educándose).

El desarrollo de estilos de vida saludables que lleven a un envejecimiento sano está influido por la educación y las actitudes y el ánimo de la familia y los amigos que valoran una vida sana y productiva. Es prioritario en la tercera edad el fomentar técnicas para la reducción del estrés, para enfrentar el cambio que significa esa etapa e ir adquiriendo habilidades de ocio que se adapten a nuestras necesidades. Tanto el entorno familiar, como el estado, deben adoptar estrategias en el mantenimiento del sistema de apoyo social y la sustitución con nuevas relaciones de las pérdidas por la muerte o el traslado de amigos y familiares.

ENVEJECIMIENTO CON BUENA SALUD

La vejez, período importante de nuestras vidas alcanzado por derecho propio, se manifiesta no siempre relacionada con nuestra edad cronológica. Tal como ya lo hemos expresado, y en repetidas oportunidades, la vejez es lo que representamos física y emocionalmente, es hacia lo que nuestra voluntad ha llevado a nuestro organismo; el envejecimiento es un proceso inevitable y está más relacionada a nuestra edad cronológica, por lo tanto es lo que está designado en nuestros genes.

Cuando llegamos a los 60 años, las personas mantenemos vínculos familiares y círculos sociales muy importantes, que deben mantenerse. Venimos señalando que el envejecimiento activo ayuda a mantener la salud y la creatividad; la salud es un factor básico para mantener el bienestar y la calidad de vida en la vejez. Las personas de los 60 a los 69 años de edad, en su gran mayoría, mantienen buenas condiciones físicas hasta bien entrada la vejez; a esta edad podemos seguir desempeñando tareas cotidianas y mantener un rol activo en la comunidad, si nos lo proponemos.

Estilo de Vida

El **estilo de vida** es el conjunto de comportamientos y actitudes que adoptan y desarrollan las personas de forma individual o colectiva para satisfacer sus necesidades como seres humanos y alcanzar su desarrollo personal.

La Organización Mundial de la Salud (OMS) definió en 1986 el estilo de vida como: *"una forma general de vida basada en la interacción entre las condiciones de vida en un sentido amplio y los patrones individuales de conducta determinados por factores socioculturales y características personales"*.

Existen factores externos relacionados con el estilo de vida que llevemos en la edad adulta, que pueden acelerar el proceso de envejecimiento; así puede manifestarse la vejez, más temprano de lo deseado. La posición que adoptemos hacia la exposición prolongada a conductas modificables como el sedentarismo, el consumo de alcohol, el tabaquismo, el régimen alimentario, entre otras actitudes negativas, determinan en qué momento se expresen nuestros "males del alma", del alma….naque. Hoy se sabe que muchas enfermedades crónicas desarrolladas durante el proceso de envejecimiento son el resultado de nuestra actitud relacionadas con el estilo de vida y que tienen como resultado el desarrollo de las llamadas **enfermedades crónicas**, especialmente enfermedades del corazón, hipertensión arterial, enfermedades renales, accidentes cerebrovasculares, diabetes, obesidad, síndrome metabólico, enfermedad pulmonar obstructiva crónica y algunos tipos de cáncer; forman parte del grupo de enfermedades degenerativas.

Anteriormente estas enfermedades crónicas eran llamadas "enfermedades occidentales" o "enfermedades de la abundancia", propio de los países industrializados. Cualquier enfermedad de este tipo puede resultar en la pérdida de independencia, sufrimiento, años con discapacidad o la muerte; y supone una carga económica considerable para la familia responsable y los servicios de salud.

Hoy en día, las enfermedades crónicas son un problema importante de salud pública en todo el mundo. En 2005, la Organización Mundial de la Salud (OMS) calculó que el 61% de todas las muertes (35 millones) y el 49% de la carga mundial de morbilidad eran atribuibles a enfermedades crónicas. Se estima que en 2030 la proporción del total mundial de defunciones debidas a enfermedades crónicas llegará al 70% y la carga mundial de morbilidad al 56%. Se prevé que el mayor incremento se producirá en las regiones de África y del Mediterráneo Oriental.

Según lo OMS, alcanzar un **envejecimiento saludable** se logra por la combinación de cuatro actitudes que uno debe tomar en cuenta: el hacer ejercicios regularmente, mantener un peso saludable, seguir una dieta saludable y no fumar. El cumplir con esto parece estar asociada a una reducción de hasta un 80% en el riesgo de desarrollar las enfermedades crónicas más comunes y mortíferas. Esta circunstancia refuerza las recomendaciones actuales en materia de salud pública de que se sigan hábitos de estilo de vida saludables y, como estos hábitos a menudo se adquieren durante las etapas formativas de la vida, es especialmente importante el comenzar a impartir lecciones importantes sobre una vida sana, en los primeros años de nuestra madurez.

EJERCICIOS FÍSICOS

La **actividad física** está relacionada con el proceso de envejecimiento como factor de relación de la capacidad funcional, la masa muscular y ósea y la prevención de enfermedades. La realización de actividad física moderada a lo largo de la vida disminuye el riesgo de mortalidad y la aparición de discapacidad, aumentando la agilidad y reduciendo el número de caídas. Además presenta efecto preventivo frente a la pérdida de masa muscular y mejora el mantenimiento de la densidad ósea.

La Organización Mundial de la Salud recomienda realizar 150 minutos de actividad física a la semana, repartidos en por lo menos cinco días. Sí una persona cuenta con una dieta balanceada y practica actividad física 30 minutos al día, cinco veces a la semana, se encontrará un balance entre ingesta y gasto calórico.

Sin embargo, aunque las terapias médicas pueden ser un complemento para llevar una vida sana, el gran motor que mueve nuestras vidas lo constituye el ejercicio físico moderado y contínuo. Independientemente del tipo de ejercicio que realicemos, tal actitud va a mejorar la autoestima, la sensación de autonomía para las actividades de la vida diaria, los hábitos de sueño, las funciones cognitivas (la memoria, el razonamiento, la atención) y las relaciones sociales.

A fin de mantener un nivel anatomo-fisiológico equilibrado, el ejercicio ayuda a retardar el deterioro que el indetenible proceso del envejecimiento conlleva, además de fortalecer el sistema inmunológico. Los ejercicios a realizar no tienen que ser extenuantes, por el contrario, deben ser lo menos estresantes posible; los más recomendables para la tercera edad son el caminar, la natación o pasear en bicicleta y actividades sociales como bailar, ir al cine, un día de campo, etc. Otros de mayor impacto, como el running, que tan de moda está, se desaconsejan en la tercera edad por el impacto que sufren las rodillas, los pies y la columna vertebral.

El ejercicio, con moderación, va ligado a la prevención de enfermedades como obesidad, presión alta y la diabetes; dolencias que provocan un envejecimiento corporal acelerado, como se ha señalado. Esto es primordial para alcanzar un estilo de vida activo y saludable, retrasando nuestro envejecimiento. Por estudios realizados con revisión por pares clínicos indican una relación entre el ejercicio regular y la minimización de la erosión del telómero (como ya señalamos, su acortamiento es el responsable de nuestro envejecimiento). El logro de mantener nuestros telómeros largos nos hace más longevos.

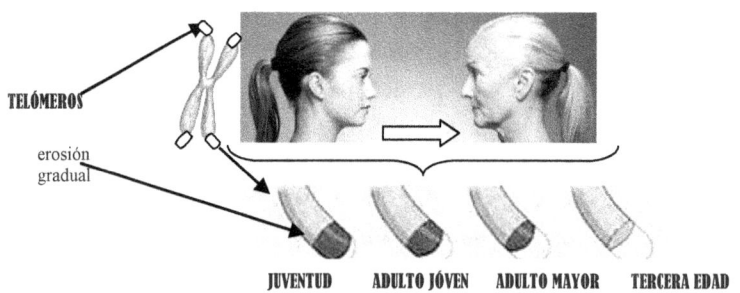

Se puede aprovechar las actividades de la vida diaria para practicar un poco de ejercicio; por ejemplo, subiendo y bajando las escaleras del piso en lugar de coger el ascensor, estacionar el carro lo más lejos posible de la entrada al centro comercial o del cineteatro; además, es indispensable aprovechar estas caminatas al aire libre para asimilar los beneficios de los rayos del sol, por la transformación del ergosterol (derivado del colesterol) en vitamina D, debido a la exposición a los rayos ultravioleta; se obtiene así dos beneficios: se disminuye el nivel de colesterol y se asimila la vitamina D (que, como provitamina, se obtiene mediante la ingestión de alimentos que contengan esta vitamina, por ejemplo: la leche y el huevo).

Además, la vitamina D representa un papel importante en el mantenimiento de órganos y sistemas a través de múltiples funciones, tales como: la regulación de los niveles de calcio y fósforo en sangre, promoviendo la absorción intestinal de los mismos a partir de los alimentos y la reabsorción de calcio a nivel renal. Con esto contribuye a la formación y mineralización ósea, siendo esencial para el desarrollo y conservación del esqueleto, y en nuestra edad, evitar el avance acelerado de la osteoporosis.

En la tercera edad es recomendable que el ejercicio físico a realizar sea **aeróbico**, es decir, que logre aumentar la frecuencia cardiaca (pulso) y la frecuencia respiratoria, pero sin exagerar, con moderación. Aunque la persona haya sido sedentaria en el pasado, nunca es tarde para empezar a hacer ejercicios; siendo el más recomendable la natación, pues no implica riesgo de traumatismos, además de que con la natación se ejercita toda la musculatura y casi todas las articulaciones.

Insistimos en el hecho de realizar ejercicios físicos para preservar la salud y alargar nuestra existencia, pero esta actividad, la persona de la tercera edad debe de realizarla sin exagerar, (además de lo ya señalado) por el peligro que representa la generación de los **radicales libres** durante los ejercicios extenuantes (aún para los atletas).

Radicales Libres versus Antioxidantes

Cada vez que respiramos, 20% del aire que inhalamos es oxígeno. El oxígeno es una molécula esencial para el organismo, que pasa del aire en los pulmones (respiración), a los glóbulos rojos en la sangre; los glóbulos rojos transportan el oxígeno a cada célula de nuestro cuerpo, donde se usa para todas las funciones; de esta manera, el oxígeno proporciona vitalidad a las células al ser el elemento esencial para crear la energía necesaria a fin de que las células funcionen; dentro de este proceso se genera la **oxidación**, sin el cual no podríamos vivir. Este es el mismo proceso que causa que una manzana partida y expuesta al aire se ponga color café, o que el cobre se ponga verde, o los metales se oxiden con el tiempo. Pero, el proceso de oxidación crea **radicales libres** en nuestras células, los que enseguida pasan a la sangre, siendo llevados a otras células produciéndose ciertas alteraciones en su fisiología, si por exceso rompen el equilibrio.

El radical libre es un átomo de O2 (oxígeno) con 7 electrones (el átomo estable de oxígeno tiene 8 electrones y se torna inestable cuando pierde 1 electrón), al faltarle ese electrón, lo toma prestado de la membrana celular y produce así otro radical libre más dando lugar a una **reacción en cadena**. Por ello los radicales libres son muy inestables, de una vida media muy corta (de ahí su dificultad en cuantificarlos) y reaccionan rápidamente con cualquier molécula a su alcance; esta reacción en cadena se combate con la acción de los **antioxidantes**, los cuales neutralizan los átomos de oxigeno.

En grandes proporciones, los radicales libres pueden llegar a causar daño a las células: pueden oxidar lípidos (peroxidación), proteínas (carbonilación) e incluso dañar la estructura del ADN. En los lípidos, el radical libre oxida los dobles enlaces de los ácidos grasos y en las proteínas produce la ruptura de la cadena peptídica (componentes principales de la membrana celular), lo que puede provocar la desestabilización y finalmente destrucción de la membrana celular, facilitando la necrosis celular. Otras dianas de estos radicales libres son las proteínas y lípidos intracelulares, no sólo de membrana. Por último, los radicales libres en el ADN pueden dañar las bases de la cadena de ribonucleótidos. Toda esta serie de reacciones adversas de los radicales libres están asociadas a un importante número de enfermedades, como pueden ser la gastritis, hipertensión, cáncer, Parkinson, Alzheimer, cardiopatías, artritis, etc.; por su parte, la acumulación de peroxinitrilo (un tipo de radical libre), acelera el envejecimiento tisular y su pronta muerte.

A todo este complejo proceso se le llama **estrés oxidativo**, uno de los factores importantes en el desarrollo de alteraciones metabólicas de nuestro organismo, causantes de las enfermedades; el higado es el que cumple por excelencia la labor de producción de **especies reactivas** de oxígeno, los radicales libres. Parte de la actividad metabólica del hígado se realiza por generar especies reactivas a partir del oxígeno usado en su acción metabólica, por su gran actividad macrofágica, durante la cual se activan las células de Küpfer y se produce una respuesta respiratoria mitocondrial (para producir ATP = energía + oxígeno), que también genera especies reactivas de oxígeno. Esto explica por qué en el hígado se lleva a cabo la formación de especies reactivas a alta velocidad y en la mayor cantidad, que en cualquier otro órgano.

Entre las especies reactivas que se producen en el hígado están los radicales libres, los peróxidos, como el peróxido de hidrógeno e hidroperóxidos de distintas biomoléculas; los aniones, como el peróxido de nitrito y el hipoclorito, producido por células fagocíticas; y otras especies que tienen un gran potencial pro oxidativo. Sin embargo, como acto compensatorio y en bien de la homeostasis, el hígado combate este potencial mediante una actividad metabólica que comprende distintos mecanismos de defensa antioxidante, como la elaboración de **enzimas**, atrapadores de radicales libres por ejemplo glutatión o mediante el uso de vitaminas endógenas como la vitamina E, ácido ascórbico, beta caroteno, etc., que neutralizan las especies pro oxidantes que se producen en este órgano.

Para efectuar esta labor de compensación (antioxidativa) es indispensable que el metabolismo intermediario del hígado se mantenga en una función adecuada, para proveer la energía química, el poder reductor y los precursores de biomoléculas, necesarios tanto para reparar moléculas oxidadas (como los fosfolípidos y los ácidos grasos insaturados de las membranas y las bases nitrogenadas del DNA), como para reponer moléculas que no se pueden reparar, como las proteínas que se oxidan. Cuando este sistema metabólico defensivo funciona de manera coordinada y recibe un aporte adecuado de combustibles metabólicos y componentes dietéticos esenciales (aminoácidos, ácidos grasos poliinsaturados, vitaminas y otros elementos esenciales), la célula hepática puede mantener una baja intensidad de especies reactivas; debemos aceptar que el organismo posee un sistema antioxidante enzimático propio que le protege del efecto negativo de estos radicales libres creados por él mismo.

También existen antioxidantes no enzimáticos y que en su mayoría son exógenos y por tanto debemos de obtenerlos de la dieta, como son la vitamina E, vitamina C, β-caroteno, ácido lipoico, flavonoides, selenio, etc.

Se habla entonces de estrés oxidativo cuando se rompe el equilibrio entre radicales libres y antioxidantes: sí la cantidad de oxidantes es mayor que la de antioxidantes, tanto endógenos como exógenos, se produce el daño celular, afectando a lípidos, proteínas y ADN, como hemos visto anteriormente.

Pero, se debe tener en cuenta que los radicales libres tienen también su efecto beneficioso, sobre todo en un grupo de procesos fisiológicos de gran importancia como pueden ser el control de la ventilación, la producción de eritropoyetina, la relajación del músculo liso y funciones inmunológicas; en este último caso cabe resaltar que, cuando un macrófago o un neutrófilo fagocitan un organismo patógeno se activa la formación intracelular del radical hidroxilo (OH-), el que será el responsable de destruir el cuerpo fagocitado (bacteria, virus, sustancia tóxica, etc.).

Los radicales libres son producidos no sólo en el higado, sino en la mayoría de las células corporales a través del propio metabolismo celular y también por la acción de agentes tóxicos a los que nos exponemos o los ingerimos con la dieta.

Existen dos tipos de radicales libres en su formación:

Los internos:

- o el ejercicio muy intenso,
- o el stréss,
- o los propios del metabolismo.

Los externos:

- o una mala dieta (mala alimentación)
- o el consumo de tabaco,
- o el consumo de alcohol y drogas
- o los medicamentos,
- o la contaminación,
- o el exceso de exposición solar por la radiación UV.

El **ejercicio intenso** puede producir un mayor número de radicales libres a través de tres mecanismos:

1. Al aumentar el consumo de oxígeno debido al propio ejercicio, aumenta la producción de energía ATP y por tanto se produce mayor cantidad de O2 y sus consiguientes radicales libres.
2. El segundo mecanismo se relaciona con la isquemia del músculo: en ejercicios intensos se reduce la cantidad de oxígeno disponible (hipoxia), aumentando los radicales libres.
3. Por último, el tercer mecanismo está relacionado con los neutrófilos y su poder de formar radicales libres tal como mencionamos anteriormente. La invasión por neutrófilos del tejido muscular dañado por la realización de ejercicios prolongados y agotadores provoca ese aumento local de radicales libres. Es un mecanismo asociado al de la inflamación.

Ante un ejercicio físico intenso y agotador los músculos producen un mayor número de radicales libres y no siempre la célula es capaz de reaccionar sintetizando suficiente cantidad de antioxidantes para neutralizar este aumento súbito de radicales libres; por lo tanto se producirá daño celular irreversible; sin embargo, si el ejercicio físico es moderado, la cantidad de enzimas antioxidantes producidas por el organismo es suficiente para llegar a un buen equilibrio oxidativo; en este caso se podría decir que la práctica de la actividad física actúa como **antioxidante**. Por esta razón, si la práctica de ejercicios no forma parte de nuestra rutina, es recomendable mantener siempre un aporte dietético adecuado de los antioxidantes exógenos, con la finalidad de disminuir en las células el estrés oxidativo, muy dañino para el organismo. También se ha establecido que un sujeto no entrenado debería tomar un suplemento de antioxidantes al principio y una vez entrenado debe abandonar el suplemento.

Investigaciones recientes indican que los radicales libres pueden ser importantes para desencadenar en el organismo humano un proceso de adaptaciones al ejercicio (efecto positivo), inducidas por el entrenamiento leve a moderado; por lo contrario, un exceso de antioxidantes, principalmente en un ejercicio moderado a intenso, podrían disminuir drásticamente la concentración de estos radicales libres y por tanto bloquear este proceso de adaptación.

Consecuencias de la acumulación de radicales libres

Las consecuencias del exceso de radicales libres en el organismo, afectan directamente nuestro estado de salud de la siguiente forma:

➢ Envejecimiento: producido por la acumulación a lo largo de los años de radicales libres; a consecuencia de esto, las membranas de las células epiteliales se modifican, y así se ve dificultada la nutrición de la piel; por otro lado también se ven dañadas las células de colágeno y elastina; entonces la piel pierde firmeza y elasticidad.

> Problemas en el sistema cardiovascular: se ve favorecida la aparición de arterioesclerosis por el endurecimiento de las paredes arteriales. El endotelio es el responsable de mantener el equilibrio entre los procesos de trombosis-fibrosis y vaso dilatación-constricción. La oxidación por el exceso de radicales libres afecta a la pared endotelial, no pudiendo realizar sus funciones correctamente. La captación de LDL se ve afectada también y por esta razón las LDL quedan en el torrente sanguíneo, pegándose a las paredes vasculares formando los ateromas (ver página 49).

> Problemas en el sistema nervioso: el impulso nervioso se ve disminuido, al igual que los reflejos, la memoria y el aprendizaje; si disminuye la irrigación sanguínea a nivel del sistema nervioso se puede llegar a padecer demencia senil.

Antioxidantes para neutralizar a los radicales libres

Para la neutralización de los radicales libres, existen antioxidantes endógenos y exógenos:

o Los endógenos son las enzimas (proteínas) con capacidad antioxidante que no se consumen al reaccionar con los radicales libres y son dependientes de sus cofactores tales como el cobre, el hierro, el zinc, el magnesio y selenio.

o Los exógenos provienen de la dieta, y a diferencia de las enzimas se consumen al reaccionar con los radicales libres, y deben ser reemplazados.

Los antioxidantes, funcionalmente, están divididos según la zona donde actúan:

> Los que ejercen su acción a nivel de la membrana celular de constitución lipídica son:
  - la Vitamina E
  - los carotenos
  - los poli-fenoles y flavonoides
  - el ubiquinol 10 (reducido por la Q10)

- ➤ Los que actúan en medio acuoso:
  - El ácido ascórbico (conocido como Vitamina C)
- ➤ Los relacionados con metales pesados:
  - ferritina
  - transferrina
  - lactoferrina
  - ceruloplasmina

Es importante conocer cuales son los productos naturales con la acción antioxidante y por consiguiente protectores de las membranas celulares de nuestro cuerpo:

- aceite de zanahoria (alto en vitamina A)
- levadura de selenio
- extracto de pie de león (alto en flavonoides)
- polvo de acacia (alto en flavonoides)
- rosa canina (alto en vitamina A y C y flavonoides)
- germen de trigo (alto en vitamina E)
- coenzima Q10
- Vitamina E
- Vitamina C
- Zinc
- Manganeso
- Beta carotenos
- Selenio
- Chocolate oscuro
- Té y café
- Frutas y verduras (en general)
- Nueces (tales como nueces pecan o nueces de castilla)
- Condimentos (canela, orégano)
- Frijoles (como frijoles pinto, negros y rojos, alubias)

Por tales razones es recomendable consumir alimentos ricos en antioxidantes, pues con ellos se pueden inactivar los radicales libres del oxígeno y reducir los efectos dañinos que producen estos radicales libres en el organismo.

ALIMENTACIÓN

Los primeros cambios que uno nota y que nos hace aceptar la realidad de haber alcanzado la tercera edad, son los factores bio-psico-sociales que le acompañan:

✓ Disminución del metabolismo basal, con una menor realización de actividad física.
✓ Pérdida de agua corporal y masa ósea en esta época de la vida.
✓ Aumento de la masa corporal en base a la grasa y disminución de la muscular.
✓ Cambios en el estado de la cavidad oral con problemas de pérdidas dentales que llevan a masticación inadecuada.
✓ Acidez gástrica, reflujo gastro esofágico, deglución defectuosa (por disminución del tono de los esfíínteres gastro-esofágicos) y una menor salivación.
✓ Alteración de la capacidad funcional motriz y del balance corporal, afectando la movilidad y aumentando el riesgo de caídas.
✓ Problemas gastrointestinales que favorecen aparición de estreñimiento.
✓ Aumento de la presión arterial y de los niveles de glucosa en sangre.
✓ Problemas del sueño e incluso apnea del sueño.
✓ Disminución de la sensación de sed.
✓ Cambios psicosociales como son limitación de recursos, depresión, consumo de fármacos, aislamiento social o necesidad de dependencia.
✓ Mayor prevalencia a padecer enfermedades crónicas.
✓ Malos hábitos alimentarios: escasa ingesta.

Todos estos factores, de una u otra manera, influyen o condicionan que la alimentación del adulto mayor se vuelva inadecuada. Por eso, cambiar de hábitos, en favor de una mejor calidad de vida, no resulta tan difícil como se cree. Sabiendo que el ejercicio y la alimentación adecuada nos aumentarán nuestros años de vida, con seguridad nos resultará más agradable y conveniente acatar ambos. Este es uno de los objetivos del presente libro.

En la tercera edad, el gasto energético general se ve disminuido al reducirse la actividad física (por falta de demanda) y también baja la actividad metabólica de la masa corporal muscular, porque no se ejercitan los músculos. Los requerimientos calóricos considerados para varones de más de 60 años de edad en la actualidad son de 2400 kcal y 2000 kcal para mujeres con la misma edad. Esta ingesta calórica se verá reducida en un 10% cada década a partir de los 60 años. Las dietas deben tener un alto contenido en densidad de nutrientes.

El reparto de **macronutrientes** seguirá los principios de una dieta equilibrada:

✓ 10-15% de las calorías totales procederán de las proteínas.
✓ 25-30% de las calorías totales procederán de las grasas.
✓ 55-60 % de las calorías totales procederán de los hidratos de carbono.

Debemos tener en cuenta el manejar ciertos conocimientos sobre el tipo de alimentos que ingerimos y de cómo manejamos nuestro estilo de vida:

Proteínas
En la vejez, a pesar de la disminución del gasto energético, las necesidades de proteínas no se deben ver afectadas, por lo que el aporte debe ser de 0,8-1g/kg/día de proteínas. Se deben consumir un 60% de proteína animal (carnes, pescados, huevos, leche) y un 40% de proteína vegetal (legumbres, frutos secos).

En condiciones de estrés ocasionado por infecciones o enfermedades se tendrá que aumentar la ingesta a 1,2-1,5g/kg/día de proteínas. Se debe tener en cuenta que un exceso de proteínas en el organismo puede producir sobrecarga renal y gota.

Hidratos de carbono

La ingesta de hidratos de carbono complejos es lo ideal al ser fáciles de digerir y no producir subidas o bajadas de azúcar. La ingesta de fibra de 20-25 gramos diarios es imprescindible para evitar la aparición de estreñimiento. Los alimentos que los contienen son cereales, pan, legumbres, verduras, hortalizas, arroz.

Durante la vejez la glucemia se encuentra elevada por lo que se debe tener especial control con el consumo de dulces y bollos para no elevar bruscamente la glucosa en sangre que puede traer consecuencias negativas.

Grasas

La calidad de la grasa de la dieta es fundamental para la prevención de enfermedades crónicas. Se debe favorecer el consumo de grasa insaturada frente a la saturada y sobre todo conviene evitar la deficiencia de ácidos grasos poliinsaturados (omega 3) presentes en pescados azules, que previenen enfermedades cardiovasculares, procesos infecciosos y problemas inflamatorios.

Agua y líquidos

Los ancianos presentan gran riesgo a sufrir deshidratación. Esto se debe a que el mecanismo de la sed está alterado, la capacidad funcional del riñón es menor y existe una gran predisposición al estreñimiento. El requerimiento de agua es de mínimo 2 litros al día o de 8 vasos de líquidos en forma de agua, infusiones o caldos junto con el consumo de alimentos con alto contenido en agua.

Vitaminas

Las necesidades de los **micronutrientes** son similares a las de la población adulta y se obtienen con la alimentación normal sin necesidad de suplementos. Se han observado déficits de vitaminas del grupo B y la vitamina C (existente en frutas como la naranja), al encontrarse disminuida su absorción a causa de problemas digestivos o por interacciones con fármacos.

Minerales

Los más importantes son el calcio y el hierro ya que puede haber carencias. Respecto al hierro se encuentra disminuida su absorción pero no suele haber déficit y se recomienda 10 mg/día en mayores de 60 años. Son fuentes de hierro las carnes rojas, las vísceras, los pescados, la yema de huevo y las legumbres.

El calcio se encuentra en déficit y se recomienda un consumo de 1200-1400 mg/día para disminuir el riesgo de osteoporosis. Se recomiendan para cubrir estos requerimientos los lácteos y la toma de sol para obtener vitamina D que, como vimos, es imprescindible en el metabolismo de calcio.

Controlar la ingesta de sodio (en la sal común), con un consumo inferior a 5 g/día para prevenir el aumento de la tensión arterial.

Dieta Mediterránea

Consistente con recientes y variados estudios, la llamada dieta mediterránea se ha relacionado con una serie de beneficios para la salud, incluyendo la reducción del riesgo de enfermedades crónicas y cáncer. En los mismos estudios, los resultados mostraron que las mujeres que eran más adherentes al patrón dietario mediterráneo eran significativamente menos propensas a tener un accidente cerebrovascular isquémico que aquellas que eran menos adherentes.

En el año 1970, el Dr. Ancel Keys de la Escuela de Salud Pública de la Universidad de Minnessota, publicó los resultados de un importante estudio realizado en siete países en el que analizaba el papel de la dieta en la enfermedad cardiovascular, estableciendo las bases de lo que posteriormente sería la **Dieta Mediterránea**. La investigación se llevó a cabo con más de 12.000 hombres de Finlandia, Grecia, Italia, Japón, Holanda, los Estados Unidos y Yugoslavia. Se encontraron fuertes correlaciones entre la cantidad de grasa saturada y colesterol en la dieta de las personas, los niveles de colesterol en su sangre y su porcentaje de muerte por enfermedad cardiovascular. De estas naciones, los Estados Unidos y Finlandia tenían el consumo más alto de productos animales, el más alto consumo de grasa saturada, el más alto consumo de colesterol y el más alto porcentaje de muerte por enfermedades cardiovasculares. Por el contrario, los países mediterráneos y Japón estaban en el polo opuesto.

Por iniciativa de la Fundación Dieta Mediterránea y en colaboración con numerosas organizaciones internacionales, un amplio grupo de expertos pertenecientes a disciplinas diversas, desde la nutrición a la antropología, pasando por la sociología y la agricultura, han consensuado el esquema de la pirámide con una representación gráfica de los elementos cualitativos de nuestra dieta diaria, y la incluímos aquí:

PIRÁMIDE DE LA DIETA MEDITERRÁNEA : UN ESTILO DE VIDA ACTUAL
Fundación Dieta Mediterránea
www.dieta-mediterranea.com

La **pirámide** de la Dieta Mediterránea (DM) se ha puesto a disposición para adaptarse al estilo de vida actual. La base de la pirámide lo constituyen las actividades del quehacer diario, que deben constituirse parte de nuestra vida. Ligados al estilo de vida que nos corresponde cumplir y como parte primordial de ello es el mantener una vida activa de orden cultural y social, compartiendo momentos gratos con nuestros seres queridos y amistades; y nunca dejar de lado los ejercicios físicos, como ya lo mencionamos anteriormente. Ascendiendo en la pirámide, siguen los alimentos que deben sustentar la dieta, y relega a los estratos superiores, gráficamente más estrechos, aquellos que se deben consumir con moderación, nos permitimos incluir en el ápice nuestro elemental vasito de vino.

La organización Oldways, la Harvard School of Public Health y la Organización Mundial de la Salud (World Health Organization) introdujeron el concepto de Dieta Mediterránea (Mediterranean Diet) in 1993, en una conferencia in Cambridge, Massachusetts. En estos momentos, la Dieta Mediterránea es mundialmente conocida; fundamentalmente, se basa en que:

➢ El 60%, o sea, más de la mitad de lo que comemos al día debe corresponder a alimentos del grupo de los hidratos de carbono fundamentalmente complejos, como los cereales (pan, arroz, pastas), raíces y tubérculos (patatas) o leguminosas (garbanzos, judías, etc.).
➢ El 15% a verduras y frutas, tanto frescas como cocinadas.
➢ Otro 15% se debe completar con carnes y pescados (preferentemente más pescado que carne), que nos aportan las proteínas necesarias.
➢ Por último, el 10% de nuestra dieta debería corresponder a alimentos fundamentalmente grasos (aquí entra el aceite de oliva). También son necesarios porque son muy energéticos y contienen vitaminas y ácidos grasos esenciales para nuestro organismo. A pesar de que la proporción parezca pequeña, el aporte de calorías puede subir mucho más, ya que 1 gr. de

grasa contiene 9 Kcal., mientras que 1 de proteína o de hidrato de carbono posee 4.

➢ Es recomendable un vasito de vino tinto acompañando a las comidas en las que nos apetezca hacerlo. Es la alegría de la Dieta Mediterranea.

➢ Muy importante, la base de la pirámide lo constituyen:
  • ejercicios físicos,
  • compartir en sociedad,
  • compartir con la naturaleza,
  • compartir con la familia y
  • buscar la fortaleza emocional

Más recientemente se está analizando la posibilidad de que exista una correlación entre dietas con muy bajo porcentaje en grasas y la poca incidencia de ciertos tipos de cáncer, así como con la enfermedad de Alzheimer. La dieta mediterránea, con su diversidad y composición, constituye el equilibrio perfecto para disminuir ambos riesgos contrapuestos.

Hasta ahora, ningún estudio había asociado el tipo de dieta con el mantenimiento de los telómeros más largos, uno de los biomarcadores del envejecimiento.

Como ya lo mencionamos, los telómeros son secuencias de ADN repetitivas en los extremos de los cromosomas que se acortan cada vez que una célula se divide. Los telómeros más cortos se han asociado con la esperanza de vida disminuida y con un aumento del riesgo de enfermedades relacionadas con el envejeciminento, mientras que los telómeros más largos se han ligado a la longevidad. El acortamiento telomérico es acelerado por el estrés y la inflamación, y últimos estudios científicos han especulado que la adhesión a la dieta mediterránea puede ayudar a proteger nuestros telómeros contra el proceso de envejecimiento.

En general, los expertos señalan que se deben incluir frutas y verduras en el plato de cada día para inyectar al cuerpo una cantidad importante de antioxidantes. Entre los alimentos muy ricos en antioxidantes están las ciruelas pasas, las fresas, las espinacas, el brócoli, el repollo, la cebolla y los arándanos.

Junto con ello se sostiene también que existen dos medidas nutricionales muy importantes a seguir: comer pescado tres veces a la semana, de cualquier tipo, todos son beneficiosos, y tomar una copa de vino tinto al día (ojo, se le coloca en el ápice de la pirámide para exigir moderación).

Un nuevo estudio sugiere que una dieta basada en poco consumo de comidas de origen animal, bajos en grasas y en dulces, pero rica en frutas, verduras, frutos secos y fibra, puede reducir el riesgo para sufrir el accidente cerebrovascular por hasta 18 % en comparación con un patrón dietético menos saludable.

Tabaco y otras noxas

En aquellos países donde el gobierno haya adoptado un enfoque integral de salud pública para controlar el tabaco, se ha comprobado que tal política ha logrado inhibir eficazmente el inicio del consumo de tabaco. Dentro de las acciones tomadas se han considerado: promover su abandono, a través de una serie de medidas como la política de precios e impuestos, la restricción de la publicidad, la promoción y el patrocinio privado, las normas de empaquetado y etiquetado, las campañas educativas públicas, las restricciones a fumar en lugares públicos y servicios de apoyo para dejar de fumar. Los resultados han sido muy favorables y positivos lográndose incluso bajar las tasas de morbilidad y mortalidad por causa del tabaco, en las naciones donde se han cumplido con las normas establecidas.

En general, un enfoque integral a seguirse a fin de alcanzar un control eficaz del consumo de tabaco, alcohol u otras noxas, debe incluir a los jóvenes, para llegar a toda la población. Las medidas de política nacional que se sabe tienen un mayor impacto en los niveles individuales de consumo, las tasas de abandono y las tasas de inicio requieren una voluntad y un compromiso políticos sostenidos y, sobre todo, una legislación eficaz y bien aplicada.

Fortaleza emocional

En la persona de la tercera edad, respecto al mantenimiento de la capacidad cognitiva, son dos los aspectos más importantes: lo propiamente **intelectual**, que se ejercita conservando el interés ya sea por la profesión u oficio, o por actividades culturales que representen algún desafío, como lo que a mí respecta me motivó: el escribir y leer. Gracias a la Universidad Digital gratuita, que es el Internet, uno puede mantenerse activo "mentalmente" no solo actualizándose en su respectiva profesión u oficio, sino también aprendiendo; el ser humano nunca termina de aprender. No es lo mismo leer el diario o un best seller, que la lectura de un clásico, por ejemplo.

Conservar este tipo de actividad nos favorece muy positivamente en lo **emocional**, lo que se fortalece cultivando las relaciones con los hijos y nietos, pues las personas mayores son las que transmiten las tradiciones familiares, lo que nos obliga a activar la memoria.

Se ha demostrado también que la **religiosidad**, sea cual sea el credo, ayuda a ejercitar la mente, pues estimula el contacto con lo trascendente y proporciona un marco social que acrecienta los sentimientos de compañía, seguridad y apoyo.

Las personas mayores hacen aportes significativos a sus familias, sus comunidades y a la sociedad; muchos adultos recién retirados se ocupan de actividades comunitarias en su tiempo libre, con su participación activa ellos se sienten útiles, independientes y valorizados. Durante la vejez se debe evitar el aislamiento, pues el contacto con otras personas es muy importante en todas las etapas del desarrollo humano. Es importante mantener los puntos de apoyo como son la familia, amigos, vecinos y la comunidad.

En la actualidad, en muchos países existen los clubes para las personas de la tercera edad, donde éstos se reúnen y comparten con otras personas diferentes actividades culturales, creativas, recreativas y deportivas e incluyen a sus familias. Es vital el desempeñar un papel en la vida familiar y pertenecer a una organización comunitaria o religiosa; el hacerlo tiene efectos beneficiosos sobre la salud, mejora la autoestima del anciano y les permite hacer un aporte significativo a la sociedad.

En nuestra sociedad, la persona de la tercera edad juega un rol importante como parte integral y activa de sus familias y de la sociedad. Son un recurso valioso para la sociedad y deben tener una participación activa en el proceso de desarrollo de un país, muchos se desarrollan en el ámbito político y empresarial. La experiencia y conocimientos adquiridos durante su proceso de envejecimiento hace de la persona de tercera edad, en muchos aspectos, superior a una más jóven.

Es importante saber envejecer, el envejecimiento es un proceso natural y todos debemos prepararnos para disfrutar al máximo de esta etapa que nos regala la vida. Con el avance de la medicina y la mejoría de la calidad de vida, se está produciendo un aumento progresivo del grupo de personas mayores en nuestra sociedad. La mayoría de ellos son personas con muchas potencialidades por desarrollar, a los cuales nuestra sociedad tiende a desestimar por el solo hecho de haber llegado a cierta edad cronológica.

De hecho, se sabe que de todos los adultos mayores, el 60 al 70 % son personas independientes, el 30% se clasifica como frágiles o en riesgo, y sólo un 3% son adultos mayores postrados o inválidos.

La Clínica Médica nos indica que a medida que alcanzamos y sobrepasamos los 65 años de edad, aumenta progresivamente la probabilidad de que en los próximos años aparezca una limitación en la funcionalidad. Por ello es tan importante el papel de la geriatría en tratar de prevenir o minimizar esta pérdida de independencia del anciano para las actividades de la vida diaria, muy especialmente en relación a los adultos mayores más frágiles.

Ω

VIII

PREVENCIÓN TEMPRANA

Hoy, sólo con una dosis moderada de prevención, la expectativa de una vida completa y saludable no es el privilegio de unos pocos sino la suerte de la mayoría. Por eso las muertes prematuras resultan especialmente chocantes, indefendibles y crueles.

Luis Rojas Marcos

COROLARIO DEL ENVEJECIMIENTO

Si nos referimos a los capítulos anteriores, veremos que hemos tratado de explicar los mecanismos por lo que envejecemos, también señalábamos que el proceso empieza ya desde los 18 años de edad, justo cuando nos hacemos adultos legalmente. Cada vez vivimos más y en mejores condiciones de vida, pero reafirmamos, el proceso de envejecimiento comienza mucho antes de lo que nos imaginábamos.

El estudio del genoma humano nos ha permitido conocer en qué genes se expresan qué enfermedades e, incluso, diagnosticar enfermedades que aún no se han desarrollado en el organismo; lo que hace también aumentar nuestra esperanza de vida. En este sentido, los avances científicos en el campo de la genómica van a ser clave para dibujar un futuro en el que se retrasará la aparición de enfermedades. Todo apunta que viviremos más y con mejor salud.

En la actualidad, con una esperanza de vida de 85 años en los países más desarrollados, según datos del Banco Mundial, las mejores atenciones de la medicina moderna y mejoras en las condiciones de vida, contribuyen en gran medida a este logro; pero un mejor conocimiento del proceso del envejecimiento por parte de la población y de las personas comprometidas en brindar los servicios de salud, sería definitivo para lograr un incremento aún más significativo. Este es el objetivo principal del presente libro.

Con una perspectiva de hacer más comprensible el hecho de envejecer, tomando como base lo ya manifestado anteriormente, en lo siguiente mostraremos una representación secuencial del proceso de envejecimiento. Decíamos que el envejecimiento es un conjunto de procesos que comienzan a nivel celular y luego se extienden a los tejidos (piel, músculos), estructuras (articulaciones, ligamentos, tendones), órganos (huesos, hígado, corazón, riñón) y luego compromete a los aparatos y sistemas.

I.- Daños primarios

Gracias al estudio del genoma humano se ha podido determinar que se presentan alteraciones genéticas que se han adquirido gracias al proceso de la vida misma y, generalmente, no se trata de una única alteración, todas ejercen un papel en el proceso:

(A) Alteraciones en el **genoma**:

(1) Daños en el **epigenoma**: El epigenoma es la información epigenética global de un organismo. Se puede decir que la epigenética es el conjunto de reacciones químicas y demás procesos que modifican la actividad del DNA pero sin alterar su secuencia. Se presentan modificaciones de la estructura química de las histonas, metilación del ADN, y otras. No obstante, por influencia del medio ambiente o modificaciones internas del organismo se generan cambios en la expresión de la información genómica. Estos cambios pueden determinar activar o desactivar ciertos genes, por lo que se realizarán o no determinadas funciones celulares.

(2) Daños al ADN: Pueden suceder mutaciones, translocaciones, ganancias y pérdidas de partes cromosómicas. Nuestro ADN sufre miles de agresiones cada día, daños que por suerte tienden a ser reparados, pero poco a poco estos cambios o daños van acumulándose y el ADN va perdiendo también la capacidad para repararlos.

(3) Daños en los telómeros: Cada vez que la célula se divide los telómeros se acortan, hasta llegar a una etapa en que la célula pierde su capacidad de dividirse.

(B) Descenso en la génesis de las proteínas:

Normalmente, la síntesis (génesis) proteíca contínua permite el recambio de las proteínas viejas, que han cumplido ya su misión, por nuevas; si esto no se realiza se produce una alteración del equilibrio.

II.- Daños Secundarios

Surgen como una respuesta a los daños primarios, pero al tratarse de un daño crónico la respuesta también es persistente y se vuelve negativa.

(C) Alteraciones en las células:

(1) Metabolismo y nutrición: En nuestro organismo existe un balance entre los nutrientes que ingerimos y el metabolismo que cumplen las células, para satisfacer la demanda de los órganos, para que cumplan su función específica. Las células perciben esto y activan o desactivan una serie de rutas metabólicas, de acuerdo a un fenómeno de "demanda y oferta". Pero con el envejecimiento, esa percepción del estatus nutricional se va perdiendo (se pierde por ejemplo la sensibilidad a la insulina y debuta la Diabetes Mellitus), se inician entonces rutas metabólicas que no deberían activarse. El daño esta hecho.

(2) Senescencia celular: Como ya lo describimos, las células tienen un tiempo de vida programado; cuando sufren daño o envejecen dejan de dividirse, pueden seguir cumpliendo con su metabolismo, pero necesitan posiblemente crecer más para ello, por un tiempo.

(3) Disfunción mitocondrial: Las mitocondrias son las centrales energéticas de la célula, fabrican el ATP, que como la gasolina provee la energía necesaria para que la maquinaria orgánica funcione; el nutriente elemental para esto es el oxígeno. Con los años o por efectos nocivos que ingerimos, se alteran su función y generan los radicales libres, que en exceso son dañinos; como ya lo hemos acotado.

III.- Daños Terciarios

Las respuestas que trataron de ser positivas desde un inicio, se acaban volviendo contra el propio organismo.

(D) Alteraciones en el organismo:

(1) Agotamiento de las células Madre: La mayoría de los tejidos de un organismo adulto poseen una población residente de células madre que permiten su renovación periódica o su regeneración cuando se produce algún daño tisular.
Como consecuencia de todos los procesos anteriores se provoca el agotamiento de la función de las células Madre.

(2) Alteración en la Homeostasis (comunicación intercelular):
Las funciones biológicas son muy complejas; existe una interacción controlada por un equilibrio constante en la bioquímica de nuestro organismo. A este equilibrio o balance se le llama Homeostasis y se mantiene mientras exista una perfecta comunicación entre cada tipo de nuestras células. Por los daños celulares en cualquier tipo de células, se altera la función del resto. Esto nos explica la diversa sintomatología clínica de las personas.

PREVENCIÓN

Como acabamos de ver, el conocimiento de las causales que afectan el normal **proceso del envejecimiento** y que desencadena un **estado de vejez**, en cualquier edad de nuestra existencia, nos permitiría el aceptar medidas para prevenirlo. Los científicos vienen sacrificando largas horas de labor y muchos de ellos su vida entera, en favor de que podamos enfrentar con dignidad el proceso de envejecimiento que es irremediable, previniendo la "vejez".

En el campo de la medicina, la **prevención** es fundamental a fin de mantener bajos los índices de morbi-mortalidad en el ser humano. Podemos afirmar con certeza que la prevención cumple un papel trascedental para un envejecimiento saludable, por lo que las acciones a tomarse en favor de un envejecimiento óptimo debe enfocarse de manera principal en modificar hábitos alimenticios y procurar mayor actividad física desde edades tempranas. Con estas medidas disminuye el riesgo para el desarrollo de diabetes mellitus e hipertensión arterial, que se ubican entre las principales causas de enfermedad y muerte, debido a las complicaciones que traen consigo.

Con el **sedentarismo** o inactividad y la alimentación poco balanceada, excedida en azúcar y grasa, sobreviene otro problema grave como es el sobrepeso y la obesidad, que en el caso de la población de 65 años y más, tiene una prevalencia considerable. Las estadísticas muestran que la obesidad está presente en 64 por ciento de varones por arriba de los 65 años, mientras que en las mujeres del mismo grupo etario, la prevalencia llega a 74 por ciento.

Junto con el ejercicio y alimentación equilibrada, también es primordial evitar las adicciones y toxicomanías, siendo las más comunes el tabaquismo y el alcoholismo, porque no solo merman la salud, sino que exponen al individuo a sufrir accidentes.

Someterse a una revisión médica periódica es esencial y muy importante en personas de la tercera edad, porque tienden a sufrir de molestias a las que no se les da la importancia debida, y no acuden al médico sino cuando ya se manifiestan síntomas más serios y, con relativa frecuencia, llegan a enfermar de afecciones gastrointestinales, cardiovasculares, respiratorias y urinarias, que muchas veces pueden ser manifestaciones de enfermedades que han podido ser evitadas, con una adecuada prevención.

Sin embargo, a pesar de los beneficios conocidos de un estilo de vida saludable, solo una pequeña parte de los adultos siguen esa rutina; de hecho cada vez más, el porcentaje de los que llevan una vida sana está disminuyendo. Desafortunadamente, en la actualidad, hay muy poca conciencia pública sobre la relación entre la salud y el estilo de vida. Numerosas personas no son conscientes de que un decisivo cambio en el estilo de vida constituye un factor importante en la aparición de las enfermedades crónicas como causas de una mayor morbilidad y mortalidad. El estilo de vida es generalmente considerado un asunto personal. Sin embargo, los estilos de vida son prácticas sociales y formas de vida adoptadas por las personas que reflejan identidades personales, de grupo y socioeconómicas, y por ende comprometen no solo al entorno de la familia sino al grupo poblacional que conforman una nación.

Según la Organización Mundial de la Salud, unos ajustes modestos pero factibles en los hábitos de vida pueden tener un impacto considerable tanto en las personas individualmente como en las poblaciones. Por esa razón, en la actualidad, la conciencia ciudadana, los profesionales de la salud y los medios de comunicación transmiten periódicamente el mensaje de que para mantenerse sanas, las personas tienen que adoptar como hábitos, comportamientos saludables en su vida diaria. La actividad física, dejar de fumar, eliminar el consumo de alcohol y drogas, promover el consumo de alimentos con un alto contenido en fibra, una dieta baja en grasas y azúcar, el control del peso corporal y aprender a gestionar el estrés, son medidas que se ha comprobado, reducen el riesgo de enfermedades cardiovasculares, cáncer y una mortalidad premature; asegurando una larga y plena vida.

Además, por recomendación de la OMS, se necesitan con urgencia medidas eficaces de salud pública para promover la actividad física y mejorar la salud en todo el mundo. El reto de promover la actividad física es responsabilidad tanto de los gobiernos como de las personas. La acción individual en materia de actividad física está influenciada por el medio ambiente, las instalaciones deportivas y recreativas, y la política nacional adoptada por el gobierno. Es necesaria la coordinación entre diversos sectores, como los de la salud, el deporte, la educación y la política cultural, los medios de comunicación y la información, el transporte, la planificación urbana, los gobiernos locales y la planificación económica y financiera personal. Con este fin, la Organización Mundial de la Salud (OMS), está apoyando ampliamente a sus Estados miembros, promocionando a nivel nacional y sobre la base de evidencias los beneficios de la prevención, tanto para la salud como sociales y económicos, de los estilos de vida saludables.

La Asamblea Mundial de la Salud aprobó una resolución en el año 2000 sobre la prevención y el control de las enfermedades crónicas. Pidió a sus Estados miembros que elaborasen un marco normativo nacional, teniendo en cuenta las políticas públicas en materia de salud, así como las medidas fiscales y tributarias aplicables a los bienes y servicios sanos e insalubres. En la resolución también se pidió que se estableciesen programas para prevenir y controlar las enfermedades crónicas; se evaluasen y vigilasen la mortalidad y la proporción de morbilidad atribuibles en una zona a enfermedades crónicas; se promoviese la prevención eficaz secundaria y terciaria; y se elaborasen directrices para la detección, el diagnóstico y el tratamiento eficaces en función del costo de las enfermedades crónicas, con especial insistencia en los países en desarrollo.

Como vemos, hasta organismos internacionales tienen en su agenda asuntos a tratar sobre la vejez y medidas preventivas a recomendar a los Estados afiliados; así, los gobiernos toman sus propias políticas sociales para prevenir la morbi-mortalidad en nuestros ancianos. Anotábamos también que, generalmente, la persona por sí sola es incapaz de tomar sus propias decisiones a fin de mejorar su estilo de vida y prevenir enfermedades que afecten su sano envejecimiento, y alcanzan un estado de "viejos" a una temprana edad, alterando su proceso de envejecimiento que lo podría haber llevado a vivir hasta los 120 años.

Otra motivación para tomar precauciones y prevenir, son los accidentes domésticos como las caídas, quemaduras, ingesta accidental de tóxicos, etc., por lo que habrá que tomar especiales medidas para evitarlos. A medida que avanzamos en edad, vamos sufriendo paulatinamente una merma en nuestras capacidades tanto físicas como de nuestros sentidos y reflejos, lo que lleva a un aumento potencial de la probabilidad de accidentes, tanto en el ámbito doméstico como en la vía pública. La cocina, baños y escaleras son los puntos más conflictivos y en los que más accidentes se producen.

Una adecuada prevención puede ayudarnos a evitar una gran cantidad de accidentes potencialmente peligrosos, ya que, después de una determinada edad, éstos pueden tener un efecto mucho más nocivo sobre la persona que los sufre.

La osteoporosis es un factor de riesgo asociado a la edad, que puede hacer que las consecuencias de nuestras caídas sean mucho más graves, ya que los huesos van volviéndose progresivamente más frágiles y por tanto las fracturas pueden ser más frecuentes y difíciles de tratar.

La prudencia debe guiar nuestros pasos en todo momento, pero además, es necesario reducir al máximo todas las situaciones de riesgo posibles. En nuestra propia vivienda es por donde hay que empezar a adoptar sencillas medidas de seguridad que nos harán evitar accidentes peligrosos:

✓ Las bañeras y duchas son lugares especialmente peligrosos. Poner alfombrillas antideslizantes y asideros.

✓ Tener siempre una iluminación adecuada, que ofrezca una visión clara de cualquier posible obstáculo.

✓ Prestar especial atención a las escaleras, bordillos o cualquier irregularidad en el suelo; se debe señalizar adecuadamente y dotar de elementos antideslizantes.

- ✓ Utilizar barandillas, asideros o bastones siempre que se necesiten.
- ✓ No hacer movimientos bruscos para evitar mareos; por ejemplo, al levantarse de la cama, incorporarse lentamente.
- ✓ Todos los objetos de uso frecuente deben estar a la mano para evitar agacharnos excesivamente o vernos obligados a tener que utilizar banquetas o escaleras.
- ✓ Vistiéndonos sentados evitaremos pérdidas momentáneas de equilibrio y posibles caídas.
- ✓ Evitar los cambios bruscos de temperatura y los ambientes cerrados, mal ventilados o demasiado resecos.
- ✓ Prestar especial atención a las habitaciones con braseros, estufas, etc; en cualquier momento puede existir riesgo de intoxicación o incendio.
- ✓ La vía pública también nos ofrece peligros que pueden reducirse sensiblemente:
    - o Respetar siempre los semáforos y la señalización vial.
    - o Cruzar siempre por los pasos de peatones.
    - o Atención al subir y bajar a medios de transporte.
    - o Esperar hasta la completa detención del vehículo y utilizar las barandillas.

NUESTRAS ENFERMEDADES

Ya anteriormente señalábamos que a medida que vamos envejeciendo ocurren dos fenómenos paralelos, una declinación anatomo-fisiológica normal y un aumento en la prevalencia de ciertas enfermedades. Aunque estos procesos se influencian entre sí, existe una declinación fisiológica que es independiente del desarrollo de enfermedades. Hay varias entidades patológicas que son mucho más frecuentes en el adulto mayor, y que antes se pensaba que eran propias del envejecimiento, pero en la actualidad se sabe que son enfermedades. Este es el caso de la osteoporosis, enfermedad de Alzheimer, enfermedad de Parkinson, cataratas y otros síndromes más. Estas entidades son propias de la "vejez" (como un estado); pues muchas de estas entidades pueden prevenirse o manejarse de modo que no determinen tan tempranamente discapacidad. Sólo los cambios irremediables, que están presentes en todos los individuos que envejecen, y que aumentan, progresivamente, en un proceso y en magnitud con la edad, representan envejecimiento per se.

Al pretender agrupar las enfermedades que afectan a las personas de la tercera edad y evaluados según órganos, sistemas y aparatos, los cuadros patológicos que más a menudo aparecen en el anciano avanzado son:

> Aparato digestivo: reflujo gastroesofágico (GERD), úlcera gastroduodenal, colecistopatía calculosa, colecistitis, cáncer colorrectal.
> Aparato respiratorio: neumonía, gripe, bronquitis crónica, enfisema, enfermedad pulmonar obstructiva crónica, cáncer de pulmón.
> Aparato circulatorio: infarto agudo de miocardio, angina de pecho, insuficiencia cardíaca, enfermedad embólica, hipertensión arterial, hipotensión ortostática, arterioesclerosis obliterante, tromboflebitis, síndrome varicoso.
> Sistema nervioso: enfermedad de Alzheimer, demencia senil, enfermedad de Parkinson, accidente cerebrovascular con hemiplejía, epilepsia, neuropatía periférica.
> Aparato sensorial: cataratas, glaucoma, sordera, síndrome vertiginoso.
> Aparato urinario: hiperplasia prostática, incontinencia urinaria, cáncer de próstata, litiasis urinaria, cáncer de vejiga, insuficiencia renal.
> Sistema osteoarticular: artrosis, fracturas, artritis metabólica, osteoporosis, enfermedad de Paget.
> Sistema endocrino: diabetes, hipotiroidismo, deshidratación, hipocalcemia, obesidad, malnutrición.
> Psíquico: depresión, ansiedad, síndrome delirante.

LA CLÍNICA MÉDICA EN LA VEJEZ

Muchas enfermedades que afectan al anciano también se pueden manifestar en los jóvenes, sin embargo la clínica debe ser considerada en forma diferente, debido a que en el anciano:

✓ A menudo cualquier nueva enfermedad, empeora el estado premórbido de múltiples enfermedades en curso; los efectos y el potencial de varios medicamentos debe de ser revalorado, se compromete diversos grados de demencia, de la pobreza y el aislamiento social, ya existentes. Así, el potencial de la rehabilitación tras la enfermedad aguda puede ser más limitada. El apoyo adicional en casa debe planificarse temprano durante la hospitalización.
✓ A menudo, en el anciano, la presentación clínica es atípica y con sintomatología no clásica.
✓ El diagnóstico diferencial es usualmente mucho más amplio.
✓ El riesgo de vida de cualquier enfermedad es más grande.
✓ El proceso de la recuperación es más prolongada y puede requerir un sustancial soporte.

La historia clínica nos podrá revelar datos que en la persona de la tercera edad tienen una relevancia muy trascendente sí nos ponemos a comparar con la otras etapas de la vida.

Condición Premórbida

En el paciente de la tercera edad es vital llegar a establecer la condición premórbida, porque es el objetivo para ofrecer una subsecuente rehabilitación. Se usan muchos sistemas de evaluación (como el de actividades de la vida diaria de Barthel).

El **Índice de Barthel** (IB) fue uno de los primeros intentos de cuantificar la discapacidad en el campo de la rehabilitación física, aportando un fundamento científico a los resultados que obtenían los profesionales de rehabilitación en los programas de mejora de los niveles de dependencia de los pacientes. El IB aporta información tanto a partir de la puntuación global (100 puntos), como de cada una de las puntuaciones parciales (10 puntos), para cada actividad. Esto ayuda a conocer mejor cuáles son las deficiencias específicas de la persona y facilita la valoración de su evolución temporal.

El **IB** evalúa diez actividades de la vida diaria, de acuerdo al **grado de independencia** que un paciente puede tener en cada actividad (graduables de 0 al 10). El puntaje total a sumar es de 100 (mientras más alto es el puntaje, mayor independencia del paciente). El IB se puede utilizar para determinar el estado funcional del paciente anciano y para medir la independencia y el potencial de progreso y de su rehabilitación.

Las actividades evaluadas en el IB son:

(1) Alimentarse, comer por sí solo
(2) Tomar su baño
(3) Aseo personal
(4) Vestirse
(5) Frecuencia de defecaciones (movimientos intestinales)
(6) Miccionar
(7) Uso del inodoro
(8) Transferencias (de la cama a la silla y viceversa)
(9) Movilidad, en superficie plana
(10) Uso de escaleras

Otras actividades tomadas en cuenta para la evaluación clínica del anciano son: la función cognoscitiva, la salud física y la salud psicológica, riesgo de escaras por presión y movilidad.

Polifarmacia

Las personas de la tercera edad, generalmente, reciben múltiples medicamentos por sus múltiples enfermedades. Esto conduce a problemas de cumplimiento por parte del paciente (que afecta la progresión de la enfermedad) y más posibilidades de los efectos secundarios o sobredosis. Siempre queda la interrogante de si la enfermedad actual se explica por un efecto secundario del medicamento.

Diagnóstico Diferencial

En los pacientes jóvenes se pueden establecer, para fines diagnósticos, un menor número de entidades clínicas necesarias para explicar todos los síntomas y signos que coexisten y que a menudo nos llevan al correcto diagnóstico. En los ancianos, a menudo múltiples patologías, por ejemplo, insuficiencia cardíaca, úlceras de la pierna, diabetes y sus complicaciones, nos puede ocultar un cáncer; un único diagnóstico unificador a menudo no es posible.

Manifestaciones Clínicas y Enfermedades en el anciano

Las manifestaciones clínicas en el anciano, a menudo son anormales, tales como un malestar sin características específicas, una disminución en la capacidad funcional o cognoscitiva; en lugar de manifestarse los síntomas específicos para cada órgano.

El diagnóstico diferencial es más amplio comparado con los de pacientes más jóvenes. Por ejemplo:

✓ Una manifestación aguda de confusión es común a muchas enfermedades. Como cuando disminuye la respuesta febril, ante infecciones; un anciano se presenta a menudo con fiebre y malestar constitucional menor, sin embargo hay una mayor confusión. Por ejemplo los abscesos subfrénicos y pélvicos, pueden presentarse como mínimo malestar, sin síntomas ni signos de localización.

✓ Muchas enfermedades se presentan con una función orgánica disminuída o con apatía o pérdida de peso, en lugar de existir síntomas más clásicos. Algunas enfermedades que se pueden presentar de esta manera son: tirotoxicosis, depresión, artritis temporal y cualquier cáncer.

✓ Enfermedades relacionadas a la pobreza: muchos ejemplos, la más común y la que lleva a confusión diagnóstica es el caso de inhalación accidental del monóxido de carbono (CO), que resulta por el mal funcionamiento (mal mantenimiento) de los calentadores domésticos. El CO inhalado, imperceptible por el paciente, se liga ávidamente a la hemoglobina circulante, disminuyendo así la capacidad de transporte del oxígeno. Las manifestaciones clínicas en las personas de la tercera edad, se atribuyen, erradamente, a otras enfermedades. Los síntomas que se manifiestan son de compromiso del sistema nervioso central (dolor de cabeza, agitación, confusión y ocasionalmente coma) y/o síntomas cardiovasculares (falla cardiaca, angina de pecho).

El diagnóstico se confirma por medida de los niveles del CO en la sangre. El tratamiento básico es someter al paciente a la cámara hiperbólica a alta presión de oxígeno, sobretodo en los casos severos.

Es indispensable arreglar y mantener el calentador.

Temas Específicos:

Hipotermia, los pacientes de la tercera edad tienen un alto riesgo de padecer hipotermia por:

- Pobre o limitada percepción de frio, piel fría
- Exposición a frio ambiental intenso (por pobreza)
- Caídas e inactividad física
- Prescripción de tranquilizantes

La hipotermia no controlada puede generar:

- compromiso del sistema nervioso central (confusión que puede llevar a estupor y coma);
- neumonías,
- hipotensión, bradicardia e incluso fibrilación ventricular;
- pancreatitis,
- si se encuentra muy baja la temperatura rectal y los reflejos muy deprimidos, hay que considerar hipotiroidismo.

Caídas, son muy comunes en los ancianos, la causa debe buscarse siempre, porque una terapia específica debe instaurarse y puede ser eficaz. Las caídas tienen diferentes causas y, generalmente, se deben a enfermedades existentes en el anciano:

- Condiciones musculoesqueléticas, como osteoartritis o declinación de la fuerza muscular y/o coordinación motora relativos a la edad.
- Enfermedades cardiovasculares, causan recurrentes caídas, por ejemplo: síncope cardioneurogénico, hipersensibilidad del seno carotídeo, hipotensión postural, intermitentes arritmias, etc.
- Enfermedades neurológicas, especialmente discapacidad por un previo accidente cerebrovascular, la enfermedad de Parkinson, neuropatía periférica, patología cervical, etc.
- La demencia senil también contribuye a caídas o postración e inmovilidad.

Las caídas en el anciano pueden provocar complicaciones muy serias como:

- fracturas varias,
- hematomas subdurales,
- una prolongada permanencia en el piso (tras caída, por falta de atención) que conlleva a hipotermia y deshidratación,
- prolongada permanencia en cama que lleva a las escaras y fallas renales agudas

¿Sé es "mayor" (envejecimiento), o sé es "viejo" (vejez)?

El **envejecimiento** es un proceso contínuo y constituye la suma de todos los cambios que se producen en forma gradual con el paso del tiempo y conducen a un riesgo creciente de vulnerabilidad, pérdida de vigor y enfermedad, que termina en la muerte. Según lo señalan los expertos, el envejecimiento representa al total de los años de edad alcanzados; así, se puede decir que se es **"mayor"**, cuando se ha alcanzado cronológicamente los 60 años de edad.

La **vejez**, en cambio, es un estado circunstancial, objetivo y se presenta por una alteración al proceso de envejecimiento y es lo que se representa ante las evidencia clínica; se cuenta por los daños o enfermedades que hemos acumulado.

Por eso:

o Mayor es quien tiene mucha edad; viejo es quien perdió la jovialidad y el estusiasmo, a cualquier edad.

o Se es mayor cuando se está activo, en movimiento; se es viejo cuando se pasa la mayor parte del tiempo sentado o acostado.

o Se es mayor cuando el día que comienza es único; se es viejo cuando todos los días son iguales.

o Se es mayor cuando se recuerda el pasado con orgullo y pleno de amor; se es viejo cuando el pasado no le trae gratos recuerdos y se guarda rencor.

o Se es mayor cuando existe una esperanza; se es viejo cuando se cree que todo esta perdido.

o Se es mayor cuando se pregunta....¿vale la pena? Y se responde que sí; se es viejo cuando "sin pensar" se responde que no.

o Se es mayor cuando se sueña plácidamente; se es viejo cuando apenas si se logra dormir.

o Se es mayor cuando todavía se aprende; se es viejo cuando ya no se quiere enseñar.

o Se es mayor cuando congratula el éxito y lamenta el fracaso de los demás; se es viejo cuando impera el gozo por los fracasos y la envidia por los éxitos de los demás.

o Se es mayor cuando se da gracias a Dios por un día más de vida: se es viejo cuando se lamenta por un día más.

o Se es mayor cuando se vive rodeado del amor de los demás; se es viejo cuando nos acompaña la soledad.

o Se es mayor cuando se vive el día, la hora y el minuto, como si fuera el último; se es viejo cuando se vive con temor a la cercanía de la muerte.

PARA ENVEJECER NO EXISTEN BARRERAS

El proceso de envejecimiento no tiene barreras, afecta a todos por igual, no establece diferencias de raza, color de la piel, sexo, ni de ningún otro parámetro; es la sociedad la que pretende establecer diferencias. Existen Derechos Humanos para todo habitante de la tierra, existen Leyes en cada nación para todo ciudadano; cada persona cuenta con la libertad de tomar sus propias decisiones, de manejar su estilo de vida a su antojo, siempre y cuando no perjudique a los demás. Cada ser humano debe comprender que vivir en sociedad le permite gozar de derechos pero a la vez está obligado a cumplir con deberes.

A pesar de lo señalado, existe un grupo humano que no siempre es considerado como parte integrante de una sociedad, son las personas **transgéneros**: lesbianas, homosexuales y bisexuales (LGBT por sus siglas en inglés), y por tal no se les permite, en forma errada, ejercer ciertos derechos. Estamos entrando a un capítulo penado en las leyes establecidas por cualquier nación civilizada, que es la discriminación.

El término **transgénero** es un adjetivo que ha sido adoptado ampliamente para describir a las personas cuya identidad de género, comportamiento o expresión de género no se ajusta a lo sociocultural. La dificultad para ellos se inicia desde el aspecto legal adquirido al identificarse como determinado sexo (masculino o femenino) al nacer y es aceptado, desde entonces, para todo trámite como y típicamente asociado con el **sexo legal** y médico al que fueron asignados como género al nacimiento.

Existe una amplia evidencia que las personas **LGBT** (Lesbians, Gays, Bisexuals, Transgeners) enfrentan discriminación en el ámbito sanitario; un estudio de 2010 encontró que más de la mitad de los encuestados de lesbianas, homosexuales, bisexuales y transexuales habían sufrido discriminación de algún tipo por parte de los prestadores de servicios de salud; hechos que oscila entre la negativa de atención, prejuicios o suposiciones incorrectas y disposiciones abiertamente despectivas.

Si, para los adultos mayores, como hemos venido anotando, existen muchas limitaciones, sobretodo de parte del entorno familiar y social, para la personas LGBT que alcancen la tercera edad es aún peor.

En los Estados Unidos, así como en los países y estados donde no es legal el matrimonio gay, la vejez para ellos representa un futuro desolador. De acuerdo con un reciente reporte presentado por el Consejo Nacional de la Vejez de los Estados Unidos, y la Sociedad Estadounidense de la Vejez, los problemas que afectan, desproporcionadamente, a las personas LGBT son el estigma, el aislamiento y la inequidad. Esto se traduce en más pobreza, más enfermedades y menos oportunidades que los heterosexuales.

En este grupo, algunos adultos mayores podrán retrasar o evitar la atención de la salud debido a la discriminación o el miedo a la discriminación, y otros pueden ocultar su identidad LGBT cuando buscan atención médica. En el hospital y centros de atención a largo plazo, individuos LGBT enfrentan prejuicios manifiestos y formas sutiles de discriminación y pueden negársele, por normativas internas, el acceso a visitas de sus familias de elección o "parejas" designados.

El deseo de expresar género en formas que difieren de las normas del género sociocultural y legal, hasta muy recientemente, fue considerada una patología mental por la comunidad. Los Psiquiatras modernos cada vez más están de acuerdo en que ser LGBT no es una enfermedad para ser curada o superada por algún tratamiento (ní, de hecho, es un estado que puede ser alterado). Sin embargo, aquellos que sufren debido al desalineamiento de sus características físicas con su identidad de género, bien orientados, pueden beneficiarse del tratamiento, en su proceso de adaptación a la sociedad en que se desarrollan.

Las necesidades médicas y las disparidades de salud en el envejecimiento de las personas LGBT, las afectan por igual que a las personas heterosexuales; pero, lamentablemente, como estamos refiriendo, las experiencias de las disparidades en la atención de salud y la discriminación afectan mucho más las necesidades médicas de muchas de las personas LGBT. Hay evidencia que los adultos mayores LGBT han experimentado el estigma y la discriminación a través de su vida útil y pueden tener una vida con más experiencias de mal trato, violencia, y en el trato interpersonal cuando acuden al establecimiento de salud.

Las experiencias sociales negativas pueden colocar a los adultos mayores LGBT en mayor riesgo de trastornos de salud física y mental; una encuesta encontró que en el 41% de los participantes transgénero había intento de suicidio, en comparación con 1.6% de la población general de adultos mayores.

Se sabe que, en general, muchos adultos mayores LGBT, cuando laboraban, vivieron una época de discriminación en el trabajo, y que es más probable que hayan recibido salarios menores con beneficios escasos y con un acceso limitado en los servicios regulares de salud o en el fondo económico para el retiro. Por ejemplo: los beneficios de la seguridad social para las parejas de lesbianas son 31.5 % menores que para los heterosexuales, y para los varones homosexuales es 17.8 % menor.

Además, debido a la incapacidad histórica de poder casarse legalmente para los LGBT, tienen más reducido el acceso a un seguro médico y otros beneficios financieros y emocionales comparado con los adultos mayores heterosexuales.

Los adultos mayores LGBT también tienen tasas más altas en el uso de drogas, tabaco y alcohol, por lo tanto, estan más expuestos a padecer enfermedades crónicas (el virus HIV es uno de ellos y con altos índices en este grupo de pacientes); este tipo de enfermedades son de largo tratamiento y ocasionan costos elevados para cualquier aseguradora. Debido al temor a la discriminación social que puedan sufrir, cuando estas personas alcanzan la tercera edad, no intentan buscar tratamiento temprano para sus condiciones médicas; lo que complica el panorama de las personas LGBT.

La familia provee un 80 % de los cuidados a los ancianos en Estados Unidos, no así para los homosexuales, que tienden a ser solteros, sin hijos y apartados de sus familias. Si la persona LGBT llega a un asilo, estos tienden a crear entornos hostiles para los homosexuales, al no considerar como familiares a sus amigos y, por lo tanto, negarles los derechos de visita y cuidados.

El aislamiento del cual son objeto las personas LGBT suele derivar en altos índices de depresión, pobreza, reingreso al hospital, desnutrición, abandono en los centros de atención al anciano y muerte prematura.

Al parecer esta situación actual podría cambiar algo en lo futuro, si nos guíamos por los últimos acontecimientos en los Estados Unidos respecto a la comunidad LGBT.

La Suprema Corte de Estados Unidos adoptó el viernes 26 de Junio del 2015 (terminado este libro), una decisión histórica, al declarar que las parejas del mismo sexo tienen derecho al matrimonio en cualquier lugar del país. Hasta ahora, las parejas gay y lesbianas tenían derecho a casarse solo en 36 estados y en el Distrito de Columbia.

La decisión del viernes en la corte significa que los otros 14 estados en el sur y centro-norte del país deberán anular sus prohibiciones al matrimonio entre parejas del mismo sexo y aceptar los matrimonios de otros estados con sus respectivos documentos derivados de ello, para cualquier aspecto legal. El resultado es la culminación de dos décadas de litigios de la Suprema Corte sobre el matrimonio y, en general, de los derechos de la comunidad LGBT.

Ω

IX

PREVENIR LA VEJEZ, ENALTECER EL ENVEJECIMIENTO

La vejez es un estado que se puede prevenir, el envejecimiento es un proceso, no previsible, pero que se puede alargar.
La vejez se adquiere, el envejecimiento se logra.

El envejecimiento es una gradual degeneración que sufre nuestro cuerpo con el transcurrir del tiempo, sufriendo cambios fisiológicos que alteran el vivir sano. Como en el caso del sistema cardiovascular, que comienza a ser menos eficiente para hacer llegar la sangre a las células, hasta que el corazón, cumpliendo su función hasta el último momento de nuestra vida, deja de latir; se detiene el "reloj biológico" y fallecemos. Como lo hemos señalado, este proceso ocurre gradualmente a medida que pasan los años, e iniciándose tempranamente, al dejar la adolescencia (a los 18 años de edad), dejamos de crecer físicamente y nos convertimos en adultos jóvenes.

A fin de hacer comprender el proceso de envejecimeinto, nos vimos precisados a explicar los mecanismos biológicos que ocurren a nivel celular. Vimos que las células son bloques con su propia fisiología, cada célula es como un "centro industrial" individual, pero que funcionando en conjunto y formando los tejidos e intercalando acciones componen el cuerpo humano.

Los estudios hechos demuestran que las células se dividen un número finito de veces, hasta que su propio "reloj biológico" se detiene (apoptosis: muerte celular). Las células "sobrevivientes" ya no alcanzan a satisfacer la demanda fisiológica del organismo, tal como lo hicieron cuando jóvenes. Sus productos, esenciales para el mantenimiento de la función orgánica, son cada vez menos activos: ciertas enzimas, neurotransmisores, hormonas, proteinas, etc., además, sufren los embates de los elementos "tóxicos" a los que los exponemos en nuestra vida cotidiana.

Con el tiempo y la edad acumulada, el ser humano vive, sin percatarse del declinar de la reproducción y producción celular, que afectan la fisiología de nuestros órganos, haciéndolos menos eficientes hasta que, ya no pueden cumplir su función biológica y fallan, provocando las enfermedades.

VALORACIÓN DEL ESTILO DE VIDA

En los diferentes capítulos de este libro, hemos tratado de explicar muchos logros sobre el conocimiento del cuerpo humano, que se han alcanzado gracias a los avances científicos en el campo bio-médico. Cuando uno llega a comprender la infinita sabiduría del Arquitecto, plasmada en la fisiología celular que se expresa en la estructura y función de nuestro organismo, cae en la cuenta de que el cuerpo nunca debería enfermarse, sino que simplemente siempre está tratando de sobrevivir del mejor modo posible, adaptándose al uso que le damos (nuestro estilo de vida), a la calidad de las "materias primas" y al "combustible" inadecuado que le suministramos, y a las sustancias tóxicas que ingerimos o a las que lo exponemos en nuestra vida cotidiana (medio ambiente).

Nunca es tarde para empezar a tratar mejor a nuestro organismo, una obra de ingeniería genial, divina, y de mucho valor, que como tal debemos de tratarla. Tal es así, que una de sus más sorprendentes maravillas es que, las personas que son sedentarias (sin importar la edad), y empiezan a hacer actividad física de forma regular, rápidamente obtienen beneficios similares a aquellas que siempre se han mantenido activas.

Como lo venimos señalando, en la persona de la tercera edad el ejercicio físico, el compartir la vida en sociedad rodeado de la familia y una alimentación adecuada, van de la mano para determinar el bienestar físico y mental; y, si una enfermedad ya está presente en el vivir de la persona de la tercera edad, el cuidado a seguir tiene que ir asociado con la prevención recomendada, con más intensidad.

Las estadísticas y los reportes médicos nos demuestran que, mientras más industrializado sea un país, más altas son sus tasas de enfermedades cardiovasculares y continúan siendo la principal causa de mortalidad. En los tiempos actuales, es muy frecuente apreciar en los medios informativos la muerte súbita de algún jóven deportista en plena actividad deportiva, por causa de un infarto masivo. La medicina y la farmacología, para tratar estas enfermedades, han avanzado mucho en los últimos tiempos. Existen pastillas para controlar la tensión arterial, el colesterol, el azúcar en la sangre, nuestros dolores, nuestros quebrantos, nos confiamos en ello; pero nos cuesta mucho cambiar nuestro estilo de vida, la forma actual de mal alimentarnos y pasar de ser unos sedentarios absolutos a hacer algo de ejercicio físico.

Existen muchos estudios que demuestran que la actividad física (con moderación), reduce la probabilidad de que tengamos infarto agudo de miocardio. Las personas sedentarias tienen casi el doble de riesgo de morir por un infarto de miocardio que las personas que realizan una actividad física de manera regular. Y también se sabe que incluso las personas que han tenido un ataque al corazón, la práctica de actividad física reduce la mortalidad.

Mientras algunas personas tienen internalizada la idea de que para bajar de peso sólo basta con hacer una dieta estricta y mantenerse diariamente con la menor cantidad de comida posible, otras piensan que matándose haciendo ejercicio, sea cual sea la alimentación, será sinónimo de buenos resultados.

Lo cierto es que ninguna de estas dos apreciaciones es correcta, pues para lograr objetivos como bajar de peso, salir del sedentarismo y llevar una mejor calidad de vida, no basta – ni tampoco es recomendado – matarse ejercitando o morir de hambre, sino más bien combinar ambas necesidades de manera equilibrada y saludable. Sólo de esta manera se podrán evitar problemas de salud, una disminución del peso irregular, deficiencias a nivel anímico e incluso estético, entre otros.

Se tiene claro que la alimentación y el ejercicio, uno al otro, se complementan para beneficio de la salud, a cualquier edad y en vía hacia un envejecimiento óptimo. Más claro aún debemos tener el hecho de que, la alimentación en el anciano es algo más que la ingestión rutinaria de alimentos: será un vehículo para nutrirle, para mantenerle bien tanto física como psíquicamente y también para proporcionarle placer y distracción (pues a veces, es la única que uno puede tener). Por todo ello, antes de poder mencionar las necesidades nutricionales y los alimentos que las pueden cubrir, debemos valorar una serie de factores tanto o más importantes que la propia alimentación y el ejercicio por sí solos, la **valoración del estilo de vida**:

- ➤ Grado de actividad y posibilidades de mantenerla en algún nivel; luchar contra el sedentarismo mejora la evacuación intestinal, los niveles cálcicos y proteicos y ayuda a abrir el apetito a los ancianos anoréxicos.

- ➤ Peso: se debe vigilar el sobrepeso porque produce problemas en los ancianos; es diferente un anciano "gordo" que otro que va engordando. Si se es obeso hace años se debe frenar la obesidad y adelgazar un poco, pero no exageradamente porque podríamos ocasionar otros problemas.

- ➤ Valoración de los hábitos alimentarios adquiridos a lo largo de la vida, con el fin de no cambiarlos, sino de mejorarlos, si no existe una patología que lo justifique.

- ➤ Dieta: Proponer comidas de fácil digestibilidad para mejorar la capacidad de absorción de nutrientes.

- ➤ Apetito: debe mantenerse para hacer una ingestión adecuada y ofrecerse comidas no muy abundantes, preferentemente fraccionar la ingesta durante el día en varias porciones. Sí el apetito es exagerado (a veces a causa del aburrimiento), también las distracciones colaboran a paliarlo.

- ➤ Dientes: deben mantenerse en buenas condiciones higiénicas y mecánicas; cuando existan problemas dentarios y de deglución puede recurrirse al cambio de consistencia de la alimentación, haciéndola blanda o triturada según convenga.

➢ El estado emocional y la salud mental son elementos determinantes en la vida del anciano, para asumir las recomendaciones dietéticas, médicas y de cualquier tipo que se le sugieran.

➢ La capacidad de hacer vida social debe de ser estimulada y un medio es el buscar compañía para comer, comer solo es sinónimo de comer mal o hacer menús desequilibrados.

➢ Insomnio: Se combatirá mediante la actividad física y la terapia ocupacional. A veces una infusión o alguna bebida caliente antes de acostarse ayudan a conciliar el sueño, evitando los fármacos si no son precisos, deben evitarse las bebidas estimulantes.

➢ Prevención: es preciso el valorar las posibilidades de adquirir enfermedades reales o potenciales y el estado de salud en general al hacer recomendaciones alimentarias y actividades físicas.

EJERCICIOS PREVENTIVOS

La investigación de laboratorio ha demostrado que las células se replican un cierto número de veces antes de morir, y que poco a poco se deteriora la calidad de cada célula. Esto sugiere que los seres humanos están programados para alcanzar una edad y morir en algún momento determinado y que los genes llevan las instrucciones impresas para que las células dejen de funcionar en un momento determinado.

Avances de la medicina y la sanidad preventiva en el estilo de vida han servido para aumentar la esperanza de vida media y ampliar la máxima vida útil. La vida útil más larga registrada por el libro Guinnes de registro está actualmente en 122 años de edad; sin embargo, este registro es probable que se romperá pronto.

Con todo, ahora se sabe que, cómo una persona envejece está determinado no sólo por factores impresos en los genes, sino por factores ambientales como la dieta y el estilo de vida que lleva. Una persona que fuma, tiene una dieta generalmente pobre y no practique cualquier ejercicio es más probable que envejezca más rápidamente, enfermarse y morir antes del tiempo determinado genéticamente.

Con los conocimientos actuales se puede afirmar que los nutrientes que una persona necesita para la práctica deportiva están en dependencia con el tipo de actividad que se realiza, el objetivo que se persigue y el estado nutricional (cantidad de grasa y masa muscular) que la persona presenta.

Se puede afirmar entonces que es esencial combinar el régimen alimenticio con ejercicios y favorecer así al aumento de la masa muscular y a la disminución de la grasa acumulada tanto en nuestros "rollos" como en la pared interna de nuestros vasos. De esta manera no solo bajamos de peso sino también adquirimos la fuerza muscular necesaria para manternos en pie para realizar nuestras actividades sin perder el balance; siendo más importante aún el hecho de poder disminuir la estrechez de nuestros vasos sanguíneos y evitar algún "stroke" o infarto de miocardio.

Preventivamente, no se trata, simplemente, de contar las calorías gastadas, consumidas o acumuladas, ni de armar dietas o programas de ejercicios incumplibles. Se trata de tomar conciencia de cómo es y funciona el organismo, desde lo biológico y químico, para luego someterse a una "depuración" o limpieza orgánica: dejar de intoxicarse con alimentos inadecuados y/o medicamentos sin prescripción médica, evitar exponerse a tóxicos ambientales y/o laborales, e incluso domésticos.

Por todo esto, si deseamos alcanzar la tercera edad con una mejor calidad de vida se debe estar en condiciones de incorporar los alimentos que verdaderamente nutren y aporten energía a nuestro organismo de manera más eficiente: se debe ingerir y seguir lo indicado médicamente, realizar actividades físicas y mantener relaciones interpersonales útiles.

A fin de mantenerse la homeostasis en el organismo, en toda actividad fisiológica celular se consume energía, la cual proviene del metabolismo de la glucosa (que ingresa por la dieta o de lo que el propio organismo se encarga de obtener de la reserva interna). Los primeros recursos (llamados esenciales) para obtener glucosa lo constituyen los carbohidratos que ingerimos con la dieta diaria y lo que el organismo tiene almacenado (circulando en la sangre y en los depósitos del higado y los músculos, como glucosa libre -es lo de primera línea- o como glucagón –segunda opción-). Hay que tener en cuenta que en todo mecanismo metabólico, el cuerpo humano requiere también del oxígeno que tomamos del aire que respiramos (segundo nivel de provisión), o del que proviene como subproducto del propio metabolismo celular (como primer nivel de provisión).

Las sesiones de entrenamiento regular agotan las reservas del glucógeno (que en el higado se transforma en glucosa), hasta un nivel en que las adaptaciones metabólicas permiten quemar la grasa de reserva de nuestros "rollos" (segundo nivel en la provisión de glucosa y es el objetivo principal para los que pretendemos bajar de peso), para proveer de la energía necesaria a partir de la glucosa así obtenida por el organismo en ejercicio. La idea es que esto aumenta la fuerza y la resistencia muscular; pero el agotamiento del glucógeno se asocia con la **fatiga** que manifestamos cuando nos ejercitamos; tras lo cual si se sigue forzando al organismo a obtener glucosa (con un ejercicio extenuante), y agotada la capacidad de transformar la grasa en glucosa, el organismo recurre a las proteinas (tercer nivel de provisión de glucosa), lo que sí es muy peligroso y en algunas ocasiones puede llevar a la muerte (lo que nos informan cuando fallece un atleta en su actividad), a esto se llama médicamente "**heatstroke**" o **insolación**.

Para ejercitarse durante un período breve y sin mayor esfuerzo, por ejemplo el acelerar el paso para coger el bus que se nos va, el organismo es capaz de aumentar el suministro de energía al músculo rápidamente; el cuerpo puede hacer esto porque tiene una pequeña cantidad de oxígeno almacenado y es capaz de la producción de energía sin utilizar oxígeno del exterior (exógeno) (**anaeróbicamente**). Al aumentar la necesidad de energía durante el ejercicio moderado o intenso por un período más largo, los músculos deben suministrarse con más oxígeno para permitir la respiración **aeróbicamente** (producción de energía mediante el uso de oxígeno exógeno), el que se le suministra cuando respiramos libremente.

Por lo tanto, durante el ejercicio, el cuerpo fisiológicamente necesita cambiar en ciertos aspectos característicos; el músculo requiere un aumento en el suministro de oxígeno y energía, que debe ser suministrado por el cuerpo. Los cambios más notorios se aprecian en cuatro aspectos:

1. **Actividad cardíaca**: nuestra frecuencia cardíaca (trabajo del corazón), generalmente de 70 a 80 latidos por minuto en reposo, se incrementa hasta los 160 por minuto durante el ejercicio; el corazón también late y expulsa la sangre con mayor fuerza, para satisfacer la demanda. Una persona normal haciendo ejercicios no extenuantes, puede aumentar su impulso cardíaco de salida un poco más de cuatro veces, mientras que un atleta entrenado puede incrementar tal actividad cardíaca hasta seis veces.

2. **Actividad vascular**: en el reposo la sangre fluye a través del corazón a una frecuencia regular con un total de 5 litros por minuto; durante el ejercicio el corazón normal tiene la capacidad de expulsar hasta 25 a 30 litros por minuto. La fluidez de la sangre es proporcional a los requerimientos del músculo y al estado de salud del corazón (la hipertensión arterial es alta porque hay dificultad en el paso de la sangre por los vasos estrechos por arterioesclerosis, al igual que si epretamos una manguera, el agua llega más lejos). Durante el estrés producido por el ejercicio, la sangre fluye hacia los músculos (cardíaco mismo, músculos esqueléticos y los de la respiración), y al cerebro, disminuyendo el flujo sanguíneo hacia los otros órganos.

3. **Actividad respiratoria**: la sangre circulante debe mantenerse saturada de oxígeno (aeróbico), por lo tanto, la frecuencia

respiratoria debe también de incrementarse. En condición de reposo la cantidad del intercambio aéreo en los pulmones es del orden de 6 litros por minuto; durante el ejercicio, de acuerdo a la intensidad, puede alcanzarse los 100 litros por minuto de intercambio.

4. Mecanismos de compensación del organismo: el cuerpo toma diferentes mecanismos para enfriarse y mantener adecuada la temperatura corporal, estos mecanismos son:

   ✓ Vasodilatación de los vasos de la piel, nos ponemos "rojos", para permitir la pérdida de calor hacia el medio ambiente.
   ✓ Incremento de la sudoración, el sudor se evapora en la piel usando energía térmica para hacerlo.
   ✓ Incremento en la ventilación pulmonar, esto permite disipar el calor vía exhalación del aire caliente por los pulmones.

CAMINAR, hacia una vida saludable

Por lo expuesto, debemos tener en claro que el combustible que gastamos con el ejercicio beneficioso, no lo guardamos en los "rollos". Hoy se sabe que no es necesario correr una maratón para estar saludable y, mucho menos, gastar el poco dinero que nos toca del retiro en dietas y programas de ejercicios o gimnasios; basta con contar los pasos que damos en el quehacer diario y sumarlos a nuestra salud, sin descontar nuestra economía.

Solo caminar es una de las mejores terapias preventivas que se pueden realizar; los expertos lo han señalado, y la OMS lo recomienda, que caminar 30 minutos al día debería ser una rutina a tomar para optar por una salud adecuada y un envejecimiento óptimo; además que es económica y muy terapéutica. El sólo caminar esos 30 minutos diarios podría disminuir hasta un 20% el número de muertos por enfermedades cardiovasculares, según el cálculo de estudios científicos. Existe el consenso de que el ejercicio deber ser suave, constante y regular; un ejercicio que suponga un esfuerzo grande y que lleve al corazón a dispararse no es nada aconsejable, más bien se convierte en perjudicial para la salud.

El **sedentarismo** no es la mejor opción para mantener un corazón sano; no lo es tampoco para los hipertensos y diabéticos y para todos aquellas personas que quieran mantener su peso y cuidar su flexilidad y agilidad. El hecho de que una persona permanezca sentado o inactivo (peor si pasa demasiado tiempo en cama), es lo peor para la estructura ósea (se estimula la osteoporosis), no favorece el movimiento de las articulaciones (si ya se tiene artritis, se empeora); la espalda y la columna vertebral también sufren las consecuencias; provienen los "calambres" y con mayor intensidad cada vez.

En cambio la persona que permanece activa: a nivel del sistema cardiovascular, la actividad física aumenta la fuerza y la capacidad de bombear sangre de nuestro corazón, además las arterias tienen una mayor capacidad de dilatarse; todo ello aumenta la cantidad de sangre que puede llegar a los músculos y otras zonas de nuestro cuerpo.

La actividad física también disminuye el riesgo de ser hipertenso y en paciente con hipertensión arterial se reduce los valores de la presión arterial. También previene la aparición de diabetes, sobre todo en obesos o con antecedentes familiares de diabetes y es un elemento importante en el tratamiento de los pacientes diabéticos al mejorar la respuesta a la insulina, hormona que controla el metabolismo y el nivel de azúcar en sangre. Asimismo la actividad física produce efectos favorables sobre el colesterol.

Caminar 30 minutos diarios viene a suponer un gasto de unas 1000 calorías a la semana. No es necesario andar 30 minutos seguidos, a no ser que queramos perder peso; entonces tendremos que aumentar a 40-45 minutos y hacerlo de una sóla vez, ya que la grasa depositada se empieza a quemar a partir de los 20-25 minutos después de iniciada una actividad física contínua.

HIDRATACIÓN PREVENTIVA

Lo importante en esta etapa de intento para alcanzar un envejecimiento óptimo, lo reinteramos, es contar con un adecuado aporte nutricional y, sobre todo, con un nivel constante de **hidratación**. En la tercera edad se produce una disminución de la percepción de la sensación de sed pero, sin embargo, se necesita un aporte extraordinario de agua. En este sentido, es conveniente tener en cuenta la necesidad de que debemos beber, aunque no se tenga sed y que debemos realizar la ingesta de agua de forma gradual a lo largo del día.

Importancia de mantenerse hidratado

El apetito es un básico instinto de todo animal, que en el ser humano ha evolucionado durante millones de años; si en la época de las cavernas se comía por supervivencia (como todo el resto de animales), hoy por hoy, comemos porque "nos gusta". Los bebés vienen al mundo con el reflejo de succión que lo hace aferrarse al pecho materno, a la mamadera, o al dedo pulgar. La lengua con sus miles de pupilas del sabor nos dice lo que es especialmente bueno para comer. A diario comemos azúcares y grasas que nos permiten almacenarlos para covertirlos como energía contra la posibilidad de hambruna; si no comemos, como al declararnos en "**huelga de hambre**", nos vamos a morir después de unas cinco semanas. Con el agua, no es posible someterse a "**huelga de sed**", nos moriremos en 72 horas.

El agua, constituye más del 60% de la composición del cuerpo humano, es un elemento necesario y mucho más urgente que la comida en sí; a diario, nosotros mismos debemos tener cuidado en reponer constantemente el agua necesaria para mantener el equilibrio del organismo. No podemos sobrevivir sin agua durante más de tres días. En la tercera edad, un día sin agua desencadena una serie de consecuencias que podría ser letal.

Sí bien existen varios índices para la evaluación del estado de hidratación, no hay un método aceptado universalmente para evaluar la deshidratación entre los ancianos. El diagnóstico de la **deshidratación** en ancianos es complicado, ya que los síntomas clásicos de la deshidratación (como la sequedad bucal, debilidad muscular o baja turgencia y elasticidad cutánea), especialmente los debidos a una deshidratación leve y aún una moderada, son más difícilmente reconocibles en ancianos que en adultos o niños; además, algunos síntomas como la sed, podrían no manifestarse.

Por eso consideramos la gran importancia de la **hidratación preventiva**: el tomar en cuenta la deficiencia en la ingesta de agua en el anciano, será de mucha trascendencia, para su salud, por ser la hidratación diaria fundamental para el correcto funcionamiento de nuestro organismo. El organismo del anciano no va a responder como el de un adulto sano.

Se ha comprobado que en los adultos jóvenes, una deshidratación del 2,8% del peso corporal por exposición al calor o tras un ejercicio fuerte, conlleva una disminución de la concentración, del rendimiento físico, de la memoria a corto plazo, un aumento del cansancio, cefaleas, así como reducción del tiempo de respuesta. La deshidratación aumenta también el esfuerzo cardiovascular; así, cuando se superan cifras de deshidratación del 10% del peso corporal total es imprescindible recibir asistencia médica adecuada para permitir la recuperación. En el anciano, niveles de deshidratación por debajo del 10% son muchas veces irreversibles y mortales.

Existen varias formas para determinar si necesitamos tomar más agua, y para darnos cuenta de ello, lo haremos mientras vamos al baño a orinar y con qué frecuencia vamos; si vemos que la orina no sale clara, y esta sale amarillenta significa que no estamos del todo bien hidratados. Pero si sale un amarillo muy oscuro y un fuerte olor, esto puede ser síntomas de necesitar aún más agua o tener alguna leve infección. En caso de que se note resequedad en los labios y la piel, sentir fatiga y no lograr concentrarse o tenemos tendencia a mucho sueño durante las actividades del día, también es recomendable aumentar la ingesta de agua, debido a que esos son síntomas evidentes en el anciano, de la deshidratación.

Además, si en la tercera edad ya estamos complicados con alguna enfermedad o tenemos las defensas de nuestro cuerpo bajas, la hidratación es mucho más primordial, para ayudar a controlar las molestias y contribuir al mejor efecto de los medicamentos, y a su eliminación del exceso y de los desechos.

La importancia de consumir agua radica en lo siguiente:

- ✓ Regula la temperatura corporal
- ✓ Conforma el 83 % de la sangre
- ✓ Ayuda a remover los desechos del metabolismo celular
- ✓ Permite la llegada de muchos nutrientes y O_2 a las células
- ✓ Constituye el 75 % de la composición del cerebro
- ✓ Humedece el O_2 que respiramos
- ✓ Interviene en la absorción y el metabolismo de los alimentos
- ✓ Ayuda en la conversión de los alimentos en energía
- ✓ Conforma el 75 % de la masa muscular
- ✓ Protege o amortigua los órganos vitales
- ✓ Conforma el 22 % de los huesos
- ✓ Amortigua las articulaciones

Muy simple para ser real verdad? Pero lo es y así de simple debería ser el habituarse a mantenerse hidratado. En tal sentido existen aplicaciones para los teléfonos inteligentes que te recuerdan que debes tomar agua, la teconlogía adaptada a nuestras básicas necesidades. Algo muy saludable es consumir un vaso de agua antes de cada comida, ya que de esta forma será más difícil olvidar este buen hábito y además contribuirá a una mejor digestión. Una buena rutina es proponerse beber un vaso de agua en ayunas, y otro antes de acostarte; y si el sabor es un dilema se puede aprovechar este preciado líquido si es saborizado, pero sin agregar azúcar, con frutas como limón, naranja, toronjas, hierbas, o té, entre otras.

Por todo esto, sin importar la edad o sexo todos debemos de tomar cierta cantidad de agua diariamente para poder mantener nuestro cuerpo en forma y saludable; esto variará dependiendo del peso y la masa muscular que posea cada persona. Se da la situación de xzque existen personas que toman más agua de lo recomendado (considerar el hecho de descartar diabetes), y esto pone en riesgo su salud, en lugar de hacerle bien a su cuerpo. No existen reglas exactas que nos indiquen la cantidad de agua que debemos injerir; una persona delgada necesita mucho menos agua que una con sobrepeso o con mayor masa muscular.

Pero todos tenemos un peso, por lo cual no todos debemos tomar la misma cantidad de agua diariamente, sino según nuestro peso, y así lo haremos de forma provechosa para nuestra salud. Existe una fórmula muy sencilla para calcular la cantidad de agua que debemos tomar y es la siguiente:

peso corporal (en libras) / 2 = agua diaria (en onzas)

Teniendo en cuenta que 1 onza equivale +/- a 30 ml; si uno pesa 180 libras, necesitamos 90 onzas x 30ml = 2700ml, esto es +/- 5 botellas de agua comercial (500ml) por dia. Pero, se debe considerar que, con nuestra dieta también ingerimos agua, contenida sobretodo en las frutas y verduras; yo prefiero comer este tipo de alimentos y bajar la cantidad de simples botellas de agua a la mitad.

NUTRICIÓN PREVENTIVA

A diferencia del resto de los animales, el ser humano es el único que no come por supervivencia; pero no se debe confundir el apetito (necesidad por comer), con comer por hambre (urgencia por comer). Según el Dr. Katz, de la Yale University: *"los humanos, una vez que satisfacemos los niveles mínimos de necesidad, seguimos comiendo. Nosotros comemos básicamente por dos cosas: por emociones, para no pensar, no decir, no odiar, tapar; y comemos por egoísmo, por placer, porque es rico, porque está, porque me lo sirvieron....tenemos lo que se llama un "genotipo ahorrativo", que es en realidad un rasgo adaptativo de nuestra especie que "nos programa para comer para cuando no haya, así como si hay una comida densa en calorías y otra livianita, comer lo denso, para "guardar"'.*

Katz aseguró que *"hasta los 2 o 3 años la ciencia muestra que los niños regulan maravillosamente su registro; comen lo justo, nunca de más; pero somos los adultos los que creemos que siempre tienen que comer más y elaboramos una especie de "premios" para que coman: si comés todo, vamos a jugar; si comés todo, viene la abuela, se les suele decir.* Con el tiempo el adulto logra "doblegar" ése registro de stop de saciedad del niño y este empieza a confiar en lo que se le presenta a sus ojos y percibe por su olfato, y come por placer.

Nutrición

La nutrición se ha convertido en una importante área de estudio. Hoy en día, especialistas en salud pública atribuyen alrededor de un tercio de todos los cánceres y una proporción aún mayor de las enfermedades cardiovasculares a una dieta deficiente. Los humanos, cuanto más poblamos la tierra, más se incrementan las demandas por cubrir las necesidades nutricionales; por ende la industria alimentaria también crece para satisfacer tal demanda, descubriendo nuevas formas de cultivar, preparar y preservar los alimentos. La producción de nuestros alimentos está llegando a producir tal impacto en la naturaleza que estamos llegando a alterar la forma más elemental en que nos hemos relacionado siempre con el medio ambiente.

Los avances médicos determinan, en mucho, el buen estado de salud del ser humano, pero esto no sería posible si el propio paciente no cumple con las normas que se le sugieren. Aprender a nutrirse bien, prolonga la vida de una persona; el mejorar su estilo de vida y alimentación le asegura una mejor calidad de vida cuando alcance la tercera edad, **"prevenir antes que curar"** constituye una de las premisas que el médico aprende en la universidad y lo aplica en el resto de su existencia, tratando a sus pacientes, pero con el poder de convencimiento sufiente para estimularlos a que practiquen la prevención en su salud.

Es elemental que sepamos lo que nos informan los expertos sobre los alimentos que debemos ingerir; la Universidad Virtual del Internet nos ofrece la alternativa de obtener esa información y conocimiento gratuitamente, solo con el esfuerzo de aprender a compartir con las "teclas" del procesador digital, que se encuentra a disposición libre en cualquier biblioteca pública.

La nutrición preventiva y el papel que desempeña en la prevención de enfermedades y la longevidad no es nada nuevo. Es altamente conocido, y demostrado, que con una buena nutrición y un estilo de vida adecuado, tendremos una vida saludable. Las personas que logran comprender y aceptan este concepto asumen la responsabilidad de cuidar su alimentación, sostener un "buen consumo" y por tanto cuidar su salud. Mantener una adecuada nutrición puede ser la herramienta que mayores beneficios nos pueda otorgar en bien del tratamiento de muchas enfermedades, y a ello se le suma que puede ser el tratamiento mas económico que se tenga a la mano.

Tal como lo hemos tratado de explicar anteriormente, el metabolismo de nuestro cuerpo se rige por la homeostasis (o el equilibrio de sus elementos bioquímicos), cualquier alteración de ello provoca el mal funcionamiento y, por ende, las enfermedades. Una alteración, y producido el desequilibrio, como el estrés oxidativo, entre otros factores, producen acidez (altera el pH de la sangre); tan simple como el proveernos de una alimentación alcalina, puede contrarrestar esta acción, bajando la acidez y mejorando el desbalance ácido/alcalino. Los azúcares refinados, las harinas refinadas, las carnes rojas y blancas son las principales fuentes de alimentos ácidos; mientras que el limón, las verduras (fundamentalmente las de hojas verdes), frutas y cereales son alimentos alcalinos.

Pero no es que lo **ácido** sea "malo" y lo **alcalino** "bueno", se observa: ambos se necesitan y se complementan en las reacciones químicas del organismo, esto constituye la base del correcto funcionamiento celular. El plasma sanguíneo debe mantener a ultranza un ligero nivel de alcalinidad, para no perder la capacidad de almacenar oxígeno en los glóbulos rojos y eficiencia en la tarea de trasporte, procesamiento, transformación, aprovechamiento, y el almacenamiento de los productos y eliminación de los residuos celulares, génesis profunda de cualquier enfermedad.

En todos los casos, se requiere la suficiente presencia de bases (álcalis) que neutralicen los ácidos. Lo más simple es que la sangre obtenga suficientes bases de los alimentos, y son los alimentos fisiológicos lo que las proveen en abundancia. En caso de carencia (exceso de ácidos circulantes, entre otras cosas, por el uso de alimentos no fisiológicos), la sangre echa mano a dos mecanismos de emergencia para preservar su equilibrio. Uno consiste en derivar ácidos, depositándolos en los tejidos a la espera de un mayor aporte alcalino. Esto genera serios problemas como el reumatismo, transtornos circulatorios, afecciones de piel, daño hepático, renal, pulmonar y en otros órganos. El otro mecanismo es recurrir a su reserva alcalina: las bases minerales (calcio, magnesio, potasio) depositadas en huesos, dientes, articulaciones, uñas y cabellos (produciendo osteoporosis), etc, etc. De este modo, la sangre se convierte en un "saqueador" de la estructura orgánica, con el único objetivo de restablecer el vital equilibrio ácido básico y electrolítico, que permite sostener el correcto funcionamiento orgánico.

Muchos eruditos han trazado los orígenes de la medicina occidental a un momento radical en la sociedad griega antigua, cuando **Hipócrates** y sus seguidores tomaron primero el arte de criticar a los sacerdotes y magos, contra la creencia de considerar como causas de las enfermedades a situaciones "malignas o hechizos"; los sabios insistían, más bien, en que las enfermedades se atribuyen a causas naturales o por contacto con materiales externos. Se aconsejaba un acercamiento suave y conservador, al tratamiento que se esforzó en ayudar a los poderes restauradores del cuerpo. **"Primero no hacer daño"**, era el meollo de los médicos que juraban ejercer la medicina, por entonces. Los médicos de hoy, aún usamos tales palabras al tomar el **juramento hipocrático**, así llamado en honor al Padre de la Medicina.

Después de Hipócrates, hasta la época de inicios de la edad moderna, en los médicos persistió una tradición de probar nuevos enfoques para proteger la salud humana con una experimentación audaz e intervención agresiva. Cuando por ahora, gracias a la tecnología digital, este tipo de innovaciones médicas, parecen casi como arte de magia.

Poco más de un siglo atrás, la muerte en la infancia fue habitual incluso en las naciones ricas, debido, pricipalmente, a las enfermedades infecciosas. Hoy, cáncer, enfermedades cardíacas y enfermedades autoinmunes, las llamadas **enfermedades de la civilización**, son las enfermedades más comunes. En su constante búsqueda de un viejo objetivo, la preservación de la salud humana, la medicina debe prepararse para nuevos recursos, donde la prevención juega un papel principal en ello.

NUESTRA PREVENCIÓN

Estudios epidemiológicos demuestran la gran implicancia de factores dietéticos nutricionales en el orígen y/o el desarrollo de las llamadas enfermedades crónicas degenerativas tales como la hipertensión y otras enfermedades cardiovasculares, la diabetes, la gota y ciertos tipos de cáncer. Se ha demostrado también que estas enfermedades están en concordancia con los actuales estilos de vida, sobretodo sedentarios y de mala alimentación, que van asociadas al alto consumo de grasas (en especial las saturadas y las trans), además del azúcar y sal "refinadas" que a diario agregamos a discreción en nuestra dieta.

Por tanto, es ahora cuando debemos fomentar e incorporar la nutrición preventiva a todo nivel como herramienta clave para evitar el desarrollo de estas enfermedades y asegurar la buena salud de nosotros mismos y de los que queremos. Una dieta variada y equilibrada es fundamental. Las frutas y las verduras son nuestros mejores aliados. Por el contrario los alimentos grasos, el azúcar y la sal, deben tomarse con moderación.

Conocer los límites en grasas, azúcares, sal y otros nutrientes:

✓ Al alimentarnos, hacer que la mayoría de sus fuentes de grasa provengan de pescados, frutas secas y aceites vegetales.

✓ Limite las grasas sólidas como mantequilla, margarina, manteca y manteca de cerdo, así como alimentos que los contengan.

✓ Revise la etiqueta de información nutricional del producto que va a comprar para mantener bajo su ingesta de las grasas saturadas, grasas trans, carbohidratos (azúcar) y sal (cloruro de sodio).

✓ Elija alimentos y bebidas bajas en azúcares agregados, los azúcares agregados aportan calorías con pocos, si algún nutriente contienen.

Grasas:

En bioquímica, grasa es un término genérico para designar varias clases de lípidos. La base constitucional de las grasas son los **ácidos grasos**. Se tienen dos tipos de ácidos grasos: saturados e insaturados.

La mayoría de **grasas saturadas** son de origen animal, pero también se encuentra un contenido elevado de grasas saturadas en productos de origen vegetal, se consideran que elevan los niveles  plasmáticos de colesterol asociado a las lipoproteínas LDL.

Grasas trans: Se obtienen en la industria alimentaria a partir de la hidrogenación de los aceites vegetales, por lo cual pasan de ser insaturadas a saturadas, poseen la forma espacial de *trans*, por eso se llaman ácidos grasos trans. Son mucho más perjudiciales que las saturadas presentes en la naturaleza (con forma *cis* -ver gráfico en página 187-), ya que son altamente aterogénicas y pueden contribuir a elevar los niveles de los triglicéridos y de las lipoproteínas **LDL** (que transportan el colesterol "malo" hacia las paredes de los vasos sanguíneos: formando ateromas), haciendo, además, descender peligrosamente los niveles de lipoproteínas **HDL** (que transportan el colesterol "bueno"); dando lugar a un mayor riesgo de sufrir enfermedades cardiovasculares. Las grasas llamadas trans pueden encontrarse en alimentos procesados como las mantecas vegetales, algunas margarinas, las galletas saladas y las dulces, algunos aperitivos ("snacks", "chizos") y otros alimentos hechos con o freídos en aceites parcialmente hidrogenados (papas fritas y hamburguesas).

La carne roja, productos lácteos y otros alimentos de origen animal se componen, en su mayoría, de moléculas largas de ácidos grasos saturados, por lo que cuando se consumen en exceso pueden dar origen a problemas cardiovasculares.

 **Grasas insaturadas**: formadas principalmente por ácidos grasos insaturados, comúnmente se les conoce como aceites, como por ejemplo el aceite de oliva, de girasol, de maíz; son las grasas más beneficiosas para el cuerpo humano por sus efectos sobre los lípidos plasmáticos. Las grasas insaturadas son las que ayudan a bajar el colesterol en la sangre, siempre que se utilicen en lugar de las grasas saturadas. Sin embargo, las grasas insaturadas tienen muchas calorías, de tal manera que es necesario limitar su consumo. Algunas grasas insaturadas contienen ácidos grasos que son esenciales porque el organismo no puede fabricar, el único modo de obtenerlos es en la ingestión directa con la dieta; ejemplos de grasas insaturadas de éste tipo son los aceites comestibles.

Las grasas insaturadas pueden subdividirse en: grasas mono y polinsaturadas; las **grasas moinsaturadas**, son las que reducen los niveles plasmáticos de colesterol asociado a las lipoproteínas LDL (las que tienen efectos aterogénicos, por lo que popularmente se denominan "colesterol malo") y se encuentran en el aceite de oliva, el aguacate, y algunos frutos secos, además elevan los niveles de lipoproteínas HDL (llamadas comúnmente colesterol "bueno"). Las **grasas poliinsaturadas** (formadas por ácidos grasos de las series omega-3, omega-6 y omega-9), tienen diversos efectos sobre los niveles de colesterol plasmático; así, por ejemplo, las grasas ricas en ácidos grasos de la serie **omega-6** reducen los niveles de las lipoproteínas LDL, incluso más que las grasas ricas en ácidos grasos monoinsaturados, pero también reducen el HDL. Por el contrario, aquellas grasas ricas en ácidos grasos de la serie **omega-3** tienen un efecto más reducido sobre el LDL, pero aumentan los niveles del HDL y también disminuyen los niveles de los triaglicéridos plasmáticos; se encuentran en la mayoría de los pescados azules (bonito, atún, salmón, etc.), semillas oleaginosas y algunos frutos secos (nuez, almendra, avellana, etc.).

El Departamento de Salud, Servicios Humanos y de la Agricultura de los Estados Unidos de América, cada cinco años edita una guía alimentaria para la población en general; a mediados del presente 2015 será publicada la versión actualizada y ya los más entendidos en la materia sostienen que presentará nuevas pautas que revolucionarán las dietas, sobretodo en lo referente a la ingesta del colesterol exógeno proveniente de las grasas animales.

Es muy importante tener conceptos claros sobre el perverso **colesterol** que tanto tememos, por lo cual, es nuestro interés con el presente libro llegar al lector con pautas lo más didácticas posibles a fin de mantenerlos informados. Al respecto, me permito acotar lo que se sabe sobre el colesterol, (ver figura que sigue, para entender el metabolismo del colesterol):

1. La molécula de colesterol es única en el reino animal; en los seres humanos, el colesterol es principalmente endógeno en su orígen, es decir, fabricado por nuestro cuerpo (unos 800 mg/día). También hay colesterol exógeno, que procede de alimentos grasos de orígen animal, que consumimos en la dieta (unos 300 mg/día, en una dieta regular).

2. El colesterol intestinal, es el colesterol fabricado en el cuerpo y excretado en la bilis (almacenada en la vesícula biliar), que se une al colesterol de la dieta, proveniente de los alimentos que consumimos; el 40% de ello se reabsorbe y lo restante se elimina como esteroles del colesterol con las heces.

3. Las lipoproteínas que transportan colesterol, que se conocen como **colesterol malo** o lipoproteína de baja densidad (LDL), porque estas lipoproteínas son aterogénicos y por el contrario tenemos el **colesterol bueno**, lipoproteínas de alta densidad (HDL), porque estas lipoproteínas protegen contra la aterosclerosis (como se le representa en el dibujo que sigue).

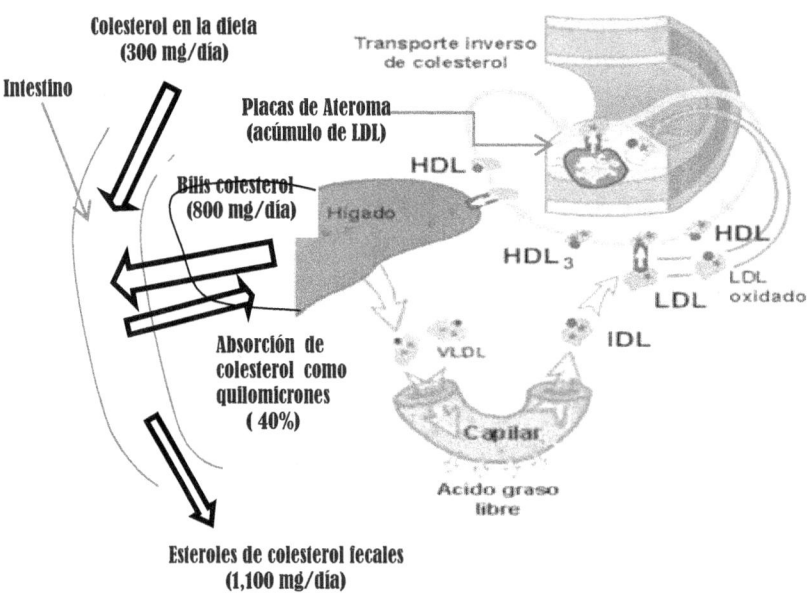

En estudios recientes hechos sobre el nivel de uno de los principales factores de riesgo cardiovascular, el colesterol LDL, se encontró que el efecto es variable, dependiendo del individuo en sí y de su dieta. Así, en estudios observacionales, se encontró que el colesterol que proviene de la dieta podría tener un efecto nocivo, específicamente en las personas con diabetes tipo 2, aunque la razón de esto no se sabe realmente. Sin embargo, sabemos que lo más importante para la reducción de los niveles plasmáticos de LDL es reducir la ingesta de grasas saturadas a favor de las grasas insaturadas.

Agregamos un cuadro con los tipos de grasas, su contenido y su procedencia dentro de nuestra dieta:

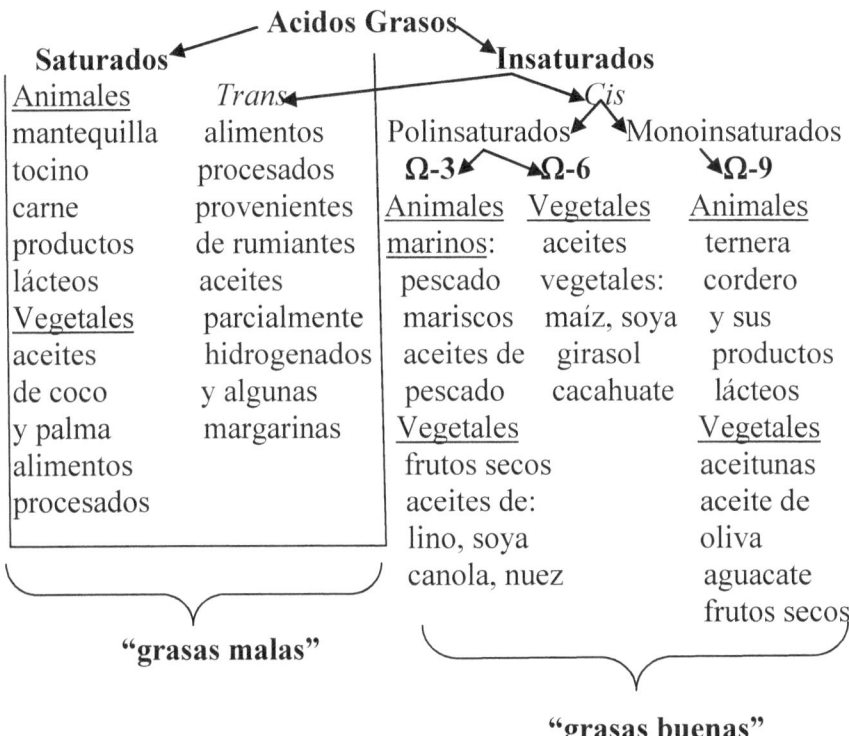

De acuerdo a un estudio de la Academy of Sciences publicado en el 2009, mientras que el omega 3 reduce el riesgo de enfermedades del corazón, el consumo de omega 6 ha sido identificado como un factor de alto riesgo de enfermedades cardiovasculares y de mortalidad relacionado con ello. En la mayoría de los estadounidenses la ingesta de omega 6 en las dietas supera ampliamente al de omega 3 por hasta 50:1, siendo lo aceptable un máximo de 5:1, por lo que los aceites de cocina saludables tienen menos omega 6, en lo posible. El aceite de oliva sólo contiene 9% de omega 6 contra 71% del contenido en el aceite de girasol; por lo que el aceite de oliva es el aceite más saludable para cocinar y promueve la generación de anticuerpos en la lucha contra la enfermedad de nuestro organismo.

Azúcar:

Nuestro organismo guarda como reserva alrededor de 1,800 calorías de los carbohidratos que ingerimos en la dieta, en forma de glucógeno en el hígado y en las células musculares, antes de dejarla circular en la sangre circulante ya como glucosa; en las mitocondrias (que se encuentran en cada célula), la glucosa es transformada en energía (ATP), esencial para el metabolismo específico de cada célula.

Sí nos sometemos a hacer ejercicios pretendiendo ser atletas necesitamos "quemar" 1,000 calorías por 60 minutos de ejercicios, en corto tiempo nos quedamos sin reservas. Sin embargo, si permanecemos sedentarios, podemos llegar a almacenar hasta 10,000 calorías como grasa, en nuestros "rollos" (células grasas: fat) y en nuestros músculos; por tal razón no es conveniente tomar líquidos azucarados al hacer ejercicios, no lo necesitamos. El organismo humano con bajo nivel de glucógeno (por el ejercicio que consume la glucosa), toma de las reservas las grasas almacenadas para elaborar glucosa y convertirla en energía a demanda; si ya le damos azúcar, no se quemarán las grasas y seguiremos aumentando nuestros "rollos".

El ejercicio moderado para la persona con **Diabetes** es esencial, para permitir el consumo de la alta glucosa circulante; pero el consumo de carbohidratos es prohibido. La diabetes es una afección crónica que se desencadena cuando el organismo pierde su capacidad de producir suficiente insulina o de utilizarla con eficacia. La insulina es una hormona que se fabrica en el páncreas y que permite que la glucosa de los alimentos pase a las células del organismo, en donde se convierte en energía para que funcionen los músculos y los tejidos. Como resultado, una persona con diabetes no asimila la glucosa adecuadamente, de modo que ésta queda circulando en la sangre (hiperglucemia) y dañando los tejidos; con el paso del tiempo este deterioro causa complicaciones para la salud potencialmente letales. El no padecer de diabetes no nos exonera de controlar nuestra ingesta de carbohidratos (fuente principal de la glucosa); la evidencia es muy clara, pues existe una estrecha relación entre el consumo de glucosa y la obesidad y por ende, de contraer enfermedades crónicas.

La Organización Mundial de la Salud, previos estudios que lo sustentan, recomienda que solamente el 5% de nuestras calorías a ingerir deben provenir de los carbohidratos, esto representa unas 6 cucharaditas de azúcar por día para un adulto. Esto es parte de una dieta saludable, más no un tratamiento; si tomamos una soda, ya sobrepasamos el límite, pues tal popular bebida contiene hasta 9 cucharaditas de azúcar. La industria trata de compensar este problema con el uso de edulcorantes artificiales; infortunadamente últimos estudios vienen sugiriendo que estos productos nos estimulan a comer más, pues no sacian nuestro apetito. Si somos diabéticos, sería aún peor.

Sal:

Si el consumo de sal es alto, el cuerpo retiene agua para diluir las altas concentraciones de sodio, y alternadamente aumenta el volumen sanguíneo y pone más presión sobre el corazón y los vasos sanguíneos. Esta presión sobre la sangre circulante trata de expandir la pared de los vasos y, de acuerdo a la resistencia causa que la presión arterial se eleve, una condición que es la causa de los dos tercios de los accidentes cerebrovasculares y la mitad de todas las enfermedades de corazón.

Una modesta reducción en la ingesta de sal de la población mundial se traducirá en una mejora importante en la salud pública. La recomendación de la American Heart Association para la ingesta de cloruro sodio (la sal común) es de 1,500 mg/día, una reducción que afirma podría reducir la muerte por enfermedad CV de hasta 1,2 millones de personas en la próxima década. Para vigilar eficazmente el consumo de sal, puedes buscar la abreviatura por ciento de DV en las etiquetas de nutrición de envasado de alimentos. Seleccionados alimentos enumerados como 5 por ciento o menos de sodio por porción, son bajos en sodio, siendo los recomendados; superior al 20 por ciento de sodio se considera alta.

Vitamina D

Según últimos estudios la vitamina D se ha vuelto más esencial que nunca pues se ha comprobado su papel en el proceso del envejecimiento humano, al objetivar su efecto sobre la longitud de los telómeros leucocitarios (**LTL**) periféricos de la sangre; la vitamina D frenaría la velocidad de acortamiento de los telómeros leucocitarios. Como una medida clara de la longitud telomérica sistémica, la **longitud de los telómeros leucocitarios** periféricos de la sangre se prefiere usar generalmente como un marcador del envejecimiento biológico. Genéticamente determinada, tal como lo describíamos en capítulo anterior, la longitud de los telómeros tiene varios otros determinantes conocidos como: edad (los telómeros más cortos en las personas mayores); paternal, al nacer (los telómeros más largos en sujetos con padres mayores en su nacimiento) y sexo (los telómeros más cortos en los hombres, probablemente debido a un agotamiento más rápido de telómero). Se sabe también que los niveles elevados de estrés oxidativo y más la inflamación, aumentan la tasa de deserción del telómero.

Los estudios indicaron que la vitamina D es un potente inhibidor de la respuesta proinflamatoria y disminuye el volumen del incremento de los leucocitos. Altos niveles de vitamina D, fácilmente modificables a través de suplementos nutricionales, se asociaron con más efecto sobre LTL. Esto pone de relieve los efectos potencialmente beneficiosos de la vitamina D sobre las enfermedades relacionadas con la edad y el envejecimiento. Además, los autores del estudio notaron que la diferencia de LTL entre los perfiles más altos y más bajos de vitamina D fue altamente significativa, indicando que esto era equivalente a 5,0 años de envejecimiento. Más alto el nivel de vitamina D, mayor la longevidad.

$$\Omega$$

X

ALCANZAR UN ENVEJECIMIENTO ÓPTIMO

"Mantenerse activo es tiempo ganado a la vida, la inactividad es vida gastada en el tiempo"

SANIDAD PREVENTIVA

Creo haber cumplido con la meta trazada al elaborar este libro: el llegar al público en general, lo más didáctico posible, ofreciendo conocimientos básicos sobre la fisiopatología de la célula como elemento esencial constituyente del cuerpo humano, a fin de que el lector, comprendiendo esto, intente una renovación en su estilo de vida y alcance la tercera edad con la plenitud del gozo que representa un envejecimiento óptimo.

Son cinco las pautas fundamentales que podemos nombrar para lograr lo señalado, las **cinco A**:

1. Abandonar la inactividad.
2. Alimentarse adecuadamente.
3. Acudir al médico regularmente.
4. Anular la ingesta o el contacto con toxinas.
5. Ambiente familiar y social consistente.

1. Abandonar la inactividad: mantenerse activo

Caminar hacia una vida mejor: cuando se trata de cuidar nuestro corazón, el solo caminar es realmente mejor que correr. Científicos en el Laboratorio Nacional de Lawrence Berkeley en California, observando participantes entre los 18 y 80 años de edad, durante un período de seis años, encontraron que los que tan solo caminaban redujeron el riesgo de enfermedad cardíaca en un 9,3%; en cambio, el grupo participante que empleó el correr como rutina diaria lo redujo en 4,5%.

Resultados de estudios y por recomendación de expertos se sugiere ejercitarse 30 minutos diarios y caminar unos 10,000 pasos diarios, a una velocidad de 3 millas por hora; si se quiere bajar de peso recomiendan "quemar" un mínimo de 200 calorías diarias, aumentando el tiempo de ejercicios a 45 minutos por día; basta con hacerlo cinco días a la semana, descansando dos. En mi modesta opinión, y por propia experiencia, practico 45 minutos de caminar diario, a razón de 3 m/h y trato de hacerlo los 7 días de la semana, en lo posible. Respetando lo recomendado por los expertos me atrevería a sugerir algunos puntos:

❖ Sí los resultados de estudios recomiendan dar 10,000 pasos diarios (por 5 días a la semana) y, a la vez, considerando que caminar una cuadra equivale a 150 pasos (lo he comprobado gracias a la tecnología; mi iPhone me cuenta los pasos que doy a diario y me los presenta en gráficas por día, semanal, mensual y anual -existen también cuentapasos de fácil acceso en las tiendas-).

❖ Sí tomamos los 10,000 pasos, pero no por 5 días a la semana, sino por los 7 días, tendremos un promedio de 7,500 pasos por día, que convertidos en los 150 pasos por cuadra que se puede usar como referencia, tendremos que caminar 50 cuadras para cumplir con el objetivo de los 7,500 pasos por día que cumplir.

❖ Como lo manifesté, con frecuencia uso la tecnología a fin de alcanzar mis metas trazadas. Tenemos en casa una máquina de faja (caminadora) que me cuenta las millas caminadas, la velocidad, las calorías gastadas, el tiempo, etc. Camino por 45 minutos, hago 2.5 millas diarias y consumo unas 240 calorías y mi celular me cuenta unos 5,500 pasos por esta actividad; trato de caminar unas 15 cuadras más para completar lo sugerido por los expertos (estaciono mi carro lo más lejos posible de alguna entrada a donde vaya, menos a mi casa; camino las tres cuadras para recoger a la nieta del kinder, voy a pie al CVS o Publix más cercano, etc.).

❖ Al terminar el año 2014, uno de los propósitos trazados para el resto de mi vida fue el de mantenerme lo más saludable a fin de poder satisfacer los otros propósitos con mi familia (lo invalorable, y más dificil, es el de poder cumplirle a mis nietos con el cuidado que requieren y disponiendo de la máxima energía posible para ello). Lo primero que hice fue el eliminar las estatinas de mis medicaciones (los espasmos musculares ya me agobiaban al extremo, y el colesterol no me bajaba); van 6 meses de aquello y el más contento es mi Cardiólogo. Todo lo señalado anteriormente lo intento practicar regularmente, estoy en un promedio de 6,000 pasos diarios, controlado digitalmente. Mi peso y mi presión arterial se mantienen estables; mi glucosa normal; el LDL (llamado colesterol "malo") y mis triglicéridos estan normales, el HDL (colesterol "bueno") esta subiendo. Voy bien.

❖ Sí no se cuenta con una caminadora, se puede lograr ese total de 6,000 pasos deseados decidiéndose a dar diez vueltas a la "manzana" de su casa, caminando –no corriendo-. La fórmula es demasiado simple: 150x4x10 = 6,000 pasos (150 pasos caminados por cuadra por 4 cuadras que tiene la manzana por 10 vueltas), saliendo de su puerta, tomar vereda por derecha o por izquierda. Listo.

❖ Muy importante también es mantener la salud mental; la práctica de escuchar música mientras uno realiza ejercicios es la mejor manera de complementar el "relax" que ocasiona el mover los músculos y huesos; lo expresan los científicos y lo comprobamos los que hacemos ejercicios rutinariamente, con una botella de agua de 250 ml, a consumir durante la sesión; pero se pierde también, con el sudor, una buena cantidad de electrolitos. Mucho mejor sería si usáramos algo como el gatorade que contiene los electrolitos esenciales -cloro, sodio y potasio- para mantener la homeostásis en la sangre, pero viene con azúcar.

Persiste el error de usar en los gimnasios de todo el mundo, los hidratos de carbono que componen las bebidas energizantes como gatorade, son omnipresentes en todos ellos; pero la idea de que ellos deben de ser el combustible para cada sesión es incorrecta, según un estudio conducido en RMIT University de Melbourne, en Australia. Tales estudios han demostrado que las sesiones de entrenamiento regular agotan las reservas del glucógeno (que en el higado se transforma en glucosa), hasta un nivel en que las adaptaciones metabólicas permiten quemar la grasa de reserva (segundo nivel en la provisión de glucosa) para proveer de la energía necesaria a partir de la glucosa así obtenida por el organismo en ejercicio. Si ingerimos el azúcar en los hidratantes comerciales limitamos el mecanismo de "quema de grasas" propio del organismo, uno de los objetivos del hacer ejercicios.

La idea es que el ejercicio regular y moderado, aumenta la fuerza y resistencia muscular por consumo de la glucosa endógena que provee la energía necesaria para ello. El agotamiento del glucógeno se asocia con fatiga corporal, pero se compensa por el consumo de la grasa acumulada en nuestros "rollos".

Si acaso tenemos fobia a la gimnasia no debe preocuparnos; según el Harvard Medical School, hay cinco actividades claves que mantendrá nuestro peso bajo control, fortalecerá nuestros huesos y mejorará nuestra salud en general, sin importar nuestra edad. Son cinco las principales actividades que pueden ayudarnos a llevar una mejor calidad de vida:

- La **natación**, el agua es 800 veces más denso que el aire y provée 12 veces más resistencia que el aire, por lo tanto el ejercitarse dentro del agua no solo asegura el fortalecimiento de los músculos sino que también favorece la evolución de la artritis e incrementa favorablemente el trabajo del corazón y los pulmones.

- Practicar el **Tai-chi**, las artes marciales ejercitan la mente, permitiendo una coordinacion perfecta entre la mente y el cuerpo, muy importante a fin de mantener un perfecto balance mente-cuerpo, que se va perdiendo a medida que deshojamos los almanaques.

- **Discretos ejercicios** para fortalecer la fuerza muscular, lo que nos permite mantener la masa muscular, la que naturalmente disminuye con la edad.
- **Caminar**, que ha sido vinculado con una mejora en la memoria y enaltece la fisiología cardiovascular y respiratoria;
- **Ejercicio de Kegel**, que consiste en contraer y relajar los músculos pélvicos repetidamente y asi ayudar a reducir la incontinencia urinaria (es como fingir que uno tiene que orinar y luego contenerse), con esto se relaja y aprieta los músculos que controlan el flujo de orina. Los ejercicios de Kegel pueden ayudar a fortalecer los músculos debajo del útero, la vejiga y el intestino (grueso). Pueden ayudar a hombres y mujeres que tengan problemas con escape de orina o control intestinal. Uno puede tener estos problemas a medida que envejecemos o si se aumenta de peso, después de un embarazo y parto (en mujeres), o después de una cirugía de la próstata (hombres) o ginecológica (mujeres). Las personas que tienen trastornos cerebrales y nerviosos también pueden tener problemas con escape de orina o control intestinal. Los ejercicios de Kegel se pueden hacer en cualquier momento del día, aún en la cama antes de conciliar el sueño, cuando se esté sentado o acostado; se puede hacer cuando se esté comiendo, sentado en el escritorio, cuando se este conversando (nadie se va a dar cuenta de ello), manejando y cuando se esté descansando o mirando televisión. La próxima vez que tenga que orinar, arranque y luego deje de hacerlo; lo que se sentirá será la acción de los músculos de la vagina (para las mujeres) y los que trabajan con la próstata (para los hombres), se activan también los músculos de la vejiga o el ano (se ponen firmes y se desplazan hacia arriba). Éstos son los músculos del piso pélvico; sí los siente firmes, ha hecho el ejercicio correctamente; su próstata (o su vagina), su ano y su vejiga se lo agradecerán.

El ejercicio físico debe formar parte de nuestra actividad diaria; el realizar actividad física de forma moderada y de manera constante favorecerá nuestra movilidad a largo plazo. Los paseos diarios son una de las mejores actividades, siempre respetando la capacidad de cada uno, de acuerdo a los almanaques acumulados.

2. Alimentarse adecuadamente

Hace miles de años desde que el hombre pobló la tierra, por una simple cuestión de supervivencia el ser humano tuvo que adaptarse a su medio ambiente, proveyéndose de la naturaleza sus alimentos, necesarios para la vida. El ser humano al inicio cazó para adquirir la proteína animal (cárnicos), colectó frutos y los amiláceos (cereales, tubérculos), luego domesticó animales (para carnes y lácteos), y pudo iniciar la cocción (para poder digerir mejor muchos de esos alimentos no fisiológicos); y comenzó a comer ya no solo por supervivencia, sino porque le gusta, por placer, por diplomacia, por compartir, etc.

Luego, la tecnología moderna nos introdujo el alimento industrializado, procesado y envasado, con el artificial aporte del desmenuzamiento y la síntesis química, completándose un esquema tóxico y adictivo, muchas veces causa profunda del proceso crónico de "contaminación interna" que luego deviene en los procesos que llamamos enfermedades.

El actuar del ser humano con la naturaleza y el incremento poblacional a nivel mundial, ha ocasionado que surjan industrias con la finalidad de proveer alimentos accesibles al poblador; de no haber sido así, la naturaleza seguiría siendo afectada para satisfacer el hambre y a la fecha no sería suficiente, los recursos se hubieran agotado muchos años atrás. Pero a la corta o a la larga, el propio accionar humano con la naturaleza, para aprovechar al máximo los recursos que nos brinda en bien de la economía, nos ha ocasionado problemas de subsistencia normal, siendo el más serio lo que se llama **efecto invernadero**.

Efecto Invernadero

El efecto invernadero es el fenómeno provocado por el axcesivo acúmulo de determinados gases, componentes normales de la atmósfera terrestre, que retienen parte de la energía que el suelo refleja y emite al haber sido calentado por la radiación solar.

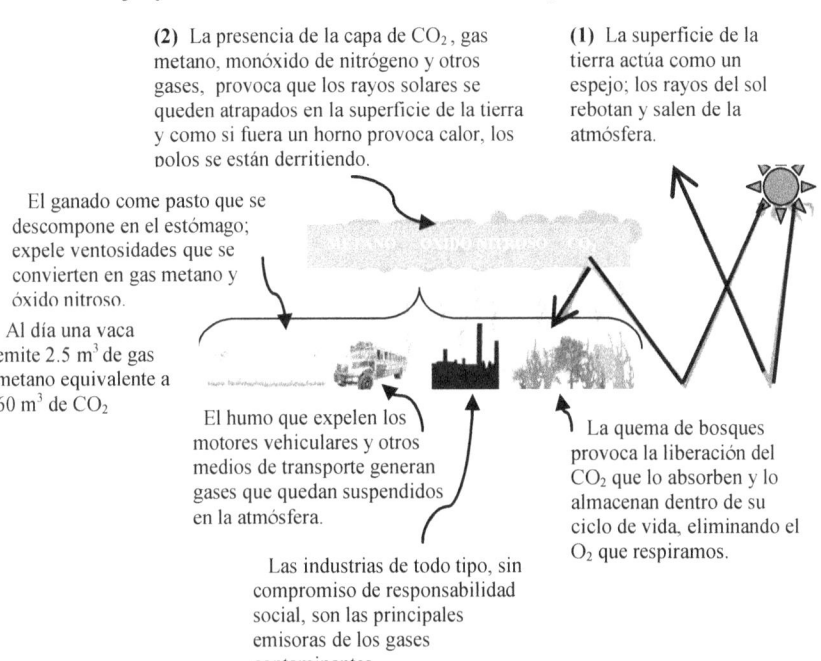

(2) La presencia de la capa de CO_2, gas metano, monóxido de nitrógeno y otros gases, provoca que los rayos solares se queden atrapados en la superficie de la tierra y como si fuera un horno provoca calor, los polos se están derritiendo.

(1) La superficie de la tierra actúa como un espejo; los rayos del sol rebotan y salen de la atmósfera.

El ganado come pasto que se descompone en el estómago; expele ventosidades que se convierten en gas metano y óxido nitroso.
Al día una vaca emite 2.5 m^3 de gas metano equivalente a 60 m^3 de CO_2

El humo que expelen los motores vehiculares y otros medios de transporte generan gases que quedan suspendidos en la atmósfera.

La quema de bosques provoca la liberación del CO_2 que lo absorben y lo almacenan dentro de su ciclo de vida, eliminando el O_2 que respiramos.

Las industrias de todo tipo, sin compromiso de responsabilidad social, son las principales emisoras de los gases contaminantes.

Desde la revolución industrial, por los 1950, y debido principalmente al uso intensivo de los combustibles fósiles en las actividades industriales y por los medios de transporte, se han producido sensibles incrementos en las cantidades de óxido de nitrógeno y dióxido de carbono emitidas a la atmósfera, con el agravante de que otras actividades humanas contra la naturaleza, como la deforestación, han limitado la capacidad regenerativa de la atmósfera para eliminar el dióxido de carbono aumulado, principal responsable del efecto invernadero. Otro fenómeno que contribuye también al temible efecto invernadero, es la agroindustria como la crianza de ganado en los corrales de engorde, negocio en incremento y muy productivo no solo en la industria alimentaria sino la del calzado, vestido y otros insumos. La FAO informa que ya en el año 2006, las 1,500 millones de reses que existían eran responsables del 18% de la producción de gases del efecto invernadero, un porcentaje mayor de lo que producían los medios de transporte juntos.

Si continúa sin variantes la actividad económica de la revolución industrial, para el 2030 el gas metano (CH4), podría dezplazar al dióxido de carbono (CO_2), como el principal contaminante de nuestra tierra y el causante mayor del efecto invernadero. A pesar de que el gas metano es 21 veces más dañino para la atmósfera que el CO_2 (actual principal gas del efecto invernadero), sin embargo es 24 veces más absorbente de calor solar que el CO_2 y su vida media es de 12 años contra 100 años de la vida media del CO_2. Por lo que señalan los científicos, el control de la emisión del metano permitiría aprovechar sus ventajas; mas si su producción aumenta en pocos años, peor serían sus desventajas.

El problema que afrontamos los humanos con el medio ambiente así como con el calentamiento global, es afrontado por el mundo entero en busca de soluciones por la salud del planeta; de igual manera, cada ser humano debe preocuparse por su propio bienestar.

Si hemos tomado el efecto invernadero y la participación de las vacas en su proceso, es porque nos permite entender lo que la economía industrial es capaz de hacer por lograr mejores ingresos económicos, pero lamentablemente, muchas veces dejando de lado la salud del consumidor. Seguidamente, para valorar mejor lo expresado, pongo a su criterio lo que los expertos señalan respecto a lo que se come a diario.

¿Qué comemos?

Tal como lo presentamos párrafos arriba, lo que comen las vacas grandemente determina su impacto ambiental, y tan malo lo es también el impacto negativo en nuestro organismo. Existen dos caminos posibles para el bistec en el plato que llega a nuestra mesa alimentaria: ganado alimentado con granos y el alimentado con pasto; es importante considerar algunos puntos:

- ➢ La producción de fertilizante para cultivos forrajeros puede emitir 41 millones de toneladas métricas de dióxido de carbono (CO_2) al año.
- ➢ Grandes granjas industriales que crian ganado con granos, consumen combustibles fósiles y el cultivo para producir estos granos demanda deforestación que convierten vastas franjas de bosque en las tierras de labrantío.
- ➢ El transporte de estos productos de alimentación, atravesando largas rutas comerciales alrededor del mundo, agrega sus gases a la cuenta de gases de efecto invernadero.
- ➢ En contraste con las vacas alimentadas con pasto, las que comen granos, encerradas en corrales, producen más gas metano como emisiones netas.

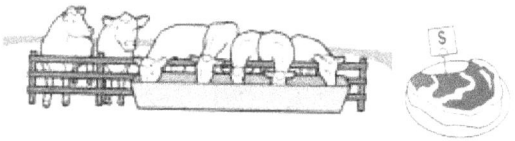

- ➢ La hierba que alimenta al ganado requiere no más que la luz del sol y el agua de lluvia para crecer; el uso de fertilizantes y pesticidas, generalmente, no es tan necesario.
- ➢ Las vacas alimentadas con hierba, fertilizan la tierra con su propio estiércol, de hecho se puede afirmar con certeza que el fertilizante se hace naturalmente donde se necesita.
- ➢ Las vacas libres en el campo, pisotean su estiércol (materia en descomposición), en el suelo, lo que ayuda a mantener el CO_2 y el gas metano que producen, bajo tierra.
- ➢ Las vacas alimentadas con pasto toman más tiempo para criarlas; la carne de res molida puede costar $7 la libra, más

del doble el precio de las alimentados con granos. Pero contiene mucho menos acidos grasos que la carne de las vacas que comen granos.

➢ A diferencia de las vacas alimentadas con granos, las que se alimentan de hierba nos proporcionan no solo su carne baja en grasas saturadas, sino altas cantidades de omega-3, los ácidos grasos para un corazón saludable, al igual que la que nos ofrece el salmón.

Recientemente, estudios realizados por Harvard Medical School concluyen que el consumo de carnes rojas se asocia con un incremento en el riezgo de contaer enfermedades cardiovasculares y cáncer, tanto en hombres como mujeres; además las carnes y otros alimentos procesados tienen un impacto negativo en la salud.

El Instituto Americano para la Investigación del Cáncer aconseja que no se debe consumir más de 18 onzas de carne roja a la semana y una completa abstinencia de todos los alimentos procesados como las salchichas, bocaditos con carnes, jamones, embutidos y "hot dogs", citando investigaciones que muestran un alto riesgo para cáncer de colon. En limitadas cantidades, alimentos no procesados, provenientes de ganado alimentado con hierba son mejores, según lo sostienen recientes estudios hechos en California y en Australia, coincidentemente. Se ha demostrado que el omega 3 contenido en animales alimentados con hierba es mucho más alto que los alimentados con granos.

Los diversos estudios y avances científicos aplicados a la nutrición humana nos han puesto en la disyuntiva de decidir por nosotros mismos sobre lo que debemos comer. La tecnología, a su vez, nos permite informarnos (por Internet, la **Universidad Virtual** gratuita) sobre lo que es mejor para, no solo saciar el apetito, sino el saber escoger lo que debemos ingerir, en beneficio de nuestra salud. Por ejemplo, cuando gracias a esta información, entendamos la diferencia existente entre los llamados alimentos convencionales y orgánicos, se puede comprender de donde vienen algunos de sus beneficios, y de sus efectos dañinos para nuestro organismo.

Alimentos Orgánicos versus Convencionales

Se denomina **alimento orgánico o biológico** al producto agrícola o agroindustrial que se produce, comprende a los procedimientos usados tanto en el cultivo y en el proceso industrial, así como en la conservación y el transporte (por el tiempo que se emplea en llegar a las manos del consumidor), bajo un conjunto de procedimientos denominados "orgánicos". En general, los métodos orgánicos evitan el uso de productos sintéticos, como pesticidas, herbicidas y fertilizantes artificiales (en el procesado de las frutas, verduras y cereales), antibióticos y hormonas (en el procesado de las carnes y productos lá[cteos y ovíparos), que sí se usan en la agroindustria **convencional**. Además, para considerarse orgánico, un alimento debe procesarse sin irradiación o aditivos químicos y no pueden obtenerse de organismos modificados genéticamente.

Aunque, actualmente, los científicos no han encontrado suficiente evidencia comprobada para afirmar que el consumo de productos biológicos repercuta en un mayor beneficio para la salud, el propósito de todo esto es evitar que estas sustancias químicas y aditivos se filtren en los alimentos y produzcan daño al organismo del consumidor.

Los animales criados orgánicamente son alimentados con una dieta equilibrada, ecológica y se les permite el acceso al exterior, al campo, a diferencia de los animales en los ranchos más convencionales donde se les administra antibióticos, hormonas de crecimiento, y colocados en jaulas o corrales.

Veamos el cuadro siguiente, para apreciar mejor lo expresado: alimentos ogánicos contra alimentos convencionales.

	ORGÁNICOS	CONVENCIONALES	SU DECISIÓN
huevos	La alimentación dada a las gallinas puede incluir suplementos orgánicos como la harina de linaza, que aumenta la vitamina A y ácidos omega 3 y mejora el sabor. Las aves son mejor tratadas, también, con más espacio para moverse. $4.59 la docena, grado A	Las ventajas son el precio y disponibilidad. Es simplemente más fácil y más barato comprar inorgánicos. $3.49 docena grado A	Orgánicos. El tratamiento de las aves sella el trato. Una gallina industrial en una jaula con luz artificial todo el dia, para que no duerman y produzcan más, no es una bonita vista.
lácteos	Las vacas que producen leche orgánica no son tratadas con antibióticos u hormonas; esto es especialmente importante a fin de evitar el contagio con bacterias resistentes a los medicamentos y la aparición temprana de signos de pubertad en las niñas que continúa haciéndose más común. $6.59 por galón	Costo. Se produce un gran impacto al chequear la etiqueta en el pago de una prima de $3.50 por galón; sin embargo es preferible pagar un poco más, especialmente si tienes niños con intolerancia a la leche en la casa. $3.89 por galón	Ir por lo orgánico si puedes; la química adicionada en las vacas comerciales es demasiado.
Carnes	El ganado alimentado con pasto tiene un cociente más alto de ácidos omega-3, que puede reducir el riesgo de cáncer y enfermedades cardíacas. Tiene mucho menor grasa (colesterol). También puede haber un riesgo menor de la transmisión de E. Coli, gracias a un menor hacinamiento. $6.99 por libra	Una sola palabra: sabor. Pero el ganado alimentado con granos tienen la carne más grasosa, eso significa más sabrosa, y el colesterol?. La carne proveniente de ganado alimentado a hierbas está simplemente fuera del alcance de muchas personas. $4.49 por libra	Optar por orgánicos si puedes pagarlo; es mejor para ti y mucho mejor para las vacas.
frutas y verdura	El riesgo de pesticidas es menor y si la chacra es cercana y estamos en la temporada, sabrá mejor que aquellos productos que se maduran durante el transporte. También es mejor para la preservación del planeta. $0.54 cada plátano	El precio es menor, y no todos tienen una chacra muy cerca de casa. No hay mucho diferencia nutricional entre productos convencionales y orgánicos. $0.69 libra de plátanos	Convencional. Comer cualquier producto es mejor que no comer en absoluto. El precio es muy importante, también lo es el medio ambiente.

Los alimentos cultivados orgánicamente también pueden contener más nutrientes; la razón es que los métodos de cultivo convencionales en realidad reducen el contenido de vitaminas y minerales en los alimentos (reduciendo las cantidades de nutrientes por volúmen), debido al agotamiento de los suelos por el uso excesivo de fertilizantes artificiales que producen el desequilibrio de la flora bacteriana, la que normalmente se encarga de mantener el ciclo bilógico del suelo que nutre las plantas, alimento de los animales que consumimos los humanos.

Si bien los alimentos orgánicos son más costosos, por un mayor uso de mano de obra y mayor uso de espacio y tiempo para su elaboración y procesamiento, también son de mejor calidad, y resulta una adición a la salud, desafortunadamente cuando se trata de elegir entre ahorrar y elegir alimentos saludables, la segunda no siempre suele ser nuestra decisión. Los gobiernos responsables regulan la industria de alimentos orgánicos para asegurar que los agricultores convencionales no puedan etiquetar sus productos como orgánicos a fin de elevar el precio.

La **cocción** de los alimentos es otro factor de suma importancia para una alimentación adecuada; por ejemplo, para evitar el agregar libras a nuestro peso el comer las populares, y muy nutritivas papas, no lo determinará la cantidad de "calorías" ni de los carbohidratos que la papa de por sí nos proporciona, sino cómo se cocina la papa, tal es así:

Al vapor	Hervida	Salteada	Frita	Frita de bolsa
70 Kcal	80 Kcal	134 Kcal	290 Kcal	538 Kcal

Alimentos Mejorados:

La industria alimentaria procesa algunos alimentos, para presentarlos más funcionales y, por supuesto, mejor apreciados comercialmente; para ello los enriquecen con elementos saludables y que los alimentos no los contienen naturalmente. Por ejemplo, lo más sobresaliente de esto lo constituyen:

* **Leche + vitamina D**: agregar la vitamina D se inició para impulsar las ventas de la leche por los 1940's. Ahora es una bendición para la mayoría de los estadounidenses, que no obtienen suficiente vitamina D en su dieta; se beneficia la estructura ósea, previniendo fracturas, además de incrementar su longevidad.

* **Yogur + probióticos**: los probióticos (bacterias "buenas"), son microrganismos similares a las bacterias que viven en nuestros intestinos, cumplen su rol ayudando a la digestión y a mantener la flora bacteriana intestinal (bacterias que habitan normalmente en el interior de nuestro estómago e intestinos), alterada por lo que ingerimos, sobre todo, los antibióticos (recetados o que están incluídos en los alimentos).

* **Untados + esteroles**: las mantequillas, margarinas, y mantecas se elaboran con agregados de aceites de plantas o esteroles; los esteroles no tienden a pegarse a las paredes de los vasos sanguíneos como lo hacen las grasas animales; con el agregado de fitoesteroles, además, se puede ayudar a bajar el nivel de colesterol "malo".

* **Huevos + omega 3**: si se alimenta a las gallinas con cosas buenas, ponen buenos huevos. Cuando las gallinas (y los pollos) comen linaza, alta en ácidos grasos tipo omega 3, más saludables se hacen en nuestra sartén los huevos y las pechugas de pollo que freímos, usando aceite de oliva, por supuesto.

* **Harinas + folatos**: casi todas las harinas que se venden en los Estados Unidos están fortificadas con ácido fólico, una sintética forma de vitamina complejo B (folato), que ayuda a reducir el riesgo de los defectos en la médula espinal del recién nacido.

* **Jugo de naranja + calcio**: muchas personas no ingieren suficiente calcio en su dieta, pero estudios han mostrado que los recursos como la leche y otros suplementos, como el jugo

de naranja u otros cítricos, a los que se agregan calcio en su composición, son muy buenas vías para cumplir con el requerimiento diario.

❖ **Jugos de frutas + fibra**: un extracto es simplemente fruta menos fibra; agregando fibra, estamos ayudando al cuerpo humano a aprovechar el azúcar de los alimentos más uniformemente, al mitigar los altibajos del azúcar que pueden provocar comer en exceso. Además se favorece el buen funcionamiento intestinal, se evita el estreñimiento.

Alimentos Congelados:

Las bacterias y hongos, que se encuentran libres en el aire, colonizan rápidamente los alimentos frescos y se reproducen muy rápidamente, prosperando su accionar en condiciones cálidas y húmedas. El proceso de **refrigeración** casero puede retardar su crecimiento, pero la **congelación** industrial va mucho mejor: mata a muchos microorganismos y bloquea al resto en una especie de animación suspendida. Congelado, el alimento que podría haber sido comestible durante unos días en nuestras refrigeradoras, puede durar meses encerrados en hielo.

Como hemos señalado, el agua es una parte importante de los materiales orgánicos. Cuando se congela una bolsa de guisantes o una libra de hamburguesa, está convirtiendo el agua contenida en ellos en cristales de hielo. En los Estados Unidos, la congelación de alimentos en el hogar no se convierte en algo habitual hasta la invención del rápido congelado de alimentos. Los primeros inicios de los congeladores se remontan a mediados del pasado siglo XX.

La congelación rápida, de hoy en día, ofrece importantes ventajas sobre los clásicos métodos de congelación que aún se siguen utilizando. En primer lugar, se aplica frío bajo cero que es más letal para los microorganismos que la temperatura en los congeladores caseros. En segundo lugar, congela los alimentos muy rápido, en cuestión de minutos, circulando aire frío por debajo del cero, alrededor de él. Si se usa el congelador de nuestro hogar, en los alimentos se forman grandes cristales de hielo, que pueden deformar y romper para arriba el alimento. El resultado es una consistencia blanda cuando lo descongelamos y, quizás tengamos una pérdida de color y sabor. Antes de ser congeladas rápidamente, muchas frutas y verduras son "blanqueadas" primero (rápidamente calentadas por hervirlas o cocerlas al vapor); esto detiene la actividad de la enzima que permite al producto madurar, sería lo contrario de madurarlas. La industria se vale de la acción de ésta enzima al cosechar el alimento casi verde y aprovechar el proceso natural enzimático que hará a los alimentos madurar durante el tiempo que se emplea en el transporte hasta que llega a nuestras mesas.

Alimentos Enlatados/Embotellados:

En el proceso de enlatado y embotellado de los alimentos, el ingrediente clave es el propio contenedor en sí. Esterilizado y herméticamente sellado, los gérmenes del alimento se quedan fuera. Lo que está en el interior, el jamón, el salmón, las habas o las frutas sigue siendo inviolable, listos para comer hasta por cinco años. Para lograrlo, antes de envasarlo, el contenido se somete a alguna forma de preservación, generalmente se cocina a alta temperatura; a las bacterias no les gusta el calor extremo, aún más insoportable para ellas que el frío. A veces, el envasador agrega ingredientes ácidos como conservantes.

La comida preparada así, es luego sellada en el recipiente, el que se esteriliza previamente por calor, un ataque relámpago sobre microorganismos restantes. La temperatura requerida para la esterilización depende de la comida. Las recetas caseras se logran conservar a menudo con ciertos ácidos y/o en vinagres naturales; otros alimentos y conservas frutales, se logran esterilizar con muy buena seguridad, por simple ebullición. Pero para matar gérmenes peligrosos tales como la bacteria que causa botulismo, que pueden contaminar alimentos con baja acidez como las carnes, tienen que completar su cocción muy caliente, en la gama de 215 Fº (aprox. 102 Cº), en el interior; esto requiere cocción bajo presión.

Si las conservas se estropean (y rara vez lo hacen), siempre es debido a alguna bacteria que se deslizó en el alimento durante la preparación o conservación. Las bacterias que logran vivir dentro de la conserva producen dióxido de carbono como residuo, que hincha el contenedor y en ése es el signo indicador de deterioro.

COMIENDO SANAMENTE

El Departamento de Agricultura de los Estados Unidos, en favor de una alimentación saludable, promueve una dieta rica en frutas, vegetales, granos enteros y carnes magras. Por referencia tomada de diferentes fuentes mencionaremos algunas pautas sobre los granos enteros, frutas, verduras y carnes que debemos considerar incluirlas (o dejar de incluirlas) en nuestra dieta, conociéndolas bien y así comer saludablemente.

Quinua:

Aquí una rareza nutricional, la quinua no es sólo un grano entero, es también una proteína completa. Este pseudo grano, muy apreciado por los guerreros Incas (y por sus descendientes actuales en los Andes peruanos también), por sus propiedades fortificantes, cuenta con proteínas, magnesio, calcio y hierro en su contenido nutricional y ha sido distinguida por la sección agrícola de la Organización de los Naciones Unidas por su alto valor nutritivo, confirmado por variados estudios. Una de las razones de su resurgimiento actual es que contiene 10 aminoácidos esenciales (no producidos por el organismo), a diferencia del trigo, arroz o avena (con escasos aminoácidos); excepcionalmente, la quinua contiene proporcionalmente un contenido de proteína del 14 al 18%.

Los consumidores recién están descubriendo lo que la NASA dió a conocer hace dos décadas y que se usa para alimentar a los astronautas: *"Mientras que ningún otro alimento lo hace, sólo la quinua puede suministrar todos los nutrientes esenciales para la vida; no existe planta o animal en el planeta que contenga tanto nutriente como la quinua"*, dice un documento técnico de 1993 publicado por la organización NASA.

Investigaciones recientes en el Brasil se han centrado en sus efectos antinflamatorios sobre el sistema digestivo. Por otra parte, un estudio publicado en el American Journal of Gastroenterology en 2014, considera su uso favorable como un carbohidrato libre de gluten; fácilmente digerible por los que padecen de la enfermedad celíaca. Así que, además de contar con todas las ventajas de los granos integrales -alto contenido de fibra, bajar los riesgos de contraer enfermedad cardíaca y diabetes-, también contiene los aminoácidos necesarios para fortalecer los músculos y mejorar el metabolismo. ¿Cómo comerlo?: reemplaza con creces al arroz o se puede combinar con él; con quinua en cualquier momento es fácil hacer dulces (similar a la preparación del arroz con leche); una sopa o guiso de quinua es lo más delicioso; o utilizarla para crear un tipo diferente de hamburguesa vegetal.

Frijoles negros:

Estas legumbres son baratas y fáciles de cocinar, razón por la cual son un elemento básico en la dieta de muchas personas; nos sorprende comprobar que es una rara ocasión cuando lo barato y lo fácil también sea saludable. Los frijoles negros con alto contenido en proteína, hacen que sean un sustituto de la carne popular entre los vegetarianos, y también para los que deseen cambiar su estilo alimentario, con mucha fibra nos complementan muy bien. Estos frijoles incluso ofrecen ácidos grasos de omega 3, que impulsan la salud del corazón. Y todavía eso no es todo, son altos en las potentes antocianinas fitoquímicas, las mismas que se encontraron en arándanos; los estudios indican que mientras más oscuro sea el grano, cuanto mayor será el contenido de antioxidantes y mucho mejor contra el cáncer y beneficios pro-corazón que transmiten los antioxidantes.

Frijoles rojos:

Su alto contenido en potasio y magnesio hace de estos frijoles un buen regulador de la presión arterial y su fibra ayuda a reducir el colesterol LDL. Porque son ricos en hierro y proteínas, también son un excelente reemplazo para la carne; su color rojo nos indica su riqueza en los antioxidantes.

Lentejas:

Incluso si no se es un fanático de los frijoles, las lentejas merecen una oportunidad. Pueden ser pequeñas, pero son gigantes en su contenido de hierro, fibra y proteínas. Son fáciles de hacer (no requiere remojo), y muy importante, no tiene al sulfuro como componente, el causante en producción de gas en otras legumbres.

Bulgur: trigo

Bulgur (es trigo cocido y procesado ya sin cáscara -nuestro salvado-), es un grano entero menos conocido, menos difundido diría yo (similar al trigo sarraceno, mijo, farro, cebada y amaranto). También conocido como trigo porque eso es esencialmente lo que es, el bulgur tiene un índice de carbohidratos o glucémico bajo, por lo que es un buen correctivo para mantener los niveles de azúcar en la sangre.

Pan de trigo entero:

Cuando un núcleo de grano entero se "refina", pierde sus nutrientes tales como: la fibra, vitamina B y el hierro. Así que, al comprar, tengamos cuidado con el pan no marcado como 100% grano entero. Etiquetas como "multigrano", "hecho con granos integrales" y "enriquecido", con toda seguridad significan que el producto es probablemente también hecho con granos refinados.

Semillas de lino: linaza

Las semillas de lino (una familia de la linaza para nosotros), son magníficas fuentes de proteínas, éstos, "flaxseeds" en particular, también entregan ácidos grasos de origen vegetal de omega 3 llamado ALA, haciéndolos muy especialmente saludables para el corazón. Se agregan en productos horneados, como una excelente fuente de grasa saludable.

Semillas de Chia:

Al igual que la linaza, las semillas de chia son ricas en ácidos grasos omega 3 de origen vegetal (ALA).

Avena (quaquer) procesada:

Ligeramente procesada y sin aditivos, la avena es la mejor manera de comenzar un día. Como otros granos, la harina de avena es rica en fibra y, por lo tanto, saludable para el corazón y contiene antioxidantes también. Provée energía como carbohidratos junto con vitaminas del complejo B que como muscular-alimentación ofrecen un servicio de primer orden post-ejercicios.

Dieta libre de gluten:

Cambiar a una dieta libre de gluten es solo recomendada si, después de las pruebas de sangre y biopsia intestinal, se ha sido diagnosticado con la enfermedad celíaca, una inflamación del intestino causada por el consumo de gluten; uno no debe consumir alimentos libres de gluten sin haberse sometido a los estudios, pues se afecta la natural producción de anticuerpos con los que el organismo responde ante la presencia del gluten, por lo tanto se puede retrasar un diagnóstico preciso. Los síntomas de la enfermedad celíaca, afecta alrededor del 1% de la población de USA, incluyen diarrea, dolor abdominal y distensión abdominal después de comer trigo, centeno y cebada (altos en gluten).

La sensibilidad al gluten produce síntomas similares a la enfermedad celíaca, una condición que también puede requerir un enfoque libre de gluten, pero no daña el intestino y no se muestran en una prueba de sangre, por lo que debe buscar el asesoramiento de un gastroenterólogo. Cortando al gluten de nuestra dieta, el cuerpo queda privado de una buena fuente de fibra, junto con vitaminas vitales y minerales, por lo que no es una opción sabia para la pérdida de peso; puede significar pérdida de la salud en general. Si ha sido aconsejado consumir productos libres de gluten, su dieta debe ser fortificada con vitaminas y minerales para reemplazar los que no ingresan al no comer alimentos que contienen gluten. La quinua, mijo, amaranto y trigo sarraceno son todos ejemplos de nutritivos cereales libres de gluten.

Aceite de oliva extra virgen:

El aceite de oliva es un pilar en la dieta mediterránea: alta en grasas moninsaturadas, que ayuda a mantener bajo el colesterol LDL. Se debe preferir el uso de las versiones extra virgen, pues no son demasiado refinadas y mantienen más antioxidantes, vitamina E y el oleocantal un antioxidante, que puede reducir la inflamación.

Café:

Los potenciales beneficios para la salud personal del café dependerán de la genética. Estudios epidemiológicos recientemente publicados han demostrado que el consumo de café puede disminuir el riesgo de algunas enfermedades como el Alzheimer, la demencia senil, Parkinson, ciertas enfermedades del corazón y la diabetes tipo 2; pero aumentan el riesgo de otras, como la anemia. Mas, estudios del 2011 han sugerido que los efectos del café sobre el riesgo de la enfermedad de Parkinson depende de los genes del individuo. Otra pieza de la investigación sugiere que si un gen específico, el CYPA12, se expresa, la cafeína se metaboliza lentamente, aumentando el riesgo de contaer alguna enfermedad cardiaca, mientras que si no se expresa, el café se metaboliza rápidamente, llevando a una disminución de este riesgo.

Así que, aunque sabemos con certeza que el café es alto en antioxidantes, que fue confirmado en estudios recientes, y tiene beneficios para la salud potencial, se requiere investigaciones más profundas (y las pruebas genéticas individuales), antes de que estos hallazgos permitan utilizarse para recomendar el consumo de café.

Aguacate:

A las personas que hacen dieta se les advierte a menudo de tener reservas sobre el consumo del aguacate, por su alto contenido en grasa. Si bien es cierto que la grasa hace un 75% de las calorías que nos ofrece la fruta, son naturalmente grasa monoinsaturada, pero de la "buena grasa". Investigaciones han demostrado que una dieta enriquecida con aguacate realmente reduce el colesterol LDL (el "malo"), mientras que aumenta los niveles del colesterol bueno HDL en un 11%.

Contrariamente a la creencia que los aguacates deben ser omitidos de dietas controladas en calorías, un estudio de 2013 en Los Angeles encontró que puede desempeñar un papel útil; los participantes que comieron la mitad de un aguacate con su almuerzo informaron un deseo disminuido en el apetito del 40% hasta por tres horas después de comer. Ellos no mostraban signos de azúcar en la sangre elevada, indicando que los aguacates pueden tener un efecto regulador sobre los niveles de glucosa.

En otro estudio del 2013, se llegó a la conclusión que el consumo de aguacate se asocia con mejor calidad de dieta y redujo el riesgo de manifestar el síndrome matabolico, cuyos síntomas y manifestaciones clínicas pueden corresponder a diabetes, accidente cerebrovascular y enfermedad coronaria.

Tomates:

El tomate a nuestra disposición contiene una gran cantidad de nutrientes incluyendo vitaminas A, C y K; su profundo color rojo nos indica la presencia de abundantes licopenes, un poderoso antioxidante.

Granada:

La granada se introdujo en California por navegantes españoles en 1769; ahora uno puede aumentar su conteo de antioxidantes con un vaso diario de zumo de granada, delicioso. Consumiendo un vaso de 8oz por día, rico en antioxidantes, se puede retardar el progreso del cáncer de próstata. También puede bajar el riesgo de enfermedades del corazón mediante la mejora del flujo sanguíneo al corazón. Un vaso de 5,5oz de zumo de granada cuenta como una de las cinco porciones de frutas y verduras recomendadas al día. Sin embargo, incluso una toma diaria de tan sólo 1,7oz, sobre un período más largo de tres años (según un estudio de seguimiento), se ha encontrado una notoria reducción en la acumulación de colesterol circulante y en el daño causado por el colesterol en las arterias.

Estudios más recientes en el Reino Unido, investigando la habilidad de la granada para retardar la aparición de la enfermedad de Alzheimer y el de Parkinson, encontraron que un componente, (punicalagin), se piensa actúa inhibiendo la inflamación en el cerebro que causa estas enfermedades neurodegenerativas.

Manzanas:

Las manzanas vienen naturalmente empaquetadas con pectina, un tipo de fibra que atrapa al LDL y permite su excreción de nuestro organismo. Además, al no comer su cáscara, como la mayoría lo hace, estamos perdiendo gran cantidad de fitoquímicos, muy beneficiosos como anti inflamatorios y anti oxidantes. Una manzana al día es el perfecto complemento para una dieta exitosa, fácil de transportar y adquirir y exelente recurso para la salud cardiovascular.

Arándanos: blueberries

Arándanos es un alimento más que muestra sus propiedades antioxidantes en el color profundo de su cáscara. Pero lo que realmente distingue a los arándanos es su capacidad de protector de nuestro corazón y de nuestra memoria; brinda gran apoyo al tracto urinario mediante sus componentes: carotenoides y flavonoides. De yapa, los arándanos también contienen mucha vitamina C y E.

Bananas:

Las bananas o plátanos tienen una gran cantidad de potasio, que mantiene estable la presión arterial y es indispensable para el trabajo muscular (evita nuestros "calambres") y también para el sistema digestivo. Contienen un alto nivel de fibra y satisface como una equilibrada merianda.

Almendras:

Similar a otros frutos secos, las almendras son ricas en proteínas; también provéen de calcio y grasas monoinsaturadas de gran untilidad para mantener un corazón sano; un puñado de almendras al día puede mantener bajo el colesterol "malo" LDL.

Nueces:

Los frutos secos tienden a ser altos en calorías y grasas, pero su grasa monoinsaturada es mejor para usted que la grasa saturada en la carne y productos lácteos. De hecho, sus altos niveles de ácidos grasos omega-3, en realidad, hacen de las nueces un aliado de la salud de nuestro corazón; las nueces tienen entre sus componentes de mayor contenido a un grupo de antioxidantes, que cualquier otra fruta seca.

Algas:

Los japoneses comen algas en grandes cantidades y tienen la mayor esperanza de vida en el planeta. Expertos en nutrición se han interesado en las propiedades de esta alga común, observando su impacto en la dieta más estudiada de los japoneses, que tienen una esperanza media de vida de 83 años, el más alto del mundo. Según un estudio del 2014 realizado por científicos de la Universidad de Newcastle en el Reino Unido, un compuesto encontrado en las algas llamado alginato, impide que el cuerpo absorba grasa, evitando la digestión de la grasa en el intestino. Incluso en pequeñas cantidades, la digestión de grasas de los participantes que consumieron pan con agregado alginateado fue reducida en un tercio; el compuesto bloquea la actividad de una enzima digestiva, la lipasa pancreática, que descompone la grasa para su absorción.

Sin embargo, las algas tienen un particularmente alto contenido de yodo. Esto puede ser beneficioso para aquellos que sufren de deficiencia de yodo (aunque esta condición es rara), pero altas dosis consumidas como un suplemento puede sobrecargar el cuerpo y causar hipertiroidismo.

Brócoli:

El brócoli es un vegetal crucífero, provee beneficios contra el cáncer (sobretodo el de próstata) e incrementa la inmunidad del organismo. El brócoli es también alto en contenido de fibra, lo cual permite mantener nuestra presión arterial baja y reduce el riesgo de enfermedades cardiovasculares.

Berenjena:

Sin mucho glamour, la berenjena viene cargada de fibra y vitamina B, su color púrpura intenso es también evidencia de gran cantidad de antioxidantes que protegen nuestras células cerebrales y controlan los niveles de lípidos.

Calabaza:

La calabaza es una verdura baja en calorías y plena con fibra y vitamina A, además ese color naranja es un fiel indicador de su alto contenido en beta caroteno, una sustancia que ayuda a prevenir enfermedades del corazón.

Col rizada:

La col rizada, un vegetal crucífero, es un combatiente de cáncer que lleva entre sus componentes fibra y antioxidantes. Oportunamente, también es rico en vitamina K, que ayuda a la coagulación de la sangre y favorece el crecimiento celular. Este miembro de la familia del repollo ha experimentado recientemente un aumento en popularidad gracias a una cadena de endosos acerca de sus beneficios para la salud. Es muy alto en vitaminas K y C, así como calcio; además, la col rizada contiene altos niveles de sulforafano, que tiene potentes propiedades contra el cáncer. Un estudio de 2013 en China, ha encontrado que un aumento de la ingesta de verduras de crucíferos se relaciona con un menor riesgo de cáncer de vejiga. Los beneficios para la salud de la col rizada son innegables, pero sólo asegúrese de cocinarla correctamente; el método de cocción utilizado hace una diferencia significativa a las propiedades contra el cáncer.

Según investigadores en el Reino Unido, el hervir verduras durante 10 minutos consume valiosos glucosinatos, por mucho como 40-50%, mientras que al vapor, microondables o al freírlas se conservan todos estos compuestos. Existen métodos diferentes de almacenamiento que fueron encontrados para tener poco impacto en la pérdida del glucosinato. La col rizada es tan llena de nutrientes que, por porción, contiene más calcio que la leche y más hierro que la carne de vacuno.

Coles de Bruselas:

Aquí está otro crucífero saludable para la dieta vegetariana, pero con algo extra. Ese aroma picante proviene de compuestos de azufre llamados glucosinolatos; este compuesto puede reducir el riesgo de cáncer de próstata, pulmón, estómago y mama.

Espinaca:

La espinaca viene cargada de nutrientes incluyendo hierro, calcio y vitamina A, que mantiene nuestros ojos y piel sanos y vibrantes; además contiene folato o ácido fólico (una vitamina hidrosoluble del complejo de vitaminas B, necesaria para la formación de proteínas estructurales y hemoglobina -y por esto, transitivamente, de los glóbulos rojos-). Es esencial para las mujeres embarazadas y para cualquiera de nosotros a fin de ayudar a nuestro metabolismo.

Remolacha roja:

La remolacha roja ofrece un importante aporte de folato (ácido fólico), un nutriente importante en las mujeres embarazadas para prevenir defectos de nacimiento. El resto de nosotros debemos de aprovechar este dato también, porque el folato impulsa el crecimiento de los reticulocitos, las células predecesoras de los glóbulos rojos. El color rojo, es un signo que lucha contra el cáncer y reduce el riesgo de enfermedad cardíaca.

La remolacha, inusualmente, contiene elevada cantidad de nitratos por lo que se le atribuye la propiedad de estimular el flujo de sangre y disminuir la resistencia vascular, por lo que disminuye significativamente la presión arterial sistólica durante varias horas, según los estudios hechos en Londres y Australia. Un equipo en Carolina del Norte también encontró que beber jugo de remolacha tuvo un impacto positivo sobre el flujo sanguíneo al cerebro, particularmente en el lóbulo frontal, que es la región más afectada en pacientes con demencia.

A decir de un reporte científico, es el contenido en nitratos en el jugo de remolacha lo que aumenta la resistencia en los atletas. Así, en el Reino Unido se encontró que atletas que tomaron dos vasos de 2.5oz con zumo de remolacha, ingeridos un tiempo antes de hacer ejercicios, disminuyeron el consumo de oxígeno del cuerpo tanto como el 3%.

Patatas dulces (nuestro camote, en los Andes):

Delicioso y muy nutricional, la patata dulce es rica en vitaminas A y C, fibra y potasio; con razón se le ha catalogado como uno de los alimentos de grado más alto en valor nutricional. Un camote mediano al horno sale muy dulce, contiene 561% de requerimientos diarios promedio de vitamina A, que puede prevenir la aparición de la degeneración macular y disminuye el riesgo de cáncer. En la Universidad Harvard Medical School encontraron que mujeres con dietas ricas en fuentes de betacaroteno, como las patatas dulces, reducen su riesgo de cáncer de mama en un 25%. Además, el comer la cáscara, así como la carne, aumenta nuestra ingesta de fibra, quercetina y potasio, un mineral que abunda en el camote y carente en las dietas de la mayoría de los adultos estadounidenses. De acuerdo con estudios, el diario requisito de consumo de 4,700 mg en potasio reduce la presión arterial y disminuye el riesgo de morir por accidentes cerebrovasculares en un 20%.

Ginger (raíz de jengibre):

Al ginger se le ha encontrado propiedades como el contener un eficaz analgésico muscular. Ha sido probado en atletas que después de intenso ejercicio físico, los participantes que recibieron jengibre, redujeron significativamente la fatiga muscular, según un estudio del 2013.

Otras investigaciones se han centrado en probar la sabiduría popular: que el jengibre tiene un efecto positivo sobre náuseas; variados estudios han concluido que el ginger puede ayudar a aliviar la hiperémesis gravídica durante el embarazo. Existen investigaciones para confirmar que el jengibre es tan efectivo en el tratamiento de mareos por movimiento y náuseas post-cirugía, así como la reducción de la presión arterial y la inflamación en el tratamiento de la osteoartritis.

Salmón:

El salmón, especialmente el proveniente de la vida silvestre y no el de granja, is rico en vitamina D y en ácidos grasos omega 3. Estudios recientes han encontrado que el omega 3 del salmón promueve la salud del corazón y puede proteger contra un daño prematuro del cerebro que acompaña al envejecimiento, sobretodo en lo referente a la pérdida de memoria.

Atún:

El atún is rico en proteínas, vitamina B, selenium y en omega 3; pero es también alto en una neurotoxina metilmercurio, por lo que no debe excederse su consumo en mujeres gestantes y en niños pequeños; para todos los demás, el atún, aún en conserva, debe ser un elemento básico.

Aceite de pescado:

Estudios en Italia encontraron que comer pescado azul cocinado con aceite de oliva, significativamente redujo la amenaza de cáncer. Investigaciones sobre los beneficios cardiovasculares de pescados aceitosos, como el salmón, comenzaron cuando los científicos observaron la baja incidencia de enfermedad cardíaca en ciertas comunidades, cuya fuente principal de alimentos era la pesca. Los resultados han sido tan evidentes que la Asociación Americana del corazón recomienda consumir al menos dos porciones de pescado azul a la semana para disminuir la presión arterial y acumulación de grasa en las arterias.

Una revisión de 2014, ha encontrado atractiva evidencia que comer el tipo correcto de omega 3 - pescado rico en grasas - dos veces a la semana puede también prevenir el desarrollo de tumores cancerosos como los de colon, intestino, mama y cánceres esofágicos. Los autores destacaron la importancia del método de preparación; seleccionar el pescado preparado con aceite de oliva, que es naturalmente baja en omega 6 (que resulta dañino para la salud), al vapor u horno, sin freír y que no se haya usado la sal como preservante.

Carne magra:

De acuerdo con la Universidad Johns Hopkins una carne "magra" tiene menos de 10 g de grasa total, 4,5 de grasa saturada y 95 mg de colesterol en una porción de 3oz -85 gr-. Las carnes magras son las que tienen menos del 10% de grasas, sea de res, cerdo, pollo, carnero, pato; lo cierto es que para considerarla como carne magra lo importante es el tipo de corte que se hace al alimento. La carne de res tiene proteínas, vitaminas B y E, hierro, magnesio, zinc; pero la mayoría de cortes tienen mucho colesterol y grasa también (sobretodo si son criadas con granos), por eso se debe preferir los filetes de redondo y asado, el superior lomo y solomillo, asado de hombro y brazo (mejor si son criadas a pasto o hierba). Sí se prefiere las aves de corral, pechuga o muslos pero sin piel y extraer toda grasa visible, es la mejor elección. Si se quiere comer un "burger", use carne molida magra por lo menos al 90%.

Leche sin grasas:

Los productos lácteos son una fuente principal de calcio y vitamina D, que contribuyen a la salud de los huesos. Los adultos que se adhieren a la leche descremada (o baja en grasa) pueden disminuir la presión arterial y reducir el riesgo de enfermedad cardíaca y la diabetes tipo 2. No debe privarse a los niños del gusto de tomarse el chocolate con leche; es una gran manera te reponer energías, después de un entrenamiento.

Yogur griego:

El yogur griego sin grasa, es una forma un poco más exótica para obtener su ingesta diaria de lácteo y todo el calcio, vitamina D y proteínas que vienen con él. Este yogur puede hacer un poco más que dramático la disminución del "relleno graso" que tenemos en demasía, alrededor de nuestra cintura.

Chocolate oscuro:

Un chocolate mientras más oscuro es, más alta será su concentración de cacao y esto significa que estará lleno de un potente antioxidante llamado flavonoides. En un estudio reciente se encontró que quienes habían consumido pequeñas porciones de chocolate oscuro cinco veces a la semana eran más delgados que aquellos que no lo hicieron.

Vino tinto:

Beber responsablemente, el vino rojo es ideal para uno. Los médicos aconsejan hasta dos copas al día para el hombre y una copa para la mujer. El vino rojo, en algunos estudios, se ha encontrado que viene cargado de un componente llamado resveratrol, el cual ha sido relacionado con longevidad y un bajo riesgo de diabetes y enfermedades del corazón. El resveratrol es más abundante en vinos elaborados con uvas cultivadas en regiones más frescas (decir, pinot noirs de Oregon).

3. Acudir al Médico regularmente

Con el avance de la medicina actual y de la tecnología (que hoy es la vía que permite al médico llegar al paciente sin mediar distancia, ni tiempo), el mito de que la vejez es una etapa llena de restricciones, privaciones y sufrimiento debe ser desterrado. Los progresos tecnológicos van de la mano con los progresos médicos y viceversa; no hay justificación para que nuestros viejos (y en el futuro nosotros mismos) podamos gozar de bienestar y salud hasta el fin de la vida.

Se puede llegar a viejo sin problemas de salud físicos ni mentales: todo depende del estado que mantenga previamente una persona. Si bien es cierto que el proceso de envejecimiento no está excento de problemas, la enfermedad no es exclusiva de la vejez, como tampoco lo es la salud de la juventud. En efecto, la enfermedad puede aparecer en cualquier etapa de la vida, no hay una edad fija. Mientras muchas personas jóvenes y aún niños padecen variadas enfermedades, gran parte de los "viejos" son y se mantienen muy saludables.

El hecho de que, con la tercera edad, aparezcan ciertas limitaciones no quiere decir que no se goce de buena salud. Existe un estado ideal, un bienestar propio en cada etapa de la vida. Y si esas etapas se viven al máximo del cuidado y prevención, se puede conservar una gran proporción del organismo en forma saludable en la última etapa de la vida. El único requisito para alcanzarlo es el acudir a sus controles médicos con regularidad; la prevención, tal y como lo hemos venido señalando, es esencial para ello.

Cuando el ser humano llega a la tercera edad ya padeciendo alguna enfermedad o, en el proceso de envejecimiento la hemos adquirido, ya sabemos nuestro pronóstico y tratamos de cumplir el tratamiento y las recomendaciones médicas; y lo toleramos pese a los "achaques". Pero, si nos diagnostican un **cáncer,** la situación es completamente diferente; se nos viene "el mundo encima". Tanto en la niñez como en la juventud y adultez las enfermedades comunes que nos afectan son médicamente manejables y con mucha seguridad prevenibles; el cáncer adquiere mayor relevancia tanto en la prevención como en el manejo del paciente; y afecta a cualquier edad de la vida.

Las pruebas genéticas se están convirtiendo en una parte inportante de diagnosticar y tratar la enfermedad; más de 2,500 pruebas de genética ahora pueden detectar el riesgo de dolencias, y una quinta parte de esas son tratables. Esto solo constituye una de las múltiples posibilidades de diagnosticar preventivamente lo que nos afecta; las pruebas de laboratorio, Rx, tomografías, ultrasonido y muchos otros más procedimientos de diagnóstico, y sobretodo una persona que ha estudiado mucho y ha adquirido una especialidad y se ha perfeccionado gracias a la tecnología, su Médico, tiene la última palabra sobre la conservación de su salud.

Durante la niñez, las enfermedades infectocontagiosas que nos afectan fueron prevenidas con las vacunas. Existen muy pocas vacunas que prevengan enfermedades en los adultos; prevención, es lo que cada uno debe tener para evitar enfermarse, pues la mayoría de males que nos afectan pueden ser prevenidos; solo nos basta con observar ciertos cuidados y tomar ciertas precausiones, siguiendo las recomendaciones de la ciencia médica.

Una simple actividad diaria (y aparentemente sin riesgo) es el hecho de alimentarnos, sin ello no hay vida, pero también es la principal causante de nuestros males, agudos o crónicos, si no elegimos con cuidado lo que vamos a ingerir, tal como lo hemos venido señalando y lo reafirmamos luego.

Se conocen más de 250 enfermedades transmitidas por la ingesta de nuestros alimentos; la mayoría de estas enfermedades son infecciones, ocasionadas por distintas bacterias, hongos, virus y parásitos diversos que pueden ser transmitidos por los alimentos y mediante estos, de persona a persona, simplemente por no conservar **medidas higiénicas**. También hay enfermedades ocasionados por toxinas o productos químicos nocivos que han contaminado los alimentos, por ejemplo pesticidas, hongos venenosos y el botulismo (toxina producido por una bacteria que contaminó el enlatado).

El microbio o toxina se introduce en el cuerpo a través del conducto gastrointestinal, y a menudo ocasiona los primeros síntomas tales como náusea, vómitos, calambres abdominales y diarrea, síntomas comunes en muchas enfermedades transmitidas por los alimentos. Muchos microbios, muy nocivos, pueden propagarse de muchas formas, por lo que no siempre debemos aceptar que una enfermedad es transmitida por los alimentos; uno de ellos es la Escherichia coli que puede propagarse tanto a través de alimentos contaminados, a través de agua de beber contaminada, a través de agua de nadar contaminada (por alguna persona que evacuó en la piscina o rio donde otros nadan) y de un niño a otro en una guardería.

Mencionaremos algunas enfermedades, prevenibles o que se pueden controlar, cuando se diagnostican a tiempo. Son llamadas crónicas para diferenciarlas de las agudas, como las mencionadas anteriormente , pero que pueden tener su origen a partir de nuestros hábitos alimentarios y/o estilo de vida.

Obesidad:

La obesidad y el sobrepeso constituyen una acumulación anormal o excesiva de grasa en el cuerpo que puede ser perjudicial para la salud. Estudios han demostrado que la obesidad infantil se asocia a una mayor probabilidad de muerte temprana en la adultez, y discapacidad por sobrepeso. Puede ser evitable adquiriendo un compromiso personal y sostenido en llevar a cabo cambios en el estilo de vida, en colaboración grupal (de la familia, pricipalmente) y con el apoyo profesional especializado.

Dislipidemias:

Hay que recordar que el colesterol es una grasa y por lo mismo es parte de los nutrientes indispensables para el organismo, sin embargo se tiene que cuidar el consumo en la dieta diaria. El exceso en el consumo de grasas, sobretodo saturadas, puede ser el detonante para desencadenar las enfermedades fundamentalmente cardiovasculares, por la formación de placas en las paredes de los vasos (ateromas), que al desprenderse, en cualquier momento y con cualquier estrés, pueden provocar obstrucciones que impidan la libre circulación de la sangre necesaria en todos los órganos: infartos en el corazón, accidentes cerebrovasculares en el cerebro, trombos o embolias en los pulmones, así como disminución en la irrigación sanguínea en cualquier órgano provocando su déficit funcional.

Hipertensión arterial:

La enfermedad cardiovascular es prevenible casi en el 90% de los casos. El corazón es un músculo y como cualquier músculo necesita estar activo; esa es una de las razones por las cuales el ejercicio es de importancia vital para estar sano.

El ejercicio recomendado es el aeróbico moderado (sólo el caminar, no correr) durante 30 minutos cada día no menos de 5 veces por semana, y los programas de entrenamiento requieren de la confección de rutinas por expertos que atiendan los antecedentes físicos de la persona y demás componentes (edad, actividad, entre otros) para la correcta indicación.

Diabetes Mellitus:

La diabetes es una enfermedad crónica que afecta a gran número de personas, representando un grave problema personal y de salud pública de enormes proporciones. Se calcula que entre el 2% y el 6% de la población la padece y el porcentaje aumenta con la edad. El diagnóstico oportuno de la diabetes es esencial a fin de evitar las complicaciones tardias, más aún si se toma en cuenta que uno de los principales problemas a tener que enfrentar es la ausencia de síntomas o la presencia de estos muy tardíamente en el proceso de la enfermedad (aumento de sed, aumento de diuresis, perdida de peso importante), lo que compromete el pronóstico. Una, nada difícil, detección precoz de la diabetes mellitus aumenta las posibilidades en la calidad de vida de las personas que la padecen o que pueden llegar a desarrollarla después, incluso en la tercera edad.

Existen tres tipos de Diabetes Mellitus:

1. **Diabetes 1**, causada por una reacción autoinmune, en la que el sistema de defensas del organismo ataca las células productoras de insulina del páncreas. La enfermedad puede afectar a personas de cualquier edad, pero suele aparecer en niños o jóvenes adultos. Las personas con esta forma de diabetes necesitan inyecciones de insulina a diario con el fin de controlar sus niveles de glucosa en sangre; sin insulina, una persona con diabetes tipo 1 morirá.

2. **Diabetes 2**, es el tipo más común de diabetes; suele aparecer en adultos, pero cada vez más hay más casos de niños y adolescentes. En éste tipo de diabetes, el organismo puede producir insulina, pero, o bien no es suficiente, o el organismo no responde a sus efectos, lo que provoca una acumulación de glucosa en la sangre; los pacientes podrían pasar mucho tiempo sin enterarse de su enfermedad, debido a

que los síntomas podrían tardar años en aparecer o en reconocerse, tiempo durante el cual el organismo se va deteriorando debido al exceso de glucosa en sangre. A muchas personas se les diagnostica tan sólo cuando las complicaciones diabéticas se hacen latentes. El número de personas con diabetes tipo 2 está en rápido aumento en todo el mundo. Este aumento va asociado al desarrollo económico, al envejecimiento de la población, al incremento de la urbanización, a los cambios de dieta, a la disminución de la actividad física y al cambio de otros patrones de estilo de vida negativos.

3. **Diabetes gestacional**, una mujer desarrolla diabetes durante el embarazo en una etapa avanzada de la gestación y surge debido a que el organismo no puede producir ni utilizar, no se abastece, de la suficiente insulina necesaria para la gestación. La diabetes gestacional suele desarrollarse en una etapa avanzada de la gestación, por lo que el bebé ya está bien formado, aunque siga creciendo. El riesgo para el bebé es, por lo tanto, menor que los de cuyas madres tienen diabetes tipo 1 o tipo 2 antes del embarazo.

Tabaquismo:

El tabaquismo es uno de los problemas más significativos de la salud pública a escala mundial; por un lado, no aparece en el imaginario social como una adicción o vicio, por el otro constituye la causa más importante, a nivel mundial, de morbi-mortalidad que se puede prevenir. En los tiempos actuales la preocupación es aún mayor, por el inicio de esta adicción en la juventud a edades cada vez más tempranas, llegando a afectar a los adolescentes en mayor escala que en décadas anteriores.

El consumo de tabaco es el factor de riesgo más importante, y constituye la causa de aproximadamente un 22% de las muertes mundiales por cáncer en general, y cerca del 70% de las muertes mundiales por cáncer de pulmón.

Alcoholismo:

Siempre ha existido y perdura actualmente (incluso se ha incrementado notoriamente), una gran tolerancia social respecto al consumo de alcohol y hasta en ocasiones se la fomenta; pero, lamentablemente su uso despierta una percepción muy escasa del riesgo de poder sufrir enfermedades hepáticas, cardiovasculares, gastrointestinales y neurológicas.

La población de riesgo más alto de adquirir hábito en el consumo de alcohol se encuentra entre los 14 y 28 años; la información y el diálogo son las herramientas fundamentales de prevención para la población expuesta.

Estrés laboral:

Los tiempos actuales, con los cambios sociales, económicos y tecnológicos, también han producido cambios en la población, se ha alterado el estilo de vida tan aceleradamente como los avances; en el centro laboral, las responsabilidades son más exigentes y la competividad es extrema. En esta situación el estrés emocional se ha vuelto rutinario y si no lo afrontamos debidamente, el mal manejo que hagamos de una situación de estrés hace que nuestro organismo responda, en forma automática, para compensarlo y nos obliga a actuar y responder ante la "injuria externa" en forma de mecanismo de defensa; el cerebro se pone en estado de alerta, se liberan una serie de bioquímicos (neurotransmisores), que excitan los sentidos, se acelera la respiración y la frecuencia cardiaca va al tope, se tensan los músculos.

Si las situaciones estresantes se hacen continuas, y no son resueltas a nuestra necesidad, se desgastan los sistemas biológicos y aumentan el riesgo de enfermedades crónicas: cardiovasculares, afecciones músculo esqueléticas y del sistema nervioso.

El dar prioridad a los cambios organizativos, la búsqueda de soluciones, corrección de errores cometidos, el estímulo y la capacitación, en combinación con un adecuado tratamiento médico preventivo o paliativo, harán posible la reducción de esta situación no deseada en el ámbito laboral y social.

Cáncer:

En el cáncer, las células súbitamente empiezan a funcionar mal; la causa exacta no está generalmente clara, pero el efecto es el mismo: crecimiento y proliferación salvaje, no regulado de las células anormales. Se forman los tumores y pueden difundir o a hacer metástasis en tejido adyacente o deslizándose a través de la circulación sanguínea y linfática a partes distantes del cuerpo.

Algunos cánceres son enteramente genéticos en origen; los estudios sugieren que dos de cada tres están relacionadas con factores ambientales, que pueden incluir el fumar, una dieta alta en grasas, baja en frutas y verduras, ciertos aditivos integrales en los alimentos y exposición a radiación o a contaminantes, mediante la piel, la vía respiratoria (inhalantes) o digestiva. El envejecimiento es otro factor de riesgo fundamental en la aparición del cáncer.

Aproximadamente un 30% de las muertes por cáncer son debidas a cinco factores de riesgo conductuales y dietéticos: índice de masa corporal elevado (obesidad), ingesta reducida de frutas y verduras, falta de actividad física, consumo de tabaco y consumo de alcohol.

Según datos y cifras de la Organizasión Mundial de la Salud (OMS), el cáncer es una de las principales causas de morbilidad y mortalidad en todo el mundo; en 2012 hubo unos 14 millones de nuevos casos y 8,2 millones de muertes relacionadas con el cáncer. Se prevé que el número de nuevos casos aumente en aproximadamente un 70% en los próximos 20 años.

En el 2012, los cánceres diagnosticados con más frecuencia en el hombre fueron los de pulmón, próstata, colon y recto, estómago e hígado. En la mujer fueron los de mama, colon y recto, pulmón, cuello uterino y estómago.

Los cánceres causados por infecciones víricas, tales como las infecciones por virus de las hepatitis B (VHB) y C (VHC) o por papilomavirus humanos (PVH), son responsables de hasta un 20% de las muertes por cáncer en los países de ingresos bajos y medios.

Más del 60% de los nuevos casos de cáncer anuales totales del mundo se presentan en África, Asia, América Central y

Sudamérica. Estas regiones representan el 70% de las muertes por cáncer en el mundo. Se prevée que los casos anuales de cáncer aumentarán de 14 millones en 2012 a 22 millones en las próximas dos décadas.

La Sociedad Americana de Cáncer ha desarrollado una simple vía para recordar a las personas los siete signos de aviso presentes en el cáncer. Cada letra en la palabra CUIDADO representa un posible aviso o signo que pondría sobreaviso al paciente para visitar de inmediato a su Médico:

Cambios en los hábitos evacuatorios del intestino o la vejiga

Una llaga o herida que no cura, en cualquier parte del cuerpo

Inusual sangrado o flujos vaginal, uretral o rectal

Desarrollo de engrosamiento o bulto en la mama o en otra parte

Acidez estomacal o indigestión o dificultad para deglutir

Descubrir algún cambio obvio en una verruga o lunar

Origen sin causa aparente de tos persistente o ronquera

Mencionaremos algunos tipos de cáncer, muy peligrosos pero a la vez, de relativa fácil detección preventiva:

Cáncer colorectal:

En países con alto consumo de carnes y sus derivados, el cáncer colorrectal ocupa los primeros lugares en mortalidad por tumores malignos en el hombre y en la mujer. Más del 70% de los pacientes se presentan con la enfermedad avanzada al momento del diagnóstico con índices de sobrevida a los 5 años del 50% al 60% lo cual puede elevarse al 90% cuando se lo diagnostica en forma temprana.

Cáncer de mama:

El cáncer de mama es la causa más común de muerte por cáncer en mujeres de todo el mundo; llega a afectar a una de cada ocho mujeres. La detección temprana aumenta las probabilidades de cura y tratamiento de esta enfermedad en forma considerable; la evaluación médica es esencial para ello y una sencilla mamografía establece el diagnóstico, aún no existiendo síntomas notorios.

Cáncer de cuello uterino:

El cáncer de cuello uterino es un grave problema en países en vías de desarrollo, es el cáncer femenino más frecuente. Sin embargo, el cáncer de cuello uterino es uno de los cánceres más prevenibles por contarse con los métodos de fácil acceso para su estudio diagnóstico: el exámen médico y tecnológico (ultrasonido diagnóstico, Papanicolaou y biopsia). El diagnóstico precoz del cáncer de cuello uterino eleva notablemente el buen pronóstico, con altísimos índices de curación.

Cáncer de pulmón:

El cáncer de pulmón suele originarse a partir de células epiteliales, y puede derivar rápidamente metástasis e infiltración a otros tejidos del cuerpo. Los síntomas más frecuentes suelen ser dificultad respiratoria, tos no productiva (no esputo mucoso, pero sí sanguinolento), y pérdida de peso, así como dolor torácico, ronquera e hinchazón en el cuello y la cara.

La causa más común de cáncer de pulmón es el consumo de tabaco; el 95 % de pacientes con cáncer de pulmón son fumadores y exfumadores. En las personas no fumadoras, la aparición del cáncer de pulmón es resultado de una combinación de factores genéticos, exposición al gas radón, asbesto, y por contaminación atmosférica, incluyendo humo secundario (fumadores pasivos).

El diagnóstico temprano del cáncer de pulmón es el principal condicionante para el éxito en su tratamiento. En estadios tempranos, el cáncer de pulmón puede, en alrededor del 20% de los casos, ser tratado mediante resección quirúrgica con éxito de curación. Sin embargo, debido a su virulencia y a la dificultad para su detección precoz, en la mayoría de los casos de diagnóstico ya ha ocurrido metástasis; el cáncer de pulmón presenta, junto con el cáncer de hígado, páncreas y esófago los peores pronósticos, con una esperanza de vida promedio de aproximadamente 8 meses.

4. Anular la ingesta o el contacto con toxinas

Alcanzar la tercera edad es un logro para muchos; cuando se llega en buen estado de salud es, además, una esperanza de vivir con calidad; pero, para otros que cargan ya con alguna enfermedad, y si se es un poco **pesimista** no será tan satisfactorio y más bien es un martirio que continuará quizás, cada vez peor; por el contrario, si se es **optimista** se debe aceptar el envejecimiento y disfrutarlo. Pero, ante todo, deberiamos ser **realistas** y aceptar también que las enfermedades que acarreamos, quizás nosotros mismos nos las provocamos, y aún estamos a tiempo de corregir errores.

Lo hemos venido señalando; las causales o factores de riesgo para la mayoría de enfermedades comunes, hoy en día han sido ampliamente estudiados y se conocen muchos; nuestra única meta debe ser el evitarlos, no importa la edad que se tenga. Ya hemos mencionado los factores de riesgo de las enfermedades que afecta a cualquier edad; ahora acotaremos algo más específico sobre el cáncer.

Factores de riesgo del cáncer

Siendo el envejecimiento un alto factor de riesgo, el llegar a esta etapa de la vida, inevitable, nos obliga a tomar conciencia para evitar las causales determinantes, evitables, en la aparición de cáncer en general. La incidencia de esta enfermedad aumenta muchísimo con la edad, muy probablemente porque se van acumulando factores de riesgo de determinados tipos de cáncer. La acumulación general de factores de riesgo se combina con la tendencia que tienen los mecanismos de reparación celular a perder eficacia con la edad avanzada.

El cáncer es reconocido como una enfermedad con múltiples estadíos envolviendo múltiples y distintos cambios en la célula, en su **genotipo** (codificado en los genes) y en su **fenotipo** (su apariencia externa). Muchos tipos de cáncer están relacionados a específicos factores medioambientales (contaminación ambiental, tabaco, alcohol, ocupacional y radiación) y al estilo de vida (dieta malsana, la inactividad física y práctica sexual descuidada). Algunas infecciones crónicas también constituyen factores de riesgo, y son más importantes en los países de ingresos medios y bajos. En los Estados Unidos el cáncer es la causa número uno de muerte en personas menores de 85 años y constituye más de medio millón de muertes al año. Se sabe mucho acerca de las causas del cáncer y las intervenciones para prevenirlo y tratarlo. Es posible reducir y controlar el avance del cáncer aplicando estrategias de base científica destinadas a la prevención de la enfermedad así como a la detección temprana y al tratamiento de estos enfermos. Muchos cánceres tienen grandes probabilidades de curarse si se detectan tempranamente y se tratan de forma adecuada.

El cáncer comienza en una célula. La transformación de una célula normal en tumoral es un proceso multifásico y suele consistir en la progresión de una lesión precancerosa a un tumor maligno. Estas alteraciones son el resultado de la interacción entre los factores genéticos del paciente y tres categorías de agentes externos, **cancerígenos**, a saber:

1. Carcinógenos físicos, como las radiaciones de orígen solares (ultravioleta e ionizantes), exposición a Rx;
2. Carcinógenos químicos, como los asbestos, los componentes del humo de tabaco, las aflatoxinas (contaminantes de los alimentos) o el arsénico (contaminante del agua de bebida);
3. Carcinógenos biológicos, como las infecciones causadas por determinados virus, bacterias o parásitos.

Un cuerpo sano viene muy bien equipado para defenderse así mismo contra el cáncer y cualquier otra enfermedad; solamente cuando el sistema inmunológico y otros mecanismos de defensa fallan, el proceso maligno aparece. Evidencias corrientes sugieren que el cáncer se desarrolla a partir de una serie de complejas interacciones ante la exposición de cancerígenos y la acumulación de mutaciones en muchos genes. Gracias al Genoma humano, los investigadores han identificado aproximadamente 100 genes relacionados con algún tipo de cáncer. A estos tipos de genes se les clasifica en dos grupos: **oncógenos** (desencadenan y favorecen el crecimiento tumoral) y genes **supresores de tumores** (genes que inhiben la formación de tumores).

Ambos tipos de genes pueden ser heredados o adquiridos. Las causas comunes de genes "adquiridos" (mejor expresado como genes dañados), lo constituyen virus, radiaciones, cancerígenos de la dieta y del medio ambiente, y hormonas (propias o ingeridas con los alimentos). Otros factores que influyen en desarrollo de cáncer son la edad avanzada, carga genética inestable (predisposición), estado nutricional, desbalances hormonales y la respuesta a estrés.

Según la OMS, más del 30% de las defunciones por cáncer podrían evitarse modificando o evitando los principales factores de riesgo, tales como:

Contaminación ambiental:

La contaminación del aire ha sido ligado al desarrollo del cáncer, particularmente cáncer de pulmón. Muchos contaminantes como el arsénico, benzeno, hidrocarburos (gasolina, petróleo y otros derivados), organofosforados (insecticidas), polivinílicos clorados (plásticos) y otras emisiones industriales así como las de los vehículos motorizados de transporte, han sido estudiados por sus propiedades carcinógenas. La polución dentro de casa, como la del cigarro y gas radón (segunda causa de muerte por cáncer de pulmón y se encuentra entre nuestras paredes construidas con granito), también poséen un alto riesgo de cáncer; tal es así, que, incluso es considerada por ser más cancerígeno que la contaminación existente en el ambiente exterior.

Ocupación:

Las personas expuestas a específicas sustancias conocidas como cancerígenas incrementan su riesgo a contraer algún tipo de cáncer. El asbesto (en materiales de construcción), ocasiona cáncer al pulmón (mesotelioma) y también actúa como promotor de otros carcinógenos. Trabajadores envueltos en la producción y el uso de sustancias como colorantes, caucho, insecticidas, pinturas y beta naftalamina (naftalina) están en alto riesgo para cáncer de vejiga.

Tabaco:

Un fumador tiene 10 veces más alto el riesgo de contraer cáncer de pulmón, que un no fumador. Se sabe que el humo de tabaco contiene carcinógenos que provocan mutaciones genéticas. A personas que viven con fumadores, aunque no fumen, son fumadores de segunda mano (pasivos) e inhalan alto contenido de nicotina, por lo que tienen tan alto riesgo como el del fumador.

El tejido mucoso de la cavidad oral y garganta absorben la nicotina y otros cancerígenos del humo de cigarro, por lo que para las personas fumadoras se incrementa el riesgo de cáncer de boca, lengua y garganta, contrario a los que no fuman.

Alcohol:

El consumo de alcohol es comúnmente asociado con la cirrosis hepática, un precursor de cáncer hepatocelular. El riesgo de cáncer de mama y colorectal también se incrementa con el consumo de alcohol. Consumidores excesivos de alcohol y tabaco sinérgicamente incrementan el riesgo de cáncer de boca, laringe, faringe y esófago. Está demostrado que el alcohol actua como un solvente para las sustancias carcinógenas en el tabaco, facilitando su absorción.

Radiación:

La exposición a **radiación ultravioleta**, sean rayos solares (UVB) o en cámaras de bronceado (UVA), causa mutaciones en el gen **P53**, un gen de control de proliferación. Los rayos solares estimulan la liberación de un factor de necrosis tumoral, pero que también tiene tendencia a disminuir la respuesta inmunológica. La radiación ultravioleta del sol es una causa directa del cáncer basal y escamoso de la piel; el monto de exposición solar se correlaciona directamente con el tipo de cáncer. Una exposición contínua al sol esta asociada con cáncer basal y escamoso de la piel; y una severa y prolongada exposición solar con quemaduras y formación de ampollas en personas jóvenes, están asociadas con el tipo de cáncer melanoma.

La **radiación ionizante** (como Rx) esta asociada con cáncer como la leucemia aguda, de tiroides, mama, pulmones, estómago, colon y del tracto urinario así como del mioloma múltiple. Bajas dosis de radiación ionizante puede causar mutaciones en el DNA y anormalidades cromosomiales; la exposición a largas dosis de Rx inhibe la división celular y favorece en los fetos la aparición de anormalidades cromosómicas.

Dieta:

Estudios estadísticos señalan que la obesidad en la niñez puede incrementar el riesgo de cáncer en etapas más avanzadas de la vida. La obesidad en el adulto es un prominente factor para cáncer de mama, colon y próstata. Normalmente, la respuesta del organismo ante el aumento de peso corporal es el de estimular la proliferación celular total, por lo que con la obesidad se incrementa la susceptibilidad de cambios anormales en las células, por lo tanto se incrementa el riesgo de desarrollo de cáncer.

Aparte de la obesidad en sí, numerosos aspectos de la dieta se han ligado a un aumento del riesgo de contraer cáncer, como:

✓ Alto consumo de grasas, sobre todo grasas saturadas y trans.
✓ Consumo de alimentos ahumados y pescados en salmuera.
✓ Consumo de carnes y otros alimentos conteniendo nitritos.
✓ Consumo de cancerígenos naturales (como hidracinas y afla-toxinas) en los alimentos.
✓ Cancerígenos producidos por microrganismos contaminantes en los alimentos almacenados.
✓ Alimentación baja en fibra.
✓ Escaso consumo de frutas y verduras.

Prácticas sexuales:

La práctica sexual ha sido ligada a producción de cáncer, pero a tipos específicos de virus. Iniciar una vida sexual temprana y tener muchas parejas sexuales, han sido positivamente relacionadas con la aparición de cáncer de cuello uterino en las mujeres; si la mujer ha tenido una sola pareja sexual, pero su pareja sí ha tenido múltiples parejas, el riesgo de adquirir tal cáncer es muy alto.

El tipo de virus que está muy relacionado con el cáncer del cuello uterino es el virus papiloma (HPV), la causa más común de un anormal Papanicolaou (Pap) y de una displasia cervical, y el directo precursor del carcinoma escamoso del cuello uterino.

Las llamadas hormonas sexuales, específicamente las hormonas sexuales esteroideas como el estrógeno, progesterona y la testosterona, han sido implicadas como promotoras del cáncer de mama, endometrial, de ovarios y el de próstata.

Edad:

La edad de una persona es el mayor determinante en el desarrollo del cáncer. Mientras mayor edad se alcanza, mayor posibilidad de manifestar la enfermedad; pero asociado esto al estilo de vida que hemos llevado, hasta el momento que decidimos mejorarlo. Así, debido a la larga historia natural de los cánceres más comunes, el cáncer de próstata puede tomar hasta 60 años en hacerse invasivo y manifestarse, mientras que el cáncer de colon se toma 40 años para manifestarse en un estado invasivo. Por eso la necesidad de un diagnóstico temprano.

Posibles explicaciones para el incremento de incidencia del cáncer en la tercera edad incluyen:

➢ Inherentes cambios fisiológicos y deficiencias funcionales, que decrecen la habilidad del organismo para tolerar y sobrevivir ante el estrés.

➢ Prolongada exposición a agentes cancerígenos, que están más ligados a producir transformaciones neoplásicas en las células.

➢ Alterados niveles hormonales, que estimulan al cáncer.

➢ Deficiente respuesta inmunológica para reconocer y atacar células que empiezan a desarrollarse y multiplicarse anormalmente.

Genéticas:

Los genes son los mensajeros químicos de la herencia que se transmite de padres a hijos, localizados en sitios específicos en el DNA dentro de los 46 cromosomas en el núcleo de cada célula.

La mayor parte de los cánceres se desarrollan a partir de una serie de interacciones entre múltiples genes y entre genes y factores internos y externos a los que se exponen las células. En los últimos 25 años, diversas investigaciones han identificado y caracterizado muchas alteraciones genéticas que determinan una transformación del cromosoma y provocan la división sin control de la célula originando el cáncer. El desarrollo del Proyecto del Genoma Humano, iniciado en 1988, para identificar la entera secuencia del DNA humano, ha permitido incrementar lo poco que se sabía, hasta entonces, sobre el cáncer y su origen.

Una interacción entre los oncógenos y los genes supresores del tumor, es lo que determina que una célula normal inicie su transformación en una célula cancerosa. Sin embargo, debido a múltiples factores (ya mencionados), se producen los cambios en distintos genes para completar el proceso; felizmente la célula por propia iniciativa trata de evitar estos cambios. Es lo que nosotros mismos aportamos (con nuestro insano estilo de vida), para que se complete el proceso y se desarrolle el cáncer. Tenemos la alternativa de parar el proceso en cualquier momento de nuestra existencia (sin tener molestias); cuando ya tenemos los síntomas generalmente es demasiado tarde.

La herencia es causal del 10% del desarrollo del cáncer; las mutaciones adquiridas a lo largo de la vida del paciente son las que determinan el desarrollo del cáncer.

5. Ambiente familiar y social consistente.

Este punto lo hemos puesto al final, no por ser el menos importante de los ya mencionados; yo diría que más bien es lo más importante en tener en cuenta para alcanzar una vejez saludable. Va aquí también, por el hecho de que es necesario comprender lo descrito anteriormente para aceptar la importancia que tiene el contacto humano en el proceso del envejecimiento, adquiriendo su máxima trascendencia cuando se llega a "viejo".

Coincidentemente, me encuentro terminando este libro un día anterior al Día del Padre del 2015 (Junio 20), razón de más para valorar lo que viene a continuación; espero con ansias el poder reunirme con mi crecida familia de 16 miembros (fuimos 6 al entrar a los EEUU, hace 26 años, ahora con 4 yernos más 6 nietos), si contamos a los familiares de los yernos, superamos la centena en nuestro entorno familiar (sin contar otros cientos de amigos). ¡Esto es vida!.

Los estudios sobre la vejez, de los cuales hay muchos, coinciden en que el aislamiento social del anciano es un hecho que se debe tomar muy en cuenta a fin de considerar el adoptar medidas correctivas y preventivas para asegurar una vejez digna a la población. Los expertos estiman que tener pocas conexiones sociales a amigos y familiares es un factor de riesgo de muerte temprana, peor si se es fumador o se ampara uno en el alcohol; y en realidad es peor aún para aquellos con factores negativos como la obesidad y la inactividad física.

Aislamiento social

El aislamiento social, se presenta cuando una persona se aleja totalmente de su entorno de manera involuntaria o voluntaria; esta condición se da en personas de todas la edades y puede ser una consecuencia de hechos traumáticos de su historia, como haber sido víctima de "bullying" (acoso escolar o intimidación) o como parte de alguna condición médica, como la depresión. En personas jóvenes el aislamiento social es de carácter voluntario y en contra de sus mayores; en la tercera edad es mucho más lamentable, porque es involuntario y, casi siempre, los más allegados contribuyen con ello; las personas que viven bajo esta condición suelen enfrentarse a diversas situaciones y problemas, siendo el más común y más grave la depresión.

Diversos estudios realizados indican que las personas que viven en aislamiento social suelen tener problemas de aprendizaje, de la atención y en la toma de decisiones; esto se debe a que cuando no nos relacionamos con nuestro entorno, nuestro cerebro no recibe los estímulos adecuados y no trabaja de la forma adecuada. Por este motivo, las personas que viven en aislamiento social pueden parecer un poco torpes o lentos al momento de tomar decisiones.

A menudo, la soledad prolongada se ha relacionado con una serie de enfermedades mentales y físicas como la demencia, la enfermedad de Alzheimer, la depresión, así como aumentos de las tasas de desórdenes de personalidad, adicciones y suicidio. Estas circunstancias también pueden condicionar un incremento en la vulnerabilidad al maltrato hacia la persona mayor.

El aislamiento social es más que simplemente una mala experiencia emocional y no sólo significa ser o vivir solo; un estudio global de más de 300,000 personas que fue publicado en el 2010, descubrió que las personas con relaciones sociales más fuertes tienen un 50% de mayor probabilidad de sobrevivir a aquellos con relaciones sociales más débiles.

Se necesita rendir mejor atención a la conservación de una natural relación social y al fomento de los vínculos familiares, en la vida de nuestros ancianos; pues el aislamiento social no está vinculado al estado de relación en una manera sencilla; en el estudio global mencionado, quienes eran solteros o viudos/as no necesariamente murieron antes que las personas que contaban con una pareja. En lugar de calidad, la cantidad es la clave para obtener los mayores beneficios de nuestros lazos sociales y familiares, así deberíamos concentrarnos en incrementar nuestras relaciones sociales, las que, a la vez más fuertes deben ser más numerosas.

En algún momento de nuestras vidas, todos hemos sentido la necesidad de estar solos y nos alejamos un poco de quienes nos rodean, siendo totalmente normal. Sin embargo, cuando este aislamiento es indefinido y la persona deja de mantener todo tipo de relación con el resto de su entorno, la situación debe ser vista como un problema que necesita atención. El aislamiento es un factor social serio, un problema que afecta a una amplia gama de ámbitos tales como el envejecimiento saludable, seguridad de ingresos, cuidado y el abuso contra el adulto mayor.

La comunicación con los miembros de la familia, los amigos, los vecinos, los compañeros y los grupos comunitarios es fundamental para la salud en todas las edades, pero más aún en los ancianos ya que es más probable que las personas mayores pierdan a sus seres queridos y amigos y sean más vulnerables a la soledad, al aislamiento social y a la disponibilidad de un grupo social más reducido.

En todos los países el suicidio es cada vez más frecuente en la edad avanzada. Entre el 30-65% de la población mayor de 65 años presenta sintomatología depresiva, y de ellos, uno de cada siete enfermos se suicida. Es decir, el 15% de los ancianos con un cuadro depresivo consuma el suicidio.

El apoyo familiar y social son dos factores muy importantes de prevención. La familia, por un lado y el estado por otro, deben aceptar la responsabilidad de velar por el anciano. Promover los vínculos afectivos del anciano con todos los miembros de la familia, del entorno amical y social es tan indispensable como el de asegurar su supervivencia, su bienestar físico, su control de salud, la suficiencia de necesidades básicas como alimento, vestido y su seguridad.

Nuestra cuota

El aislamiento social afecta la salud y el bienestar del adulto mayor. La falta de interacciones sociales aumenta el retroceso mental e inmunitario durante la vejez, a pesar de haber mantenido una vida social normal durante las etapas vitales anteriores. Ya no contamos con 40 años de edad, pero esto no significa que no se pueda disfrutar. La vejez es un escalón más en la vida donde la experiencia y la sabiduría afloran; se debe aceptar este nuevo rol e intentar sacarle el máximo partido.

Es fundamental que tanto la familia, la sociedad y el estado aborden el tema de la ancianidad escuchando a los mayores, consultándolos y considerándolos como actores claves, velando siempre por sus necesidades; sin fines de lucro, ni políticos, ni de otra índole.

El llegar a la tercera edad, en el "Reposo del Águila", empieza una segunda renovación; sin embargo, no pretendamos continuar con lo que podíamos hacer unos años atrás. Es un nuevo camino que emprendemos hacia lo desconocido, debemos guiarnos de lo hecho en lo pasado y enfrentar el nuevo reto con dignidad, en lo mejor posible con calidad de vida adecuada, pero asegurándose no tropezar con la misma piedra; como lo expresa un mensaje que me llegó gracias a la tecnología:

La Piedra

El distraído tropezó con ella.
El violento la utilizó como proyectil.
El emprendedor construyó con ella.
El campesino cansado la utilizó como asiento.
Para los niños fue un juguete.
Con ella David mató a Goliat.
Miguel Ángel le sacó la más bella escultura.
En todos los casos,
la diferencia no estuvo en la piedra,
sino en la actitud del hombre.
No existe piedra en tu camino
que no puedas aprovechar,
para tu propio crecimiento.

Por nuestra parte, nos permitimos acotar lo que debemos tener muy en cuenta:

❖ Tener una actitud positiva y optimista frente a la vida.
❖ Aceptar y disfrutar del puesto que se ocupa en la familia. Si los hijos ya son mayores o estás jubilado, aprovéchalo. Ya no

tienes que estar pendiente de todo, disfruta de este merecido descanso y aprovecha para hacer esa cosa que siempre has querido hacer.

❖ Cuidar de nuestra mente; mantenerse activos mentalmente.

❖ Evitar en la mayor medida posible situaciones de estrés, o en todo caso aprender a controlarlas.

❖ Seguir aprendiendo; no perder nunca la curiosidad.

❖ Leer libros o revistas, participar en debates o incluso aprender a utilizar internet (la Universidad Virtual gratuita), o iniciarse en las redes sociales.

❖ Cuidar de la casa y adaptarla a nuestras necesidades. De la misma manera que realizamos cambios en casa con la llegada de un bebé, con la llegada de la vejez también podemos realizar pequeños cambios en casa.

❖ Relacionarse es fundamental; salir de casa, informarse, conocer nuevos paisajes, nuevos lugares, conocer cosas y tratar a personas nuevas, ampliará nuestro círculo social.

❖ Visitar museos, ir al teatro o salir a cenar nos ayudará a tener una actitud positiva y a tener aspiraciones.

Como hemos visto a través de lo escrito en los diferentes capítulos, gracias a los avances de la Medicina, aunada al progreso de la tecnología digital, nuestra esperanza de vida ha aumentado significativamente en los últimos años. En los países de todo el mundo hay más "viejitos" y cada año los jóvenes planifican su deseo de incrementar con hijos su familia, pero cada vez en menor número; esto es mucho más notorio en las naciones desarrolladas. Con tal situación, la pirámide poblacional está en constante cambio en los diferentes países; cada vez, hay menos niños y más ancianos en las naciones ricas y más niños y menos ancianos en las naciones pobres. En los países más pobres, generalmente, no existe una adecuada planificación poblacional y control de la natalidad (nacen más niños), menos existe preocupación por los ancianos, se mueren más temprano.

Estas variaciones en la población traen consecuencias y sus respectivas repercusiones para la política de gobierno a adoptar por los diferentes estados, no sólo en aspectos económicos y sociales, sino también en lo educativo. La población en general debe de estar mejor preparada y bien orientada, es función del gobierno; comprendiendo el fenómeno poblacional y su papel dentro del sistema social que le tocó vivir, el ciudadano instruido estará más comprometido a contribuir con las alternativas que se le presenten.

El futuro de la vejez nos espera, a todos nos llega; si hoy somos jóvenes, mañana seremos viejos.

Ω

...Debemos conocer el por qué envejecemos desde un punto de vista bio-psicosocial, así como las razones por las cuales este envejecimiento no es homogéneo entre las diferentes naciones, razas, sociedades, e incluso dentro de los individuos que componen una sociedad.

Todos estamos "programados" en nuestros genes para vivir un tiempo determinado, mas nosotros mismos nos encargamos de acelerar el proceso de nuestro envejecimiento, con el estilo de vida que llevemos.

Sin embargo, se nos ofrece la oportunidad de "renovarnos", como lo hace el águila calva americana.

Este es uno de los objetivos de lo escrito en este libro, llegar al individuo social con conocimientos básicos sobre la vejez a fin de que pueda contar con una fuente de información que le permita ser parte de la solución, mas no del problema.

Todos los componentes de una sociedad deben participar en encontrar soluciones para brindar una mejor atención a nuestros ancianos...

ÍNDICE